墨人 著

本全集保留作者手批手稿

墨人博士作品全集【全60冊】

第二十九冊 大風大浪

文史哲出版社印行

國家圖書館出版品預行編目資料

墨人博士作品全集 / 墨人著 -- 初版 -- 臺北
市:文史哲, 民 100.12
頁： 公分
ISBN 978-957-549-987-7 (全套 60 冊：平裝)

1.現代文學 2. 中國文學 3.別集

848.6　　100022602

墨人博士作品全集【全60冊】

第二十九冊 大風大浪

著　　者：墨　　人
出 版 者：文 史 哲 出 版 社
http://www.lapen.com.tw
登記證字號：行政院新聞局版臺業字五三三七號
發 行 人：彭 正 雄
發 行 所：文 史 哲 出 版 社
印 刷 者：文 史 哲 出 版 社
臺北市羅斯福路一段七十二巷四號
郵政劃撥帳號：一六一八〇一七五
電話886-2-23511028 · 傳真886-2-23965656
【全60冊】定價新臺幣 36,800 元
中華民國一百年（2011）十二月初版

ISBN 978-957-549-987-7　08992

墨人博士著作品全集　總目

一、散文類

二、長篇小說

三、中短篇小說散文合集

四、詩詞及論評

附：外篇

墨人的一部文學千秋史

張萬熙先生，筆名墨人，江西九江人，民國九年生。為一位享譽國內外名小說家、詩人、學者。歷任軍、公、教職。六十五歲始自從國民大會簡任一級加年功俸的資料組長兼圖書館長公職崗位退休，但已是中國文壇上一位閃亮的巨星。出版有：《全唐詩尋幽探微》、《紅樓夢的寫作技巧》、二百九十多萬字的大長篇小說《紅塵》、《白雪青山》、《春梅小史》；詩集：《哀祖國》；散文集：《小園昨夜又東風》……。民國五十年、五十一年連續以短篇小說，兩次入選維也納納富出版公司出版的《世界最佳小說選集》。七十歲時自東吳大學中文系教席二度退休，仍著述不輟，為國寶級文學家。墨人博士在臺勤於創作六十多年（在大陸時期已創作十年），並以其精通儒、釋、道之學養，綜理戎機、參贊政務、作育英才，更以其對傳統文學的精湛造詣，與對新文藝的創作，在國際上贏得無數榮譽，如：美國世界大學榮譽文學博士、美國馬奎士國際大學榮譽文學博士、美國艾因斯坦國際學院榮譽人文學博士（包括哲學、文學、藝術、語言四類）、英國劍橋國際傳記中心副總裁（代表亞洲）、英國莎士比亞詩、小說與人文學獎得主，現在出版《全集》中。

壹、家世・堂號

張萬熙先生，江西省德化人（今九江），先祖玉公，明末時以提督將軍身份鎮守雁門關，蒙古騎兵入侵，戰死於東昌，後封爲「河間王」。其子輔公，進士出身，歷任文官。後亦奉召領兵「三定交趾」，因戰功而封爲「定興王」。其子貞公亦有兵權，因受奸人陷害，自蘇州嘉定（即今上海市一區），謫居潯陽（今江西九江）。祖宗牌位對聯爲：嘉定源流遠，潯陽歲月長；右書「清河郡」、左寫「百忍堂」。

貳、來臺灣的過程

民國三十八年，時局甚亂，張萬熙先生攜家帶眷，在兵荒馬亂人心惶惶時，張先生從湖南長沙火車站，先將一千多度的近視眼弱妻，與四個七歲以下子女，從車窗口塞進車廂，自己則擠在廁所內動彈不得，千辛萬苦的從湖南長沙搭火車南下廣州，從廣州登商輪來臺。七月三日抵基隆，由同學顧天一先生，接到臺北縣永和鎮鄉下暫住。

參、在臺灣一甲子奮鬥的過程

一、初到臺灣的生活

家小安頓妥後，張萬熙先生先到臺北萬華，一家新創刊的《經濟快報》擔任主編，但因財務不濟，四個月不到便草草結束。幸而另謀新職，舉家遷往左營擔任海軍總司令辦公室秘書，負責紀錄整理所有軍務會報紀錄。

民國四十六年，張先生自左營來臺北任職國防部史政局編纂《北伐戰史》（歷時五年多浩大工程，編成綠布面精裝本、封面燙金字《北伐戰史》叢書），完成後在「八二三」炮戰前夕又調任國防部總政治部，主管陸、海、空、聯勤文宣業務，四十七歲自軍中正式退役後轉任文官，在臺北市中山堂的國民大會主編研究世界各國憲法政治的十六開大本的《憲政思潮》，作者、譯者都是台灣大學、政治大學的教授、系主任，首開政治學術化先例。

張先生從左營遷到臺北大直海軍眷舍，只是由克難的甘蔗板隔間眷舍改為磚牆眷舍，大小一般，但邊間有一片不小的空地，子女也大了，不能再擠在一間房屋內，因此，張先生加蓋了三間竹屋安頓他們。但眷舍右上方山上是一大片白色天主教公墓，在心理上有一種「與鬼為鄰」的感覺。張夫人有一千多度的近視眼，她看不清楚，子女看見嘴裡不講，心裡都不舒服。張先生自軍中假退役後，只拿八成俸。

張先生因為有稿費、版稅，還有些積蓄，除在左營被姓譚的同學騙走二百銀元外，剩下的積蓄還可以做點別的事。因為住左營時在銀行裡存了不少舊臺幣，那時左營中學附近的土地只要三塊多錢一坪，張先生可以買一萬多坪。但那時政府的口號是「一年準備，兩年反攻，三年掃蕩，五年成功。」張先生信以為真，三十歲左右的人還是「少不更事」，平時又忙著上班、寫作，實在不懂政治、經濟大事，以為政府和「最高領袖」不會騙人，五年以內真的可以回大陸，張先生又有「戰士授田證」。沒想到一改用新臺幣，張先生就損失一半存款，呼天不應。但天理不容，姓譚的同學不但無后，也死了三十多年，更沒沒無聞。張先生作人、看人的準則是：無論幹什麼都是「誠信」第一，因果比法律更公平、更準。欺人不可欺心，否則自食其果。

二、退休後的寫作生活

張先生四十七歲自軍職退休後，轉任台北市中山堂國大會主編十六開大本研究各國憲法政治的《憲政思潮》十八年，時任簡任一級資料組長兼圖書館長。並在東吳大學兼任副教授二十年、香港廣大學院指導教授、講座教授、指導論文寫作、不必上課。六十四歲時即請求自公職提前退休，以業務重要不准，但取得國民大會秘書長（北京朝陽大學法律系畢業）何宜武先生的首肯，六十五歲依法退休。當時國民大會、立法院、監察院簡任一級主管多延至七十歲退休，因所主管業務富有政治性，與單純的行政工作不同，六十五歲時張先生雖達法定退休年齡，還是延長了四個月才正式退休，何秘書長宜武大惑不解地問張先生：「別人請求延長退休而不可得，你爲什麼反而要求退休？」張先生答以「專心寫作」，何秘書長才坦然不疑。退休後日夜寫作，因胸有成竹，很快完成了一百九十多萬字的大長篇小說《紅塵》，在鼎盛時期的《臺灣新生報》連載四年多，開中國新聞史中報紙連載最大長篇小說先河。但報社還不敢出版，經讀者熱烈反映，才出版前三大冊。當年十二月即獲行政院新聞局「著作金鼎獎」與嘉新文化基金會「優良著作獎」，亦無前例。《台灣新生報》又出九十三章至一百二十二章，只好名爲《續集》。墨人在書前題五言律詩一首：

浩劫未埋身，揮淚寫紅塵，非名非利客，孰晉孰秦人？
毀譽何清問？吉凶自有因。天心應可測，憂道不憂貧。

二〇〇四年初，巴黎 youfeng 書局出版豪華典雅的法文本《紅塵》，亦開「五四」以來中文作家大長篇小說進入西方文學世界重鎮先河。時爲巴黎舉辦「中國文化年」期間，兩岸作家多由政府資助出席，張先生未獲任何資助，亦未出席，但法文本《紅塵》卻在會場展出，實爲一大諷刺。張先生一生「只問耕耘，不問收穫」的寫作態度，七十多年來始終如一，不受任何外在因素影響。

肆、特殊事蹟與貢獻

一、《紅塵》出版與中法文學交流

《紅塵》寫作時間跨度長達一世紀，由清朝末年的北京龍氏家族的翰林第開始，寫到八國聯軍、滿清覆亡、民國初建、八年抗日、國共分治下的大陸與臺灣，續談臺灣的建設發展、開放大陸探親等政策。空間廣度更遍及大陸、臺灣、日本、緬甸、印度，是一部中外罕見的當代文學鉅著。墨人五十七歲時應邀出席在西方文藝復興聖地佛羅倫斯所舉辦的首屆國際文藝交流大會，會後環遊地球一周。七十歲時應邀訪問中國大陸四十天，次年即出版《大陸文學之旅》。《紅塵》一書最早於臺灣新生報連載四年多，並由該報連出三版，臺灣新生報易主後，將版權交由昭明出版社出版定本六卷。由於本書以百年來外患內亂的血淚史爲背景，寫出中國人在歷史劇變下所顯露的生命態度、文化認知、人性的進取與沉淪，引起中外許多讀者極大共鳴與回響。

旅法學者王家煜博士是法國研究中國思想的權威，曾參與中國古典文學的法文百科全書翻譯工作，他認爲深入的文化交流仍必須透過文學，而其關鍵就在於翻譯工作。從五四運動以來，中西文化交流一直是西書中譯的單向發展。直到九十年代文建會提出「中書外譯」計畫，臺灣作家才逐漸被介紹到西方，如此文學鉅著的翻譯，算是一個開始。

王家煜在巴黎大學任教中國上古思想史，他指出《紅塵》一書中所引用的詩詞以及蘊含中國思想的博大精深，是翻譯過程中最費工夫的部分。爲此，他遍尋參考資料，並與學者、詩人討論，歷時十年終於完成《紅塵》的翻譯工作，本書得以出版，感到無比的欣慰。他笑著說，這可說是「十年寒窗」。

《紅塵》法文譯本分上下兩大冊，已由法國最重要的中法文書局「友豐書店」出版。友豐負責人潘立輝謙沖寡言，三十年多來，因對中法文化交流有重大貢獻而獲得法國授予文化「騎士勳章」的榮譽。他於五年前開始成立出版部，成爲歐洲一家以出版中國圖書法文譯著爲主業的華人出版社。

潘立輝表示，王家煜先生的法文譯筆典雅、優美而流暢，使他收到「紅塵」譯稿時，愛得不忍釋手，他以一星期的時間一口氣看完，經常讀到凌晨四點。他表示出版此書不惜成本，不太可能賺錢，卻感到十分驕傲，因爲本書能讓不懂中文的旅法華人子弟，更瞭解自己文化根源的可貴之處，同時，本書的寫作技巧必對法國文壇有極大影響。

二、不擅作生意

張先生在六十五歲退休之前，完全是公餘寫作，在軍人、公務員生活中，張先生遭遇的挫折不少。軍職方面，張先生只升到中校就不做了，因爲過去稱張先生爲前輩、老長官的人都成爲張先生的上司，張先生怎麼能做？因爲張先生的現職是軍聞社資料室主任（他在南京時即任國防部新創立的「軍事新聞總社」實際編輯主任，因言守元先生是軍校六期老大哥，未學新聞，不在編輯之列）。但張先生以不求官，只求假退役，不擋人官路，這才退了下來。那時養來亨雞風氣盛行，在南京軍聞總社任外勤記者的姚秉凡先生頭腦靈活，他即時養來亭雞，張先生也「東施效顰」，結果將過去稿費積蓄全都賠光。

三、家庭生活與運動養生

張先生大兒子考取中國廣播公司編譯，結婚生子，廿七年後才退休，長孫修明取得美國南加州大學電機碩士學位，之後即在美國任電機工程師。五個子女均各婚嫁，小兒子選良以獎學金取得美國華盛頓大學化學工程博士，媳蔡傳惠為伊利諾理工學院材料科學碩士，兩孫亦已大學畢業就業，落地生根。

張先生兩老活到九十一、九十二歲還能照顧自己。（近年以一印尼女「外勞」代做家事）張先生一伏案寫作四、五小時都不休息，與臺大外文系畢業的長子選翰兩人都信佛，六十五歲退休後即吃全素。低血壓十多年來都在五十五至五十九之間，高血壓則在一百一十左右，走路「行如風」，年輕人很多都跟不上張先生，比起初來臺灣時毫不遜色，這和張先生運動有關。因為張先生住大直後山海軍眷舍八年，眷舍右上方有一大片白色天主教公墓，諸事不順，公家宿舍小，又當西曬，張先生靠稿費維持七口之家和五個子女的教育費。三伏天右手墊墳著毛巾，背後電扇長吹，三年下來，得了風濕病，手都舉不起來，花了不少錢都未治好。後來章斗航教授告訴張先生，圓山飯店前五百完人塚廣場上，有一位山西省主席閻錫山的保鑣王延年先生在教太極拳，勸張先生天一亮就趕到那裡學拳，一定可以治好。張先生一向從善如流，第二天清早就向王延年先生報名請教，王先生有教無類，收張先生這個年已四十的學生，王先生先不教拳，只教基本軟身功攀腿，卻受益非淺。

四、耿直的公務員性格

張先生任職時向來是「不在其位，不謀其政」。後來升簡任一級組長，有一位「地下律師」的專員，平時鑽研六法全書，混吃混喝，與西門町混混都有來往，他的前任爲大畫家齊白石女婿，平日公私不分，是非不明，借錢不還，沒有口德，人緣太差，又常約那位「地下律師」專員到家中打牌。那專員平日不簽到，甚至將簽到簿撕毀他都不哼一聲，因爲爲他多報年齡，屆齡退休時想更改年齡，但是得罪人太多，金錢方面更不清楚，所以不准再改年齡，組長由張先生繼任。

張先生第一次主持組務會報時，那位地下律師就在會報中攻擊圖書科長，張先生立即申斥，並宣佈記過。簽報上去處長都不敢得罪那地下律師，又說這是小事，想馬虎過去，張先生以秘書處名譽紀律爲重，非記過不可，讓他去法院告張先生好了。何宜武祕書長是學法的，他看了張先生簽呈同意記過，那位地下律師「專員」不但不敢告，只暗中找一位不明事理的國大「代表」來找張先生的麻煩。因事先有人告訴他，張先生完全不理那位代表，他站在張先生辦公室門口不敢進來，幾分鐘後悄然而退。人不怕鬼，鬼就怕人。諺云：「一正壓三邪」，這是經驗之談。直到張先生退休，那位專員都不敢惹事生非，西門町流氓也沒有找張先生的麻煩，當年的代表十之八九已上「西天」，張先生活到九十二歲還走路「行如風」，一坐到書桌，能連續寫作四、五小時而不倦，不然張先生怎麼能在兩岸出版約三千萬字的作品？

（原載新文豐《紮根台灣六十年》，墨人民國一百年十一月十三日校正）

墨人博士作品全集

文學是千秋藝業
秦皇漢武今何在
李白杜甫仍風流

全集共分四大類
一、散文類　二、小說類
三、文學理論類
四、新詩古典詩詞類

我出生於一個「萬般皆下品，惟有讀書高」的傳統文化家庭，且深受佛家思想影響，因祖母信佛，兩個姑母先後出家，大姑母是帶著賠嫁的錢購買依山傍水風景很好，上名山廬山的必經之地的「天后宮」出家的，小姑母的廟則在鬧中取靜的市區。我是父母求神拜佛後出生的男子，並寄名佛下，乳名聖保，上有二姊下有一妹都夭折了，在那個重男輕女的時代！我自然水漲船高了。我記得四、五歲時一位面目清秀，三十來歲文質彬彬的李晧子替我算命，母親問李晧子，我的命根穩不穩？能不能養大成人？李晧子說我十歲行運，幼年難免多病，可以養大成人，但是會遠走高飛。母親聽了憂喜交集，在那個時代不但妻以夫貴。也以子貴，有兒子在身邊就多了一層保障。母親的心理壓力很大，李晧子的「遠走高飛」那句話可不是一句好話。

到現在八十多年了，我還記得十分清楚。母親暗自憂心。何況科舉已經廢了，不必「進京趕考」，更不會「當兵吃糧」，安安穩穩作個太平紳士或是教書先生不是很好嗎？我們張家又是大族，人多勢眾，不會受人欺侮，何況二伯父的話此法律更有權威，人人敬仰，去外地「打流」又有什麼好處？因此我剛滿六歲就正式拜孔夫子入學啓蒙，從《三字經》、《百家姓》、《千字文》、《千家詩》、《論語》、《大學》、《中庸》……《孟子》、《詩經》、《左傳》讀完了都要整本背，在十幾位學生中，也只有我一人能背，我背書如唱歌，窗外還有人偷聽，他們實在缺少娛樂。除了我父親下雨天會吹吹笛子、簫，消遣之外，沒有別的娛樂，我自幼歡喜絲竹之音，但是很少聽到。讀書的人也只有我們三房、二房兩兄弟，二伯父在城裡當紳士，偶爾下鄉排難解紛，他是一族之長，更受人尊敬，因爲他大公無私，又有一百八十公分左右的身高，眉眼自有威嚴，能言善道，他的話比法律更有效力，加之民性純樸，真是「夜不閉戶，道不失遺」。只有「夏都」廬山才有這麼好的治安。我十二歲前就讀完了四書、詩經、左傳、千家詩。我最喜歡的是《千家詩》和《詩經》。

關關睢鳩，在河之洲，
窈窕淑女，君子好逑。

我覺得這種詩和講話差不多，可是更有韻味。我就喜歡這個調調。《千家詩》我也喜歡，我背得更熟。開頭那首七言絕句詩就很好懂：

雲淡風清近午天，傍花隨柳過前川。
時人不識余心樂，將謂偷閒學少年。

老師不會作詩，也不講解，只教學生背，我覺得這種詩和講話差不多，但是更有韻味。我也了解大意，我以讀書爲樂，不以爲苦。這時老師方教我四聲平仄，他所知也止於此。

我也喜歡《詩經》，這是中國最古老的詩歌文學，是集中國北方詩歌的大成。可惜三千多首被孔子刪得只剩三百首。孔子的目的是：「詩三百，一言以蔽之，曰思無邪。」孔老夫子將《詩經》當作教條。詩是人的思想情感的自然流露，是最可以表現人性的。先民質樸，孔子既然知道「食色性也」，對先民的集體創作的詩歌就不必要求太嚴，以免喪失許多文學遺產和地域特性。楚辭和詩經不同，就是地域特性和風俗民情的不同。文學藝術不是求其同，而是求其異。這樣才會多彩多姿。文學不應成爲政治工具，但可以移風易俗，亦可淨化人心。我十二歲以前所受的基礎教育，獲益良多，但也出現了一大危機，沒有老師能再教下玄。幸而有一位年近二十歲的姓王的學生在廬山一未立案的國學院求學，他問我想不想去？我自然想去，但廬山夏涼，冬天太冷，父親知道我的心意，並不反對，他對新式的人手是刀尺的教育沒有興趣，我便在飄雪的寒冬同姓王的爬上廬山，我生在平原，這是第一次爬上高山。

在廬山我有幸遇到一位湖南岳陽籍的閻毅字任之的好老師，他只有三十二歲，飽讀詩書，與民國初期的江西大詩人散原老人唱和，他的王字也寫的好。有一天他要六七十位年齡大小不一的學生各寫一首絕句給他看，我寫了一首五絕交上去，廬山松樹不少，我生在平原是看不到松樹的，我是即景生情，信手寫來，想不到閻老師特別將我從大教室調到他的書房去，在他右邊靠牆壁另加一桌一椅，教我讀書寫字，並且將我的名字「熹」改為「熙」，視我如子。原來是他很欣賞我那首五絕中的「疏松月影亂」這一句。我只有十二歲，不懂人情世故，也不了解他的深意。時任漢口市長張群的侄子張繼文還小我一歲，卻是個天不怕、地不怕的小太保，江西省主席熊式輝的兩個小舅子大我幾歲，閻老師的侄子卻高齡二十八歲。學歷也很懸殊，有上過大學的、高中的，多是對國學有興趣，支持學校的袞袞諸公也都是有心人士，新式學校教育日漸西化，國粹將難傳承，所以創辦了這樣一個尚未立案的國學院，也未大張旗鼓正式掛牌招生，但聞風而至的要人子弟不少，校方也本著「有教無類」的原則施教，閻老師也是義務施教，他與隱居廬山的要人嚴立三先生也有交往。（抗日戰爭一開始嚴立三即出山任湖北省主席，諸閻老師任省政府秘書，此是後話。）同學中權貴子弟亦多，我雖不是當代權貴子弟，但九江先組玉公以提督將軍身分抵抗蒙古騎兵入侵雁門關戰死東昌(雁門關內北京以西縣名，一九九〇年我應邀訪問大陸四十天時去過。)而封河間王；其子輔公。以進士身分出仕，後亦應昭領兵三定交趾而封定興王；其子貞公亦有兵權，因受政客讒害而自嘉定謫居潯陽。大詩人白居易亦曾謫爲江州司馬，我另一筆名即用江州司馬。我是黃帝第五子揮的後裔，他因善造弓箭而賜姓張。遠祖張良是推薦韓信爲劉邦擊敗楚霸王項羽的漢初三傑之首。他有知人之明，深知劉邦可以共患難，不能共安樂，所以悄然引退，作逍遙遊，不像韓信爲劉邦拼命打天下，立下汗馬功勞，雖封三齊王卻死於未央宮呂后之手。這就是不知進退的後果。我很敬佩張良這位遠祖，抗日戰爭初期（一九三八）我爲不作「亡國奴」，即輾轉赴臨時首都武昌以優異成績考取軍校，一位落榜的姓熊的同學帶我們過江去漢口。中共未公開招生的「抗日大學」（當時國共合作抗日，中共在漢口以「抗大」名義吸收人才。）辦事處參觀，接待我們的是一位讀完大學二年級才貌雙全，口才奇佳的女生獨對我說負責保送我免試進「抗大」一期，因未提其他同學，我不去。一年後我又在軍校提前一個月畢業，因我又考取陪都重慶中央政府培養高級軍政幹部的中央訓練團，而特設的新聞「新聞研究班」第一期，與我同期的有爲新詩奉獻心力的覃子豪兄（可惜五十二歲早逝）和中央社東京分社主任兼國際記者協會主席的李嘉兄。他在我訪問東京時曾與我合影留念，並親贈我精裝《日本專欄》三本。他七十歲時過世，這兩張照片我都編入「全集」一百九十多萬字的空前大長篇小說（紅塵）照片類中。而今在台同學只有兩位了。

民國二十八年（一九三九）九月我以軍官、記者雙重身分，奉派到第三戰區最前線的第三十二集團軍上官雲相總部所在地，唐宋八大家之一，又是大政治家王安石，尊稱王荆公的家鄉臨川，（屬撫州市）作軍事記者，時年十九歲，因第一篇戰地特寫《臨川新貌》經第三戰區長官都主辦的行銷甚廣的《前線日報》發表，隨即由淪陷區上海市美國人經營的《大美晚報》轉載，而轉爲文學創作，因我已意識到新聞性的作品易成「明日黃花」，文學創作則可大可久，我爲了寫大長篇《紅塵》、六十四歲時就請求提前退休，學法出身的秘書長何宜武先生大惑不解，他對我說：

「別人想幹你這個工作我都不給他，你爲什麼要退？」我幹了十幾年他只知道我是個奉公守法的張萬熙，不知道我是「作家」墨人，有一次國立師範大學校長劉真先生告訴他張萬熙就是墨人，劉校長看了我在當時的「中國時報」發表的幾篇有關中國文化的理論文章，他希望我繼續寫，劉校長真是有心人。沒想到他在何宜武秘書長面前過獎，使我不能提前退休，要我幹到六十五歲多四個月才退了下來。現在事隔二十多年我才提這件事。鼎盛時期的（台灣新生報）連載四年多的拙作《紅塵》出版前三冊時就同時獲得新聞局著作金鼎獎和嘉新文化基金會「優良著作獎」，劉真校長也是嘉新文化基金會的評審委員之一，他一定也是投贊成票的。「世有伯樂而後有千里馬」。我九十二歲了，現在經濟雖不景氣，但我還是重讀重校了拙作「全集」我一向只問耕耘，不問收穫，我歷任軍、公、教三種性質不同的職務，經過重重考核關卡，寫作七十三年，經過編者的考核更多，我自己從來不辦出版社。我重視分工合作。我頭腦清醒，是非分明，歷史人物中我更敬佩遠祖張良，不是劉邦。張良的進退自如我更歎服。在政治角力場中要保持頭腦清醒，人性尊嚴並非易事。我們張姓歷代名人甚多，我對遠祖張良的進退自如尤爲歎服，因此我將民國四十年在台灣出生的幼子依譜序取名選良。他早年留美取得化學工程博士學位，雖有獎學金，但生活仍然艱苦，美國地方大，出入非有汽車不可，這就不是獎學金所能應付的，我不能不額外支持，他取得化學工程博士學位與取得材料科學碩士學位的媳婦蔡傳惠雙雙回台北探親，且各有所成，幼子曾研究生產了飛機太空船用的抗高溫的纖維，媳婦則是一家公司的經理，下屬多是白人，兩孫亦各有專長，在台北出生的長孫是美國南加州大學的電機碩士，在經濟不景氣中亦獲任工程師，我不要第三代走這條文學小徑，是現實客觀環境的教訓，我何必讓第三代跟我一樣忍受生活的煎熬，這會使有文學良心的人精神崩潰的。我因經常運動，又吃全素二十多年，九十二歲還能連寫四、五小時而不倦。我寫作了七十多年，也苦中有樂，但心臟強，又無高血壓，一是得天獨厚，二是生活自我節制，我到現在血壓還是60－110之間，沒有變動，寫作也少戴老花眼鏡，走路仍然「行如風」，十分輕快，我在國民大會主編《憲政思潮》十八年，看到不少在大陸選出來的老代表，走路兩腳在地上蹉跎，這就來日不多了。個人的健康與否看他走路就可以判斷，作家寫作如在八十歲以後還不戴老花眼鏡，沒有高血壓，長命百歲絕無問題。如再能看輕名利，不在意得失，自然是仙翁了。健康長壽對任何人都很重要，對詩人作家更重要。

一九九〇年我七十歲應邀訪問大陸四十天作「文學之旅」時，首站北京，我先看望已九十高齡的老前輩散文作家，大家閨秀型的風範，平易近人，不慍不火的冰心，她也「勞改」過，但仍心平氣和。本來我也想看看老舍，但老舍已投湖而死，他的公子舒乙是中國現代文學館的副館長，他也出面接待我，還送了我一本他編寫的《老舍之死》，隨後又出席了北京詩人作家與我的座談會，參加七十賤辰的慶生宴，彈指之間卻已二十多年了。我訪問大陸四十天，次年即由台北「文史哲出版社」出版照片文字俱備的四二五頁的《大陸文學之旅》。不虛此行。大陸文友看了這本書的無不驚異，他們想不到我七十一高齡還有這樣的快筆，而又公正詳實。他們不知我行前的準備工作花了多少時間，也不知道我一開筆就很快。

我拜會的第二位是跌斷了右臂的詩人艾青，他住協和醫院，我們一見如故，他是浙江金華人，卻體格高大，性情直爽如燕趙之士，完全不像南方金華人。我們一見面他就緊握著我的手不放，侃侃而談，我不知道他編《詩刊》時選過我的新詩。在此之前我交往過的詩人作家不少，沒有像他如此豪放真誠，我告別時他突然放聲大哭，陪我去看他的北京新華社社長族侄張選國先生，陪我四十天作《大陸文學之旅》的廣州電視台深圳站站長高麗華女士，文字攝影記者譚海屏先生等多人，不但我爲艾青感傷，陪同我去看艾青的人也心有戚戚焉，所幸他去世後安葬在八寶山中共要人公墓，他是大陸唯一的詩人作家有此殊榮。台灣單身詩人同上校軍文黃仲琮先生，死後屍臭才有人知道，他小我二歲，如我不生前買好八坪墓地，連子女也只好將我兩老草草火化，這是與我共患難一生的老伴死也不甘心的，抗日戰爭時她父親就是我單獨送上江西南城北門外義山土葬的。這是中國人「入土爲安」的共識。也許有讀者會問這和文學創作有什麼關係？但文學創作不是單純的文字工作，而是作者整個文化觀、文學觀，人生觀的具體表現，不可分離。詩人作家不能「瞎子摸象」，還要有「舉一反三」的能力。我做人很低調。寫作也不唱高調，但也會作不平之鳴、仗義直言。我不鄉愿，我重視一步一個腳印，「打高空」可以譁眾邀寵於一時，但「旁觀者清」，讀者中藏龍臥虎，那些不輕易表態的多是高人。高人一旦直言不隱，會使洋洋自得者現出原形。作品一旦公諸於世，一切後果都要由作者自己負責，這也是天經地義的事。

我寫作七十多年無功無祿，我因熬夜寫作頭暈住馬偕醫院一個星期也沒有人知道，更不像大陸的當代作家、詩人是有給制，有同教授的待過，而稿費、版稅都歸作者所有。依據民國九十八年一月十日「中國時報」A十四版「二〇〇八年中國作家富豪榜單」二十五名收入人民幣的數字統計，第一高的郭敬明一年是一千三百萬人民幣，第二名鄭淵潔是一千一百萬人民幣，第三名楊紅櫻是九百八十萬人民幣。最少的第二十五名的李西閩也有一百萬人民幣，以人民幣與台幣最近的匯率近一比四・五而言，現在大陸作家一年的收入就如此之多，是我一九九〇年應邀訪問大陸四十天作文學之旅時所未想像到的，而現在的台灣作家與我年紀相近的二十年前即已停筆，原因之一是發表出版兩難，二是年齡太大了。民國九十八年（二〇〇九）以前就有張漱菡（本名欣禾）、尹雪曼、劉枋、王書川、艾雯、嚴友梅六位去世，嚴友梅還小我四、五歲，小我兩歲的小說家楊念慈則行動不便，鬍鬚相當長，可以賣老了。我托天佑，又自我節制，二十多年來吃全素，又未停止運動，也未停筆，最近在台北榮民總醫院驗血檢查，健康正常。我也有我的養生之道，每天吃枸杞子明目，吃南瓜子抑制攝護腺肥大，多走路、少坐車，伏案寫作四、五小時而不疲倦，此非一日之功。

民國九十八（二〇〇九）己丑，是我來台六十周年，這六十年來只搬過兩次家，第一次從左營搬到台北大直海軍眷舍，在那一大片天主教白色公墓之下，我原先不重視風水，也無錢自購住宅，想不到鄰居的子女有得神經病的，有在金門車禍死亡的，大人有坐牢的，有槍斃的，也有得神經病的，我退役養雞也賠光了過去稿費的積蓄，讀台大外文系的大兒子也生病，我則諸事不順，直到搬到大屯山下坐北朝南的兩層樓的獨門獨院自宅後，自然諸事順遂，我退休後更能安心寫作，遠離台北市區，真是「市遠無兼味，地僻客來稀。」同里鄰的多是市井小民，但治安很好，誰也不知道我是爬格子的，連警察先生也不光顧舍下，除了近十年常有人打電話來騙我，幸未上大當外，我安心過自己的生活。當年「移民潮」去不了美國的也會去加拿大，我是「美國人」的祖父，我不移民美國，更別說去加拿大了。娑婆世界無常，早年即移民美國的琦君（本名潘希真）、彭歌，最後還是回到台灣來了，這不能說台灣是「天堂」，以我的體驗而言是台北市氣候宜人，夏天三十四度以上的日子少，冬天十度以下的日子也很少，老年人更不能適應零度以下的氣溫，我只有冬天上大屯山、七星山頂才能見雪。有高血壓、心臟病的老人更不能適應。我不想做美國公民，做台灣平民六十多年，也沒有自卑感。

娑婆世界是一個無常的世界，天有不測風雲，人有旦夕禍福，老子早說過：「福兮禍所倚，禍兮福所伏。」禍福無門，唯人自招。我一生不起歪念，更不損人利己，與人爲善。雖常吃暗虧，只當作上了一課。這個花花世界是我學不完的大教室，萬丈紅塵其中也有黑洞，我心存善念，更不造文字孽，不投機取巧，不違背良知，蒼天自有公斷，我本著文學良心寫作，盡其在我而已，讀者是最好的裁判。

民國一〇〇年（二〇一一）辛卯七月二十九日下午六時二十三分於紅塵寄廬

1951 年墨人 31 歲與夫人曾麗春女士（30 歲）結婚十周年紀念合影於左營

墨人博士七十壽辰與夫人曾麗春女士合影。此照為大翻譯家、文學理論家黃文範先生所攝，並在照片背後題「南山北海惟仁者壽」。

民國二十九年（1940）作者墨人在江西南城戎裝照。

1939 年墨人即自戰時陪都四川重慶奉派至江西臨川王安石家鄉，第三戰區前線任軍事記者創辦軍報，提供抗日官兵精神食糧。時年 19 歲。

2010 年「五四」作者墨人 91 歲在花蓮和南寺家人合影

2003 年 8 月 26 日作者墨人（中）在含鄱口觀山景點與作者長女韻華、長子選翰、三女韻湘、二女韻真合影。

2005 年 2 月作者次子選良（右一）回台北與父（右二）及作者夫人（中）三女韻湘（左二）二女韻真（左一）合影。

作者墨人在書房留影，時年八十五歲。

《墨人博士大長篇小說〈紅塵〉法文譯本封面照片》

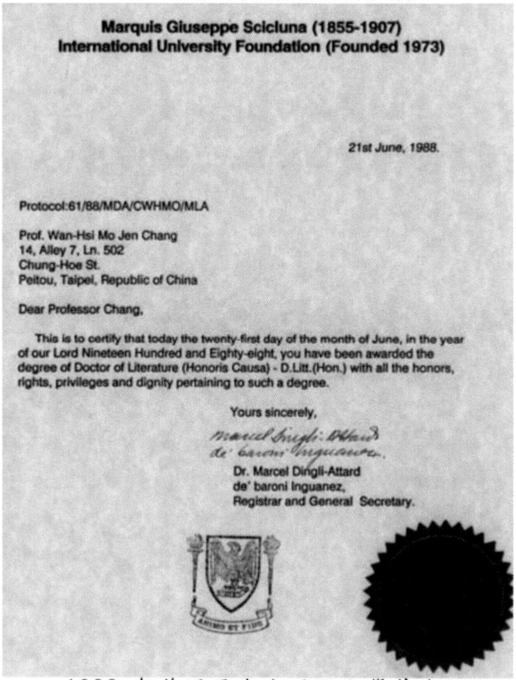

Marquis Giuseppe Scicluna (1855-1907)
International University Foundation (Founded 1973)

21st June, 1988.

Protocol:61/88/MDA/CWHMO/MLA

Prof. Wan-Hsi Mo Jen Chang
14, Alley 7, Ln. 502
Chung-Hoe St.
Peitou, Taipei, Republic of China

Dear Professor Chang,

This is to certify that today the twenty-first day of the month of June, in the year of our Lord Nineteen Hundred and Eighty-eight, you have been awarded the degree of Doctor of Literature (Honoris Causa) - D.Litt.(Hon.) with all the honors, rights, privileges and dignity pertaining to such a degree.

Yours sincerely,

Dr. Marcel Dingli-Attard
de' baroni Inguanez,
Registrar and General Secretary.

1988 年美國馬奎士國際大學基金會，授予張萬熙墨人教授榮譽文學博士學位證書。

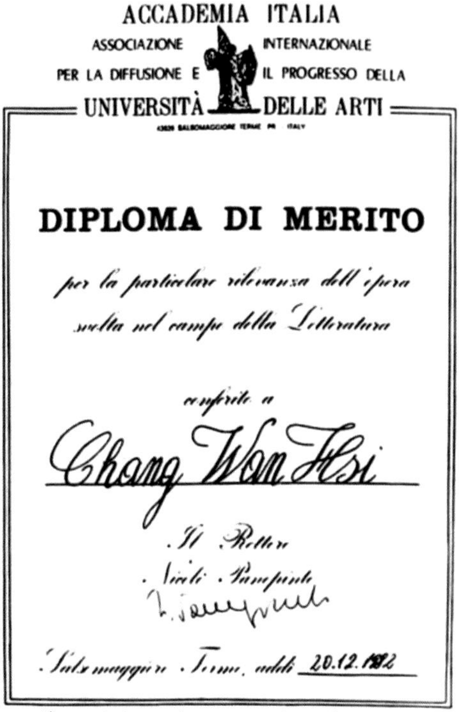

ACCADEMIA ITALIA
ASSOCIAZIONE INTERNAZIONALE
PER LA DIFFUSIONE E IL PROGRESSO DELLA
UNIVERSITÀ DELLE ARTI
43039 SALSOMAGGIORE TERME PR ITALY

DIPLOMA DI MERITO

per la particolare rilevanza dell'opera svolta nel campo della Letteratura

conferito a

Chang Wan Hsi

Il Rettore

Salsomaggiore Terme, addì 20.12.1982

義大利出版英、法、德、義四種文字的「國際文學史」的 ACCADEMIA ITALIA, 1982 年授予墨人的文學功績證書。

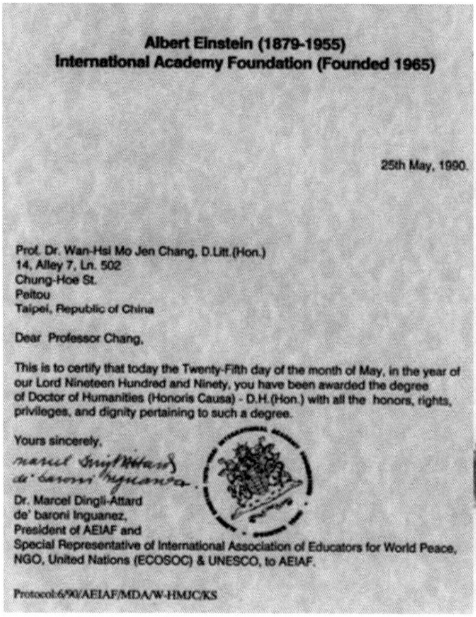

Albert Einstein (1879-1955)
International Academy Foundation (Founded 1965)

25th May, 1990.

Prof. Dr. Wan-Hsi Mo Jen Chang, D.Litt.(Hon.)
14, Alley 7, Ln. 502
Chung-Hoe St.
Peitou
Taipei, Republic of China

Dear Professor Chang,

This is to certify that today the Twenty-Fifth day of the month of May, in the year of our Lord Nineteen Hundred and Ninety, you have been awarded the degree of Doctor of Humanities (Honoris Causa) - D.H.(Hon.) with all the honors, rights, privileges, and dignity pertaining to such a degree.

Yours sincerely,

Dr. Marcel Dingli-Attard
de' baroni Inguanez,
President of AEIAF and
Special Representative of International Association of Educators for World Peace, NGO, United Nations (ECOSOC) & UNESCO, to AEIAF.

Protocol:6/90/AEIAF/MDA/W-HMJC/KS

1990 年美國愛因斯坦國際學院基金會授予張萬熙墨人教授榮譽人文學（含哲學文學藝術語言四種）博士學位

WORLD UNIVERSITY ROUNDTABLE
In Corporate Affiliation with the World University
Greetings
In recognition of Distinguished Achievement within the principles and purposes of the World University development, the Trustees of the Corporation, upon the nomination of the Secretariat, confer doctoral membership and this honorary award upon
Chang Wan-Hsi (Mo Jen)
The Cultural Doctorate in Literature
with all rights and privileges there to pertaining.

Witness our hand and seal at the International Secretariat
Regional Campus, Benson, Arizona
April 17, 1989

President of the Board of Trustees
Secretary of the Board of Trustees

1989 年美國世界大學授予張萬熙墨人榮譽文學博士學位，文化大學創辦人張其昀（曉峰）先生亦獲此榮譽。

THIS PICTORIAL TESTIMONIAL OF ACHIEVEMENT AND DISTINCTION proclaims throughout the world that

DR. CHANG WAN-HSI (MO JEN)

is the recipient of the above-mentioned Honour, granted by the Board of Editors of the

2000 OUTSTANDING SCHOLARS OF THE 20TH CENTURY

meeting in Cambridge, England, on the date set out below, AND that the Board also resolves that a portrait photograph of

DR. CHANG WAN-HSI (MO JEN)

be attached to this Testimonial as verification of the Honour bestowed.

2000 OUTSTANDING SCHOLARS OF THE 20TH CENTURY

First Edition

Signed and sealed on the 14th December 1999

Authorized Officer

1999 年 10 月張萬熙墨人博士榮登英國劍橋國際傳記中心《二十世二千位傑出學者》第一版證書。

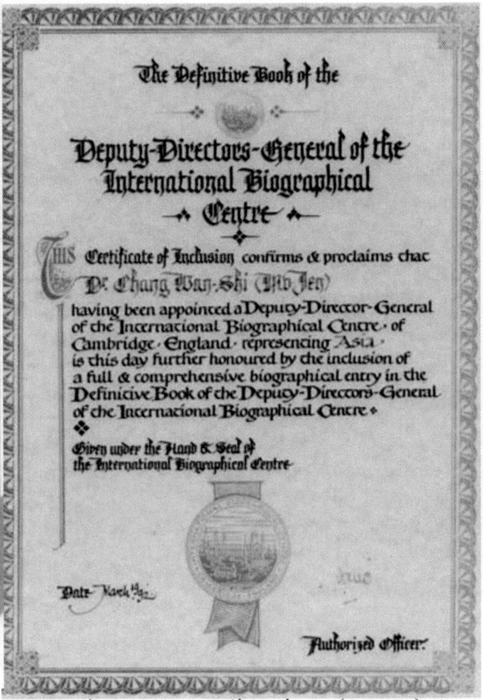
The Definitive Book of the Deputy-Directors-General of the International Biographical Centre

THIS Certificate of Inclusion confirms & proclaims that Dr. Chang Wan-Shi (Mo Jen) having been appointed a Deputy-Director-General of the International Biographical Centre of Cambridge England representing Asia is this day further honoured by the inclusion of a full & comprehensive biographical entry in the Definitive Book of the Deputy-Directors-General of the International Biographical Centre.

Given under the Hand & Seal of the International Biographical Centre

Date [illegible]

Authorized Officer

1992 英國劍橋國際傳記中心（I.B.C.）任張萬熙墨人博士為代表亞洲的副總裁。

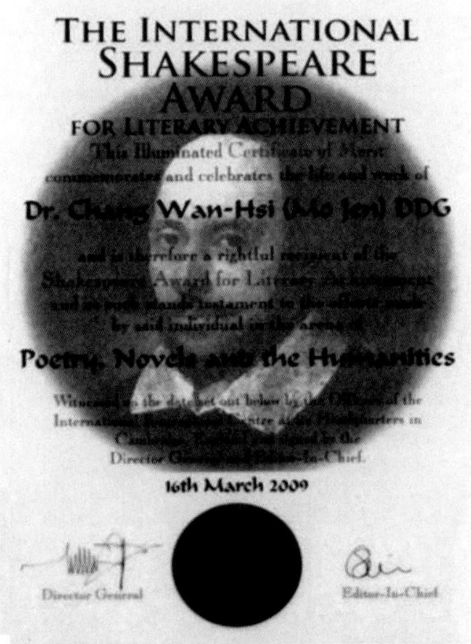
THE INTERNATIONAL SHAKESPEARE AWARD FOR LITERARY ACHIEVEMENT

This Illuminated Certificate of Merit commemorates and celebrates the life and work of

Dr. Chang Wan-Hsi (Mo Jen) DDG

and is therefore a rightful recipient of the Shakespeare Award for Literary Achievement and as such stands testament to the [illegible] by said individual in the arena of

Poetry, Novels and the Humanities

Witnessed on the date set out below by the [illegible] of the International [illegible] Centre at its Headquarters in Cambridge, [illegible] signed by the Director General and Editor-In-Chief.

16th March 2009

Director General　　Editor-In-Chief

2009 年 3 月 16 日英國劍橋國傳記中心總裁與總編輯聯合授予張萬熙墨人博士國際莎士比亞文學成就獎。

International Biographical Centre Cambridge CB2 3QP England
Telephone: +44 (0) 1353 646600 Facsimile: +44 (0) 1353 646601

IBC

REF : LAA/MED/MW-13640

13 November 2002

Dr Chang Wan-Hsi (Mo Jen) DDG
14 Alley 7, Lane 502
Chung Ho Street
Peitou
Taipei
Taiwan

Dear Dr Chang

Please find enclosed the Medal in respect of the **Lifetime Achievement Award** which I hope meets with your approval.

Yours sincerely

MICHELLE WHITEHALL
Personal Assistant to the Director General

Enc

英國劍橋國傳記中心(I.B.C.)2002 年頒發詩人作家張萬熙（墨人）博士終身成就獎，英文信及金牌正反面照片墨人早年即被 I.B.C.推選為副總裁。

大風大浪　目次

第一章　出征還鄉情猶怯　重見親人感慨多

中字號登陸艇一進基隆港，許多從大陸遣回臺灣的本省籍的「皇軍」，都擠在甲板上，像一羣鵝樣伸長着頸子望着一別數年的家鄉。

登陸艇離開上海時正下着漫天大雪，雪像棉花條樣自灰沉沉的天空糾纏着跌跌撞撞地掉在甲板上，落在幾寸深的積雪上，沒有一點聲音。雪不斷地飄落，天空有如一大床污黑的舊棉絮，壓在頭頂上，雪花飄飄灑灑，蓮步輕搖，彷彿永遠下不完。大上海已經成了一個粉粧玉琢的世界。二十四層高的國際飯店的尖頂上，四大公司的屋頂上，來去如飛的電車廂上，從十六舖到外灘公園，到吳淞，以及整個浦東，全是白雪皚皚。混濁的黃浦江，也彷彿載不動許多雪，流得非常緩慢。

船離開上海不過兩三天，現在的情形完全不同。甲板上沒有一團雪，黑色的鋼板上起了黃色的鐵銹。眼前是青山綠樹，港內的海水也一片深綠，不像黃浦江那麼渾黃。只是基隆太小，一百個基隆也抵不上一個上海，更沒有上海那不夜城的豪華氣派。幾年不見，基隆更顯得一片破敗，幾分悽涼，碼頭上也冷冷清清，毫無上海那種燈紅酒綠，萬頭鑽動的情形。

林朝海也擠在人堆中探頭探腦。他早就脫下了大衣，穿着粗黃絨軍服，額上還在冒汗。他把風紀扣解開，看看胸前的名字田中次郎，幾乎忘記了自己在家裡叫林朝海。這四五年來，在軍中沒有任何人叫過這個姓名。他是個二等兵，日本人直呼他田中次郎，極少數的臺灣士兵，也叫他田中次郎，他叫別人也是叫日本姓名，他們在軍中完全是日本「皇民」的身份。

他望望碼頭上，沒有多少人，比他從基隆上船「出征」時還要冷落。他已經一年多沒有接到家信，他哥哥不會寫信，父親更是一個大字不識。上次託人寫的那封家信中說家中生活很苦，城市遭到美國飛機轟炸，不敢進城謀生。現在家中生活如何？他簡直不敢想像，自然更不會想到家裡會有人到基隆來接他。他家在田中村，這筆來回費用他哥哥怎麼負擔得起？何況他們又不知道他會在今天到達基隆。

但他心裡還是喜悅多於愁苦。和他在一個隊上服役的六個臺灣籍二等兵，打死了兩個，打傷了一個。這幾年來，他也吃過不少苦頭。初到上海登陸的那年冬天，也遇着大雪，他從來沒有見過雪，沒有遇過那麼寒冷的天氣，他穿着呢大衣還是冷得發抖，手腳都生了凍瘡，手指的骨節上出了很多皸口。川島下士對他這個臺灣籍二等兵本來就有點歧視，平時要替他擦皮靴，做雜事，一不如意就當胸一拳，或是猛踢一腳，罰立正是最輕的處分。打仗時更不敢退縮，湯裡火裡都得去，而且要表現得比日本人更勇敢。更不怕死，川島才不罵他。太平洋戰爭爆發之後，一切補給品都沒有以前充裕，品質也一天天壞。最後一兩年更是一落千丈，打仗時也得不到飛機支援。他們那一聯隊損失很大，戰爭結束前兩三個月調到九江休息守備，簡直連飯都吃不飽。他的隊部駐紮在東門口，他常常利用站崗時向從城裡買豆渣回家餵豬的鄉下人，要幾把乾淨豆渣躲在崗亭裡偷偷地吃下去。因爲他學會了一些長江一帶的話，鄉下人聽得懂，看他不像別的日本軍人那麼兇橫，都樂意給他一瓢兩瓢，但他不敢要那麼多，吃飽了就算了，萬一被川島發現，那破壞「皇軍」榮譽的罪名他就承擔不了。其實有好幾位日本新兵，也偷偷地向鄉下人要豆渣充飢，他看見了也不敢講。要是再打下去，他眞不知道會成個什麼樣子？他的軍服已經打了補釘，可是就領不到新呢軍服。幸好那天一覺醒來，戰爭就結束了。很多日本人都抱頭痛哭，川島下士還表演過切腹自殺。他呢？心裡暗自高興，表面上却也裝作垂頭喪氣。現在總算平平安安地回來了，這眞是不幸中的大幸。

一踏上碼頭，大家高興得蹦蹦跳跳，和當年「出征」時暗自落淚的情形完全不同。領了車票和茶水費之後，大家都往火車站跑。從現在起他們不再過集體生活，是自由自在的老百姓了。

他們大半是中南部人，幾年沒有回家，後天又是除夕，大家都歸心似箭，爭先恐後地擠上車廂。這是一班普通列車，人很雜很亂。他和虎尾人龜山正夫搶到了兩個座位，兩人擠在一張硬木椅上，覺得比擠在船艙裡舒服一些。龜山正夫在他肩上搥了一下，笑嘻嘻地說：

「田中次郎，現在總算保住老命回家了，以後你是種田還是做工？」

「我叫林朝海，別再叫我田中次郎了。」林朝海推開龜山正夫的手，扯下胸前田中次郎的名條。

「好，我叫你林朝海，你也叫我陳正夫才行？」

「當然，我們是中國人，自然還是用中國姓名。」

「林朝海，說正經話，現在不當「皇軍」了，以後你幹什麼？」陳正夫又問。

「回家以後再看。」林朝海說。

「你家裡是幹什麼的？」

「種田。」

「風吹黎尾巴不倒，還是種田好。」

「我家沒有田，是租田種，自己出力出汗，到頭來還是吃蕃薯，放蕃屁，種田有什麼好？」

「我家人口多，只有兩分地，也要租田種。以前我在家時也是吃蕃薯渡日子，有時還要吃蕃薯葉子。像這種冬天，我和我父親都做零工貼補。」陳正夫說：「我情願做工，比較活動。」

「陳正夫，還是長江一帶的人日子好！」林朝海突然在陳正夫的大腿上一拍：「他們大田大地，半年辛苦半年閒，這種日子他們都穿着長袍，在家裡烤火享福。」

「聽說事變以前他們的日子更好。」陳正夫連忙接嘴：「可惜那邊太冷，不然我眞想留在那邊。」

「聽說北方還要冷，我們臺灣人吃不消。」林朝海率性解開胸前的紐扣：「我還是喜歡臺灣的氣候。」

「我們冬天吃西瓜，那邊的人會笑掉大牙。」

車頭忽然嗚的一聲，打斷了他們的談話。隨後車輪在鐵軌上緩緩滾動，有人高興得唱歌，日本歌曲不知不覺地溜出嘴來。車廂裡有些外省人，奇怪地望着那幾個唱歌的軍不軍，民不民的年輕人。

林朝海坐過京滬路粵漢路的火車，不知道是人太多還是別的原因？他突然感到臺灣鐵路車廂太窄，以前沒有去過大陸還不覺得，現在一比較，實在相差很多。不但車廂如此，他還想到許多別的東西，大陸上的都比臺灣的氣魄大。

他又看看車窗外的景物，山還是和從前一樣青翠，沒有什麼變化。大陸的樹木早已葉落花凋，只剩光禿禿的枝椏，黑烏鴉和喜鵲偶爾落在上面，點綴點綴，這幾天正是白雪滿山，樹枝上也堆滿了雪，結着閃亮亮的冰凌，掛着幾寸長的冰溜，眞是玉樹銀花，又是一番景象，和臺灣終年青山綠樹完全不同。

從汐止到臺北，這一路的房屋仍然零零落落，顯得有點破敗，稻田裡浸了水，什麼也沒有種。長江一帶的田地這時都長滿了麥子和油菜。雪下得越大，收成越好。

車到臺北站，下去了不少人，也上來不少人。臺北自然比基隆熱鬧，但比起南京上海，仍然顯得冷冷清清。車輛很少，稀稀落落的行人在大馬路上自由自在地散步，本省人仍然赤脚穿着木拖板在街上拖拖踏踏，「雜布」也是一樣。和南京上海的女人穿得那麼花枝招展，口紅高跟，彷彿兩個世界。臺北除了總督府之外，也沒有一座高大的房屋。

「唷，臺北還是老樣子，比南京上海差多了。」陳正夫扶着林朝海的肩膀說。

「上海人口六百萬，一個上海就抵得上全臺灣，瘦死的駱駝比馬大，臺北怎麼能和南京上海比？」林朝海說。

「我們征到大陸去打仗，只有一樣好處。」

「什麼好處？」

「跑了不少地方，長了很多見識。」

「這倒是眞的！原先我還以爲臺北很大，以爲我們田中的大地主王仁貴有上百頃地眞了不起，但是比起大陸的地主來，王仁貴算老幾？」

「上百頃地的確不少。」

「但是臺灣一頃只有大陸的十五畝，大陸的一頃是一百畝，大陸有幾十頃甚至幾百頃地的地主多的是，比王仁貴不知道要大多少倍？」

「嘿！我要是有一甲地我就心滿意足了！」陳正夫感慨地說。

「我也不想多，」林朝海晃晃光的圓頭說：「我和我哥哥兩人有一甲地就行，另外再租甲把地，這樣我們就可以馬馬虎虎過下去。」

「起家好比針挑土，太難。」陳正夫搖搖長頭。

「陳正夫，難道我們都是生成的窮命？」林朝海有點不服氣地問。

「林朝海，我的祖先是從泉州來臺灣替大戶開墾的，到我這一代還是佃農，又有什麼法子？」

「我家也是一樣，但我比你更慘！這次回家我眞不知道以後的日子怎麼過？」林朝海又憂慮起來。

車子又嗚的一聲離開臺北，他們兩人停止談話，望望窗外的市區，街上行人稀少，有些女人背着孩子，赤腳穿着拖板在街上踢拖踢拖，無精打彩，不像要過年的樣子。

他們這列火車走的是山線，載的多半是短程旅客，沿途上上下下，木拖板呱噠呱噠，男人穿得破破爛爛，女人也很少有件新衣，他們臉上都很少笑容，坐立不安，來去匆匆。

當年林朝海也是坐着這種山線火車從臺中到基隆「出征」的，這次又坐着同樣的火車從基隆到臺中，相隔四五年工夫，他覺得沿途農村的情形比以前更差，一片蕭條，缺少生氣。

車到臺中站，他從架子上取下那小布包袱，包袱裡面不過是幾件換洗的舊衣和日用品以及一雙八成新大趾分叉的膠鞋。

陳正夫知道他要下車，有點惜別之情，他們在一個隊上兩三年，感情很好，現在回到臺灣反而要各奔東西了。

他把林朝海送到車門口，拍拍林朝海的肩說：

「阿林，以後常通信，三個臭皮匠抵個諸葛亮，有什麼困難，我們也好商量商量。」

「阿陳，以後不論我幹什麼，我都會先告訴你。」林朝海感情激動地握握陳正夫的手，跳下車去。

林朝海提着小布包，隨着人羣走向車站出口。他望望大街，臺中比臺北更冷靜，街上很少行人，有一條瘦狗拖着尾巴橫過街心。

他有遊子歸來的喜悅，也有一種說不出來的空虛，彷彿在大陸上攻陷一個空城一般。

他決定先到他姐夫蕭金郎家裡去看看，他姐夫是個魚販，現在早該收攤了。

蕭金郎住在一個狹隘的小巷，潮濕骯髒，房屋窗子很小，光線暗淡。他的突然歸來，她姐夫姐姐都喜出望外，他姐姐阿銀握着他的臂膀說：

「小弟，眞是媽祖保佑，阿爸阿母天天想念你，現在總算回來了！」

「阿姐，我人不回來，骨灰也應該回來。」林朝海坦然地說。

「小弟，你這麼大的人了，還是一句沙糖，一句狗屎？」他姐姐輕輕白了他一眼。

「阿姐，妳放心，我死不了。」林朝海笑着回答：「要死早就死了兩三次。」

阿銀問他吃飯沒有？他說他只在車上吃了一個便當。現在已經兩點多鐘，又有點餓，她要爲他煮飯，蕭金郞却爽快地說：

「免了，免了，我帶阿海到攤子上去吃。」

他一面說一面把林朝海拉出來，走到巷口的攤子上，往長櫈上一坐，弓着右腿，脚踏在櫈上，他要了一瓶太白酒，和豆乾，滷蛋，豬頭肉，豬舌頭，四小碟滷菜。

林朝海在他旁邊坐下，他倒了大半盌酒給林朝海，其餘的都倒進自己盌裡，貪饞地喝了一大口。

「姐夫，你還是歡喜喝酒？」林朝海笑着問他。

「阿海，這幾年生活可艱苦，我很少喝了。」蕭金郞感慨地說。「你去中國這幾年可有點好處？」

「姐夫，大陸眞是個好地方，我可沒有發橫財。」林朝海喝了口酒說：「起初兩年，生活倒還不錯，以後越來越差，我就知道日本人越打越窮了。姐夫，你相不相信我吃過豆渣？」

「那是餵豬的，你也吃？」

「姐夫，不吃肚餓啦！」林朝海坦然一笑：「那還是人情哩！」

「阿海，這幾年你家也靠蕃薯渡日啦。」蕭金郞叉了一筷子滷菜進嘴，邊嚼邊說。

林朝海聽了姐夫的話，心裡有點不自在，喝了一口寡酒，輕輕地問蕭金郞：

「姐夫，我家裡人口都很平安吧？」

「阿爸阿母身體不大好，其餘的馬馬虎虎。」

林朝海一口喝乾了盌裡的酒，要了一盌米粉，三口兩口吃完，準備回家。

蕭金郎看他想走，也喝乾了盌裡的酒，吃光了碟子裡的滷菜，站起來拍拍口袋，對攤子老板說：

「阿叔，今天不方便，掛賬。」

攤子老板眉頭一皺，苦笑了一下，沒有作聲。

蕭金郎陪林朝海在街上走了一段路，談了一些生活方面的苦經。他說這幾年來魚產得太少，有時三兩天沒有生意做，同時城裡人又怕美國飛機轟炸，有錢的都下鄉去了，買到了魚生意也清淡得很，甚至會賠本。

林朝海聽了姐夫的話，看看冷冷清清的市面，更是滿肚疙瘩。

他半途搭上了公路汽車，向龍井進發。三四十分鐘以後，他在馬路邊下了車，打量了一下。田中村的樣子還沒有變，田地還是那麼一小塊一小塊，七零八落。現在正是刮風季節，海風很大，沙塵飛揚。田裡多半是空的，只有極少數種了青菜和蕃薯。

整個田中村看不到一家新建的房屋。原有的房屋顯出幾分破敗，颱風吹壞了的屋瓦多半沒有修復。他自己的土磚房屋，泥土已經崩落了不少，颱風吹壞了一個屋角，也沒有修復，還是用草包舊鐵皮遮蓋着。

他提着小布包，沿着小路向自己家裡走去。風大，灰塵撲面，他不得不時背轉身閃避那隨風捲起的陣陣灰沙。

當兵時他天天渴望回家，現在眞的回到家鄉，他反而有點膽怯了。愈接近自已的房屋，他的心跳得更快。他本來想不聲不響地走進屋去，睡在門口的老狗阿黃，一發現他就叫着衝了過來，牠雖然又老又瘦，可是非常護家，他輕輕地叫了牠兩聲「阿黃」，牠才停止狂吠，兩眼盯着他打量了一會，突然搖起尾巴，在他身上嗅嗅，脚邊蹦蹦跳跳，他拍拍牠的腦袋，牠兩脚搭在他的身上。

坐在屋角切餵豬的蕃薯藤的王足，聽見狗叫馬上抬起頭來看他，她看他一身舊日本軍服，起先還有點膽怯，隨後認出他是小叔，連忙站起來說。

「啊！阿叔，你回來了？」

「是，阿嫂，我一下船就趕回來了。」

王足連忙走進屋，高興地通知家人。他發覺嫂嫂蒼老了許多。褲子屁股後面打了兩個大補釘，一雙赤脚，粗糙得像老樹皮。

「阿嫂，我一下船就回來了。」

八九歲的侄兒日昇，四五歲的侄女阿珠，首先趕到門口，好奇地望着他，他們兩人也是赤脚，身上也破破爛爛，睜着兩對圓眼睛望着他。他「出征」時日昇很小，阿珠還在嫂嫂肚子裡，他們都不認識他這位叔叔。

「叫阿叔，叫阿叔。」王足笑着對他們說。

他們嘴裡唔了一聲，就溜到她背後去了。

林朝海一進門，就碰見父親林乞食從房裡出來，他看父親又老又瘦，叫了聲「阿爸」，眼淚就滾了出來。

田中村出征的青年人，死的早已運回了骨灰，活着的也先回來了，沒有回來的都是生死不明。老人家盼望他盼望了很久，幾乎絕望，現在他突然出現在自己面前，也禁不住眼圈一紅，落下兩滴老淚。

「阿海，眞是媽祖保佑，回來了就好。」林乞食擦擦眼睛說。

「阿爸，阿母呢？」林朝海不見母親，忍不住問。

「阿母身體不舒服，睡在床上。」王足說。

他母親聽見他說話，在房裡叫他：

「阿海，你進來，讓我看看。」

他連忙進房，看見母親躺在塌塌米上，蓋着一床補得像八卦衣的破棉被，手臂露在棉被外面，像根瘦弱的相思樹棍子。臉上的皮膚皺得像晒乾了的橘子皮，顴骨突起。他跪在塌塌米前，叫了聲「阿母。」低着頭讓她撫摸，眼淚落在棉被上。

「阿海，這眞是媽祖保佑，明年我一定要好好地拜拜，燒香還願。」

「阿母，惟願媽祖保佑您早點好。」林朝海抬起頭來望望她。

「阿海，我沒有什麼大病，只是身體軟弱，精神不好，古話說樹老葉兒稀，人老把頭低，我看我是老了。」

「阿母，您苦了一生，我要讓您享幾年福。」林朝海覺得自己在外面幾年，沒有盡到一點孝道，心裡有點慚愧，他決心好好地奉養雙親。

「阿海，命裡只有八合米，走遍天下不滿升，天天有蕃薯吃我就很高興。」她臉上浮起一絲笑意。

「阿母，我要讓您吃點蓬萊米，我才安心。」

「阿海，蓬萊米是日本人吃的，我那有那樣的好命？」

「現在日本人走了，我可以留一點給您和阿爸吃。」

「阿海，難得你一片孝心，阿母吃蕃薯心裡也高興。」老人家眼角滾出了一顆淚珠。

她還嘮嘮叨叨地問了他一些在外面的情形，他簡單地告訴她。隨後她又關心地問：

「阿海，你有沒有在外面娶親？」

「阿母，當兵辦不到啦。」

「阿海，現在你也二十四五了，應該留意呀！」

「阿母，要幹的事情多啦！現在免談。」林朝海站了起來，慢慢地走回堂屋。

他沒有看見哥哥林石頭，禁不住問嫂嫂王足：

「阿嫂，阿兄呢？」

「到豐原做工去了。」

「狗仔呢？」他又想起大侄兒。

「和他阿爸一道去了。」

「阿嫂，狗仔今年十幾？」

「十四了。」

「他也能做工了？」

「你當兵去後，他阿爸就沒有讓他讀書，一直跟着他阿爸種田做工。」

「阿海，這幾年要不是狗仔幫忙，生活就更艱苦。」林乞食插嘴：「我樹老葉兒稀，不中用了。」

林朝海沒有作聲，他知道鄉下人和牛一樣重要，這幾年他不在家，虧他哥哥一個人維持一大家。

隨後他又想起侄女兒阿英，半天沒有看見她，不知道是死是活？她應該有十一歲了。他不敢冒冒失失開口問，故意向日昇和阿珠看了幾眼，又向四週望望，王足會意，笑着問他：

「阿叔，你是找阿英吧？」

他點點頭。

「阿英早送給人家作養女了。」她黯然地說。

「阿嫂，自己的骨肉何必送給別人？」

「阿叔，人多口衆，全靠他阿爸一雙手，怎麼養得活？」

「阿嫂，妳放心，以後一百斤的擔子我挑五十斤，阿珠可不能再送人。」他摸摸阿珠的頭，看她那對大眼睛，非常喜愛。

「阿珠，多謝阿叔。」王足對阿珠說，隨後又望望林朝海：「阿叔，你再不回來，她阿爸又打算把她送給別人了。」

「阿嫂，妳放心，阿兄就是要把她送給別人，我也不答應。」林朝海把阿珠抱了起來，阿珠不再怯生。

隨後他又問了一些家中情形，他父親告訴他，自他當兵以後，因爲人力不够，第二年就退了五分水田，他在家時租了一甲五分，現在只種一甲水田了。

「阿爸，田少了不够生活啦！」

「地租太重，種多了也只好給頭家。你哥哥一個人忙不過來，把他累壞了，一家老小靠誰？」

「阿叔，少了你這個幫手，這幾年你阿兄老了很多。」王足說。

「阿嫂，阿兄今天回不回來？」

「他們父子兩人去了四五天，說了今天回來，明天就過年了，還能在豐原過年不成？」

時間不早，林乞食吩咐媳婦煮晚飯，他怕林朝海餓了。

「阿足，有沒有米？阿海剛回家，不能讓他吃蕃薯。」林乞食[redacted]說。

「阿嫂，我不是作客，有什麼吃什麼。」林朝海對嫂嫂說。

「阿叔，你幾年沒回家，我去借點米來。明天過年，大家也應該吃兩頓飽飯。」王足提着小提桶走出去。

林乞食也準備餵豬。林朝海連忙放下阿珠，接過父親手上的豬食桶，在缸裡撈起半桶煮過的蕃薯藤再加點米糠，提到豬圈去。

豬圈在房子旁邊，茅草搭的棚頂，周圍用幾根相思樹幹圍起。這個豬圈是他在家時做的，五六年了，還沒有換新，只是頂上加過一層茅草，看來破破爛爛。圈裡養了一隻豬，骨架不小，但是瘦皮疙瘩，頂多三四十臺斤，明年端午節恐怕還不能賣。

那隻豬看他提了食桶過來，高興得唧唧叫。他把食料倒進槽裡，牠搶着吃，嘴巴呷呷響，彷彿餓了很久。

他一心注意豬吃食，沒想到他哥哥林石頭和侄兒狗仔悄悄地回家。林石頭先打量了他一陣，發現他是自己的弟弟，才叫着跑過來抱住他：

「阿海，想不到你回來了？我差點不認識你！」

「阿兄，我剛到家不久。我天天都想回來。要不是日本投降，眞不知道拖到那年那月？」

「媽祖保佑你平平安安回來。」林石頭高興地說，又向兒子招招手：「狗仔，過來叫阿叔。」

狗仔原來站在一丈多遠的地方觀望，一聽到他父親叫就走過來叫了林朝海一聲阿叔。

「狗仔長高了好多，我差點不認識了。」林朝海打量侄兒，覺得他像半截樹椿子，穿着荒貨攤上收買來的軍裝改的舊上衣，短褲頭子，赤脚，身體倒很結實。

林朝海又打量他哥哥一眼，林石頭頭髮長得像刺蝟，鬍鬚也有三四分長，身上穿的是日本人丢下的破軍裝，脚上穿的也是日本式的大趾分叉的薄底黑膠鞋，鞋面已經破了。他手上提着兩三斤五花豬肉，一條鯖魚。他發覺林朝海打量他，把手上的魚肉向上一提：

「阿海，我帶了幾斤魚肉回來過年，今天先弄點給你接個風。」

「阿兄，不必，留着明天過年吃。」林朝海說。

「阿海，自從你去當兵，我們就一年不如一年。現在你回來了，多了一雙手，一切都好辦。」林石頭興奮地說：

「這是年貨，妳先弄點給阿海吃。」

王足借了米回來，林石頭把魚肉交給她：

第二章　貼春聯左右顛倒　吃年飯糙米地瓜

林石頭把從豐原買回來的一副「天增歲月人增壽，春滿乾坤福滿門。」的紅紙對聯貼在大門口。林朝海發現他把上聯變成了下聯，下聯變成了上聯，笑着對他說：

「阿兄，你貼錯了。」

「是不是貼倒了？」林石頭問。

「不是貼倒了，是上下聯貼錯了。」林朝海說。

「阿海，我記得以前也是這麽貼的，你怎麽沒有作聲？」

「以前我也不知道，在大陸時我看見很多人家大門口都是「天增歲月人增壽」在右，「春滿乾坤福滿門」在左，我請教過幾位讀書先生，經他們一解釋，才知道上下，這樣唸起來也順口。阿兄，我唸給你聽聽看——。」

林朝海反覆一唸，林石頭也笑着點頭，連忙揭起對聯，重新換個位置，自嘲地說：

「阿海，我西瓜大的字，認不滿一籮筐，你小學畢了業，到底比我强。」

「阿兄，我們讀書太少，知識不够，到處吃虧。以後應該讓孩子們多讀點書。狗仔不該這麽早就讓他種田。」

「阿海，人窮志短，馬瘦毛長。我不讓他種田，連番薯葉子都吃不飽。」

「阿兄，阿昇阿珠將來應該多讀幾年書，不要像我們一樣。」

「阿海，鴨子怎麽上得了架？我們那有錢讓他們多讀書？」林石頭搖頭苦笑。

「阿兄，我們辛苦一點，一雙手當兩雙手用。」林朝海伸出臂膀，他的身體結實，臂膀很粗。

林石頭看了高興地一笑，隨後又親切地問：

「阿海，你自己不想成親？」

「阿兄，等我有錢以後再談這件事，現在免提。」林朝海毫不考慮地回答。

「阿海，你別說夢話，我們一分地也沒有，難道颱風還會送來財神爺？」林石頭把對聯用手拂平，望望林朝海說。

「阿兄，山不轉路轉，只要我們同心合力，風裡雨裡都去，總有翻身的日子。」林朝海忽然顯出軍人赴湯蹈火的氣慨。

林石頭望着他，高興得滾出兩顆眼淚。停了一會嘆口氣說：

「阿海，這幾年我是啞子吃黃連，一天忙到晚，有時還得吃蕃薯葉。你不在家我越幹越沒有意思。現在你回來了，但願媽祖保佑，過年以後我們節節高。」

林朝海比他哥哥的見識廣，他知道他們終年辛苦，不得溫飽，是日本人的剝削和地租太重的原故，同媽祖沒有關係。現在日本人走了，只有地租問題，如果能減輕地租，自己再勤勞些，生活就慢慢好起來，但他並不十分樂觀，他知道地主不會特別優待他，所以他沒有接腔。

隨後他們兩兄弟又打掃房屋、牛欄、豬圈，和周圍環境，把垃圾、牛糞、豬糞和泥土都集在一堆作「燒糞。」狗仔把稻草塞在垃圾堆中間，又挖了一些牛欄豬圈外面的爛泥壓在上面，點把火把稻草引燃，稻草便在泥土下面冒着青烟，嫋嫋上升。

雖然他們的房屋破敗，但裡裡外外一經打掃，氣象也煥然一新。

狗仔從空着的稻田裡把老水牛牽回來。林朝海走過去摸摸牠，這條牛是他們最重要的財產，已經養了十年，有點瘦骨嶙峋。牠沒有長江一帶的水牛那麼高大雄壯，林朝海看過很多在江邊上吃草的大角閹牛，比牠這條彎角老牛起碼要大三分之一。但他還是十分喜歡牠，他在稻草堆上抽了一捆稻草，放進牛欄餵牠。林石頭在牠角上貼了一塊紅紙，拍拍牠的頭，像拍着自己的兒女。

「阿兄，大陸上牛欄門口都貼對聯，牛角上貼錢紙，我們也弄副對聯來貼貼怎樣？」林朝海說。

「阿海，我們都不會寫，免了。貼塊紅紙也有點喜氣。」林石頭說。「我們自己過年都是馬馬虎虎啦，怎麼能替牠粧金？」

豬槽裡沒有食，豬聽他們兩人在牛欄裡講話，哼哼唧唧地叫。林石頭吩咐狗仔餵食，沒有多久，狗仔就提了半桶煮熟的蕃薯藤過來，清湯寡水，連米糠也沒有加。林石頭看了一眼，對兒子說：

「今天過年，應當加一瓢米糠，讓牠吃飽一點。」

狗仔放下提桶，去拿米糠。林石頭把豬食倒進槽裡，豬連忙把嘴巴埋下去撈蕃薯藤吃，哼哼唧唧。狗仔端了一瓢米糠來，林石頭把米糠倒進槽裡，豬大口地搶着吃，林石頭連忙用棍子攪動，和蕃薯藤混在一塊。

「畜牲和人一樣刁嘴，揀好的吃。」林石頭手扶着木欄欣賞地說。

「阿兄，這條豬養了多久？」林朝海問。

「三個月。」林石頭說。

「養了三個月還只有這麼一點點大？」

「阿海，我哄牠，牠哄我，光吃蕃薯藤，還能日長夜大？」

「阿兄，這樣養法，再養一年也長不到一百公斤。」

「阿海，我們自己吃蕃薯，還能給牠吃魚吃肉？」林石頭笑着說：「養豬不要繳地租，餵點蕃薯藤葉，讓牠慢慢地長，不管賣多少錢，總是我們自己的。可惜蕃薯藤葉不够，不然我眞想多養兩條。」

「明年可以加二條，檢點蝸牛餵，省點飼料。」林朝海想到那些大蝸牛，春天牠們就出土，一直有七八個月的活動時間，遍地都是，天一亮就去檢，不費一文錢。

「阿海，你這倒是個好主意，明年我們不妨試試。」林石頭說。

「同時我們還可以用蝸牛養點鴨子。阿爸年紀大了，不能做粗事，這種工作他倒很合適。」

林石頭非常讚同他的意見，兄弟兩人臉上都露出一絲笑容。

林老太太因爲今天過年，加之小兒子林朝海回來了，心情十分愉快，早晨就打起精神起了床。她看看外面也打掃得非常清爽，便一手拄着竹棍，一手牽着孫兒日昇走了出來。~~林石頭~~林朝海見母親出來，[illegible]走過來照顧。

「阿母，外面有風，不要出來。」林朝海說。現在正是季風時節，屋門口的風也不太小。

「阿海，你放心，我不是有什麼重病，只是手脚無力。」老太太笑着回答。瘦削的臉上有點光彩。

「阿母是吃得太差，要是像有錢人家一樣，有魚有肉，有在來米吃，她的身體一定很好。」林石頭輕輕地對林朝海說。

老太太耳朵很靈，聽到了大兒子的話，馬上接嘴：

「你們太艱苦，有什麼我吃什麼。窮人天保佑，我現在還不會死。」

「阿母，惟願您長命百歲。您和阿爸苦了一輩子，不讓您們享幾年福，我們心裡不安。」林朝海說。

「阿海，人奈命不何，我們生窮了命，享誰的福？」老太太自嘲地一笑。

「阿母，享我們的福。」林石頭接嘴。

「你們心到神知，有蕃薯吃我就滿意了。」老太太摸摸孫兒的頭，笑眯眯地說，眼角的皺紋打摺。

王足突然站在門口，要兒子丈夫回家換衣服，阿珠已經換了一件乾淨的花布上衣，站在她的身邊，像個小丫頭。

林日昇聽說換衣服，連忙把老太太一拉，老太太身子一晃，林石頭趕上一步，伸手把她扶住，瞪了兒子一眼：

「阿昇，你把阿婆拉倒了我就剝你的皮！」

「好啦，好啦！」老太太馬上阻止兒子：「過年過節的，阿昇一時高興，又不是故意，何必罵他？」

林日昇被林石頭一罵，手一鬆，低着頭跑到王足身邊來。王足摸摸他的頭，安慰了他兩句。

林石頭林朝海兩兄弟扶着母親進屋，在一把搖搖晃晃的竹椅上坐下休息。

林乞食坐在堂屋的小櫈上啃生蕃薯，阿珠走了過去，他把蕃薯交給她，把她摟進懷裡，在她臉上親了一下。

王足拿出一件從舊貨攤上買來的日本孩子的舊藍呢上衣給林日昇穿，林日昇身子一扭，吵着要穿新衣。老太太把他拉進懷裡，哄着他說：

「阿昇乖，這是小日本人穿的衣服，卡水。」

「阿昇，阿叔明年賺了錢一定給你做新衣。」林阿海也哄他。

他只好勉强穿上，衣服大，袖子罩住了手，他母親替他捲了兩捲，他嘴裡不停地嘀咕。

狗仔比他大，懂事一點，不吵新衣穿。林朝海換了以前在家穿的衣服，和一雙帶回來的八成新的大趾分叉的黑膠鞋。

林石頭在祖宗牌位前上了三根小香，放了一卦小鞭炮，就算過年了。

年夜飯比平時好得多，王足煮了一鍋在來飯，飯裡只和了三分之一蕃薯簽，不像平日一個個大蕃薯。舊方桌上除了幾排青菜之外還多了一盤魚，一盤肉，和一隻自己養的雞。另外還有一瓶太白酒，這是平時少有的。

狗仔兄弟兩人和阿珠眼睛望着桌上滴溜溜地轉，阿珠口角流涎，林乞食用袖子替她輕輕擦掉，拍拍她的背說：

「阿珠，現在日本人走了，換了朝代，但願你們以後有好日子過。」

第三章 「皇軍」談中國風情 佃户求地主施恩

狗仔、阿昇，阿珠兄妹三人吃得特別飽。狗仔吃了四盌飯，和他父親吃得一樣多，還捨不得放盌，林朝海看了好笑，高興地說：

「嗬！狗仔，你像個大人啦！你和阿爸一樣能吃。」

狗仔有點不好意思，紅着臉放下盌筷，林乞食慈愛地摸摸他的頭，對小兒子說：

「阿海，吃飽了的貓兒不饞。只怪我們太窮，也苦了他們幾個小的。這兩年要不是他幫忙，我們一家老小眞要喝海風。」

「阿公，阿叔回來了，明年您可以歇歇。」狗仔說。

「我老牛破車，也不管用了。以後眞要靠你們吃飯。」林乞食望望兒孫，又望望自己的老伴兒。

「阿爸，您和阿母苦了一輩子，我們應該養您們。明年起您不必下田了。」林朝海說。

「阿海，一個釘子一個眼，我們佃戶要少一張嘴，多一雙手才行，我們怎麽能吃閒飯？」林老太太說。

「阿母，我們現在有四雙手。」林石頭望望自己的老婆王足，大兒子狗仔，兄弟林朝海，笑着對母親說。

「除了我們兩個老骨頭，還有這兩張小嘴。」林老太太指指小孫兒阿昇，小孫女阿珠說：「你們四個人能養活我們四個人?」

「惟願颱風少，收成好就行。」林石頭說。

「收得多，繳得多，除非王仁貴肯減地租。」林乞食接嘴說。

「頭家都是鐵公鷄，我們佃戶還想拔他們的毛?」林老太太說。

「阿爸，我們臺灣的地租比大陸還重，大陸也只四六抽和對分，地主沒有收七成的。」林朝海說。

「阿海，王仁貴對我們已經算好了，他只抽六成五。我看明天你們兩兄弟還是先去向他拜個年，順便同他談談租地的事。你回來了應該再租甲把地種。」林乞食說。

「阿爸，六成五已經很高，我們佃戶沒有什麼好處。」林朝海說。

「阿海，我們不妨同他談談減租的事。」林石頭說。

「阿兄，不要做夢娶媳婦，王仁貴肯減租?」林朝海懷疑地望着林石頭。

「說不定他會發善心?」

林朝海雖然不敢相信王仁貴會減地租，但他想想自己回來不種田又有什麼事情好做?針抄上削鐵，總比游手賦閒好。因此他也就不再作聲。

飯後孩子們沒有得壓歲錢，分了幾粒糖也十分高興，便吵着要林朝海講故事。林朝海講些大陸上的風土人情，不但孩子們高興聽，林石頭他們也像隻呆頭鵝，歪着腦袋傾聽。

「阿叔，你講講大陸過年的情形?」阿昇搖着他的肩膀說。

「阿昇，大陸這時正在下雪。」

「雪？雪是什麼樣子？」孩子們圍着他問。

「雪像白糖，遍地都是，過年時有一兩尺深，好玩得很。」

「雪甜不甜？可不可以吃？」阿昇問。

「不甜，可以吃，就是冰嘴。」林石頭摸摸他：「像你穿這點衣服，那會凍成個大冰棒。」

「阿叔，那有什麼好玩？」狗仔說。

「狗仔，像你這麼大的人，都愛在外面打雪仗。三十夜晚更好玩，在雪地上放鞭炮，打燈籠，到別人家去辭歲。大人都圍着火盆烤火，打牌守歲，一夜到天亮不睡。」

三個孩子都笑嘻嘻地望着他。他不敢提大人給孩子紅包的事，他家裡很少給壓歲錢，他這次是空手回來，更沒有錢給他們。

「阿叔，還有沒有別的奇聞奇事？」王足忍不住問他。

「阿嫂，大陸有好多地方女人不過初三不准到別人家去。」

「阿母，這樣說來到處都是女人倒楣？」王足望望母親說。

「阿足，男是天，女是地，走遍天下一般道理。」林老太太一點不以爲奇地說。「日本女人比我們的規矩更多。」

王足年輕時在日本人家當過下女，知道日本女人要跪在玄關上替丈夫脫鞋穿鞋，處處小心服侍丈夫，男人像天皇一樣高高在上。她便不再作聲，把桌子收拾得乾乾淨淨。

「阿海，大陸人會不會以爲你是日本人？」林石頭問。

「他們當然把我當日本人。」林朝海點點頭：「有時我偸偸地告訴他們說我是臺灣人，他們根本不知道臺灣在那裡？以爲也是外國。」

「像我不知大陸在那裡一樣。」林石頭慚愧地說。

「阿兄，如果我說我是中國人，他們就不怕我，而且像遇着鄉親，非常親熱，暗中給我不少照顧。」

「本來我們都是中國人嘛。」林乞食喝了兩杯太白酒，臉孔發紅，興奮地接嘴。「有一年過年，我們住在一個小鎭上，被游擊隊偸襲，一位姓楊的老先生救了我一條命。」

「阿海，眞是媽祖保佑！」林老太太雙手貼在胸前：「你報答他沒有？」

「阿母，沒有機會報答他，幾天以後我們就開走了。」

阿珠突然打了一個呵欠，吃完了那幾粒糖她的眼睛就睜不開，不想再聽故事。王足把她抱進房去睡。

阿昇也揉揉眼睛跟在王足後面走了。

桌上的燈花跳了幾下，林老太太端起手燈搖搖，裡面的油很少。平時吃過晚飯就睡，今天已經遲了，兩個鐘頭。老太太對兒子說：

「起家猶如針挑土，省點油，你們也早點睡吧，我們不能像人家一樣守歲。」

「阿海，你初回來，早睡早起，明天和哥哥早點去向王仁貴拜個年，上廟也要燒個頭香，看看有沒有點好處？」林乞食接嘴。

「阿爸，你說的對，只要王仁貴一高興，少收一成半成地租，我們就可以吃幾個月的在來米。」林石頭站了起來。

林朝海也只好和狗仔一道去睡，他們叔侄兩人共睡一張舖。

初一天一亮他們全家大小都起了床。林石頭和林朝海洗過臉就先到附近的鄰居家拜了個跑年，吃過早飯就準備去王仁貴家。

林石頭每年去王仁貴家拜年都不敢打空手，今年自然也不例外。但是去年颱風多，歉收，王足養鴨又不順手。孵的一窩番鴨統統瘟掉，雞也只剩下三隻。昨天殺了一隻母雞過年，還剩下一公一母，王足留着牠們傳種接代，預備春天孵一窩小雞。林石頭看看今年實在沒有什麼東西拿得出檯，主意便打到這對雞身上。

當他對王足說明他的心意，王足兩眼睜得像鵝鶉蛋一般大，大聲地說：

「這怎麼行？牠們是傳種接代的！」

「到頭家去我們怎麼能打空手？」

「那有什麼辦法？我們只有這一對鳳凰。」王足兩手一攤：「送了頭家，我們就絕了種，過年時你連雞屎也吃不到。」

「人情大似債，頭頂鍋兒賣。妳連兩隻雞也捨不得，我們還想他減租？」林石頭說。

「你每年送禮，王仁貴又減了你多少租？」王足反問他。

「我不送禮，連田也種不到手，妳知不知道？」

王足眼瞪瞪地望着丈夫，一時說不出話。林石頭逼問她一句：

「妳到底肯不肯送？」

「我要留着做種。」王足回答。

林石頭生了氣，和她在屋角吵了起來。林朝海走過去問是什麼事？王足紅着眼睛向他訴說了一番。林朝海對林石頭說：

「阿兄，阿嫂辛辛苦苦只留下這一對種鷄，我看今年就免了吧？」

「阿海，財主門前孝子多，我們怎麼能免？」林石頭望着林朝海說：「今年你在家，一定要向王仁貴租地，應該比往年加倍才是。」

「阿兄，你這是老鼠替猫剮鬍鬚，拼命巴結，我看不出有多大的好處？」

林石頭[illegible]怔怔地望着林朝海。望了半天才說：

「阿海，你在外面當了幾年兵，不知道我的難處。燒香要進廟，佃戶不巴結頭家巴結誰？」

「我們一不欠租，二不欠賦，何必巴結他？」

「阿海，他不租田我們種，我們連番薯也吃不成。一家八口，怎樣爲生？難道真喝海風海水不成？」

林朝海想想哥哥的話也有道理，不願再和他頂嘴。王足看看阿叔沒有作聲，也低頭不語。林石頭以爲她已經同意，伸手到籠子裏去捉雞，她突然叫了起來，把身子往籠子上一撲，不讓他捉。他們兩夫妻正在爭持，林乞食趕了過來。問明原委之後，對林石頭說：

「人情不能不做，種也不能不留，你捉隻公雞去，留隻母雞好了。」

「阿爸，您眞老糊塗了，一隻母雞怎麽做種？」王足又好氣又好笑。

「妳以爲牠那麽三貞九烈？不會去找野老公？」林乞食瞪了媳婦一眼。

王足紅着臉跑開，林石頭伸手在籠去裡把公雞捉了出來，用稻草把翅膀和脚綁住，同時把母雞放了出來。

公雞在他手上掙扎，伸長頸子嘶叫。王足眼睛紅紅的，阿昇阿珠也捨不得，要父親放掉。林石頭沒有理他們和林朝海一道走了。

王仁貴的房子周圍栽了防風的竹林，房子像口字形，紅瓦紅磚牆，那氣派有點兒像內地的大戶人家，水泥地晒場很大，還有十幾座大穀倉，邊房也可以作倉庫，容量很大，連房屋帶晒場空地，佔了幾百坪，隱藏在綠竹林中。距離林石頭家不過四、五里路，一頓飯工夫就走到了。

林石頭原先以爲自己可以燒個頭香，想不到他們兩兄弟到達時，已經有三個佃戶在拜年，門口放着一對雞，一對鵝，一隻公火雞，堂屋桌上還放了兩盒年糕。林石頭手上提着一隻公雞，心裡感到幾分寒傖。他知道那些佃戶也是老鼠替猫刷鬍鬚，自己却打腫了臉也充不了胖子。

林石頭領着林朝海羞羞慚慚地走進屋，把公雞放在門邊，向王仁貴拱手作揖。王仁貴看見林朝海，有

「你船頭上跑馬，能平安回來，也眞命大！」

點驚喜，點點頭，招呼他們兩兄弟坐。

那三個佃戶前客讓後客，向王仁貴低頭彎腰告辭。王仁貴送了他們兩步就回頭和林石頭、林朝海兩兄弟說話。

林石頭說了許多抱歉的話，王仁貴瞥了門角的公雞一眼，臉上有點不悅。但一看見林朝海，就好奇地向他問東問西。林朝海把大陸上的情形都告訴他，他聽了很高興，反而羨慕林朝海跑了那麼多地方。

「阿海，你船頭上跑馬，能平安回來，也眞命大！」

「阿叔，這是托您的福。」林石頭奉承地說。

「這是他自己的造化。」王仁貴說：「我們臺灣人到南洋，到大陸打仗的，有的只有骨灰回來，有的失蹤。像他這樣全手全腳回家，眞是難得。」

「阿叔，這是托您的福。」林石頭又重覆一句。

「阿海，如果大陸眞像你說的那麼大，我倒想去見識一下。」王仁貴轉向林朝海點燃一枝紅樂園說。

「阿叔，你只要去上海南京走走就行。」林朝海說。

「那要好多錢花？」

「阿叔，您還在乎那幾個錢？」

「阿海，去一趟臺北都得不少錢，去趟南京上海恐怕要花上甲地？」王仁貴又有點捨不得的樣子。

「阿叔，您有這麼多地，花甲把地去見識一下也值得。」林朝海說。

「阿海，你去了一趟大陸，也水漲船高了？」王仁貴打量他一眼，看他是不是發了橫財？

「阿叔，兎子滿山跑，仍舊歸老窩，我還是我。」林朝海說。

王仁貴又打量他一眼，然後問他：

「阿海，你這次回家打算幹什麼？」

「阿叔，種田的還不是種田？」林石頭搶着說。「今天我們一來向您拜年，二來想再租甲把地，不知道阿叔肯不肯賞臉？」

「我們老東老佃，既然阿海想種地，我自然願意租。不過你去年的收成太壞……」王仁貴兩眼盯在林石頭的臉上。

「阿叔，去年颱風太多，那是天災。」林石頭搶着說。

「可是別的佃戶比你的收成好。」王仁貴說。「你一甲地我要少收幾百斤稻穀。」

「阿叔，我一雙手當兩雙手用，汗都滴在田裡。」

「你要是新佃戶，今年我要收你的鐵租。」王仁貴望着林石頭說。

「阿叔，那千萬使不得！」林石頭惶恐地說。

「就是因爲老東老佃的關係，我才不這樣做。不過今年你得特別賣力，不能一天打漁，三天晒網。」

「阿叔，我自己也要吃飯，我怎麼會那樣做？」

王仁貴又轉向林朝海，打量了他一會說：

「阿海，你好幾年沒有種田，會不會荒膣走板？」

「阿叔，你放心，我不是城裡人。」林朝海說。

「你們打算再租多少地？」王仁貴望望他們兄弟兩人。

「阿叔，我們想再租一甲水田。」

「那我只好退別人的租了。」王仁貴摸摸下巴說。

「多謝阿叔。不知道地租多少？」林石頭說。

「老規矩，六成五。」

「阿叔，能不能少一點？」林朝海問。

王仁貴搖搖頭，摸了一下仁丹鬍鬚。

「阿叔，我們實在太窮，希望您開開恩典。」林石頭說。

「我既不收你們的鐵租，又不要你們的「磧地金」（註），上好的水田，六成五還多？」王仁貴向他們兩兄弟一笑：「我這樣的水田，有人收到七成，還要「磧地金」，你們知不知道？」

林石頭沒有作聲，因爲王仁貴講的是實在情形。林朝海却忍不住說：

「阿叔，那實在太高！佃戶還要出種子、肥料、勞力，他們不是白白地辛苦一年？」

「好田出產多，秃子跟着月亮走，自然也沾點光，怎麽會白白地辛苦？」王仁貴望着林朝海說。

「阿叔，你不知道有些佃戶窮得吃蕃薯葉子？」

林朝海的頂撞王仁貴並不生氣，反而一笑，輕描淡寫地說：

「阿海，要是他們沒有地種，蕃薯葉子也吃不成啦！」

「阿叔，您能不能賞我們兩兄弟一個薄面，減低五成？」林石頭怕林朝海冒犯了王仁貴，把話拉遠了，連忙陪着笑臉說。

「石頭，阿海是出個洞的蛇，見過大世面，講話的口氣也不同了！」王仁貴輕鬆地對林石頭說：「你總知道臺灣的例規，這是老祖宗傳下來的，可不是我王仁貴一個人興的。我只要六成五，可是天公地道？」

「阿叔，你要的不算多。」林石頭又陪了一個笑臉：「不過窮沾富恩，富沾天恩，我們家裡實在太窮，開春還要種子、肥料，所以才請阿叔減點租。」

王仁貴看了他們兩兄弟一眼，愁眉苦臉地說：

「你們兩位也應該替我想想。有田有地的不止我一個人，種田種地的也不止你們兩位。俗話說嫂嫂做鞋，嬸嬸有樣，我要是破了這個例規，以後怎麼收場？」

他們兩兄弟對看了一眼，林朝海沒有作聲，林石頭笑着對王仁貴說：

「阿叔，這是我們的暗盤，別人不會知道。」

「石頭，若要人不知，除非己莫為，龍井鄉只有這麼大，你還想瞞天過海？」王仁貴問林石頭，同時飄了林朝海一眼。

林石頭看看沒有減租的希望，便不再要求，只問王仁貴一句：

「阿叔，是不是第一期水稻就交給我們種？」

「自然，」王仁貴點點頭。「你們現在就可以準備種子肥料。」

兩兄弟起身告辭，王仁貴沒有留他們吃午飯。林石頭千恩萬謝。

他們剛走到竹林出口，又碰到兩個佃戶，提着年糕、鷄、鴨來王仁貴家拜年。林朝海看了一眼，輕輕地說：

「窮人掙出屎，富人不歡喜。」

「不種泥田吃好米，不養花蠶着好絲。王阿叔眞好福氣！」林石頭接嘴。

「阿兄，他不減租，我們何必再租他一甲地？」

「你不想租，別人還搶不到手。有貨不愁貧，你以為他租不出去？」林石頭望了林朝海一眼。

竹林裡響起噼噼啪啪的鞭炮聲。他們聞到硝烟的味道，和一股新年的喜氣。林石頭忽然自嘲地說：

「年三十敲鑼鼓，那曉得窮人苦不苦？」

註：「磧地金」即押租金。

第四章　佃戶人窮志不短
翻身心切在讀書

他們兩兄弟回家時，在路上碰到不少來往拜年的人。他們穿着都很差，有不少人穿的是從舊貨攤上買來的日本人的舊衣服，有的修改了一下，有的染了顏色。自從太平洋戰爭發生以後，徵工、徵兵、徵糧，眞是討飯的壓破瓢，窮上加窮。日本人再不投降，他們這些佃戶眞活不下去了。

「阿海，日本打中國打了七、八年，是不是也把大陸上的鄉下人打窮了？」林石頭忽然問林朝海。

「聽說事變以前那幾年，是[illegible]最好的日子。我去大陸以後，發現他們也一天不如一天，尤其是火線上，田裡金黃的稻穀沒有人收，看着實在可惜！房屋也破破爛爛沒有人住，一片淒涼！幸好大陸地方大，人口多，瘦死的黃牛三籮骨，所以日本人吞不下去。」林朝海說。

「這樣說來日本人眞是害人不淺？」

「阿兄，不去大陸我還在米湯裡洗澡，以爲自己眞是「皇民」。當了「皇軍」還很神氣。去了大陸以後，才知道原來是亡國奴。」

「希望光復能給我們帶來好運。」

他們兩兄弟邊走邊談，東看看，西望望，有的田裡種了蕃薯，青菜，大多數的田都泡在水裡，沒有人間。收了兩期稻穀之後，多數的佃戶都出去做點零工，彌補家用，賺這種外快不必繳給地主，光復後作零工的機會比較多，更樂得在農閒時拋下田地。

他們回家時發現蕭金郎兩夫妻帶着小外甥來拜年，他們帶了一盒年糕，一盒糖，阿昇阿珠正拿着一塊年糕在手上吃，高興得很，因爲王足沒有做年糕。

蕭金郎穿了一套日本人的藏青色的舊西裝，上衣吊在屁股上面，褲子後面露出兩塊縫紉機軋的補釘，手肘關節也軋了兩個圓餅，他穿在身上還神氣得很，擺出城裡人的派頭。

「阿金，看樣子你好像發了洋財？」林石頭打量了蕭金郎一眼，笑着問他。

「阿兄，當魚販還能發什麼洋財？」蕭金郎笑着遞給他一枝紅樂園：「告訴你，昨天晚上我手氣好，贏了幾個錢，這套西裝是人家脫給我的。」

「難怪你抽紅樂園！」林石頭也開心地一笑：「以前我看你只抽香蕉。」

「阿海，你要不要來一枝？」蕭金郎遞一枝給林朝海。

林朝海遲疑了一下，林石頭對他說：

「阿海，過新年，抽枝烟玩玩。」

林朝海這才接下，蕭金郎笑着說：

「眞難得，阿海當了幾年兵，還不抽烟。」

「阿海可不像你，吃、喝、嫖、賭，樣樣都來。」他老婆阿銀白他一眼。

「阿銀，我要是光靠賣那點魚，妳不早就要飯？」蕭金郎揚揚自得地說。

「小心將來你連老本都送掉！」她警告他。

「阿銀，妳有妳的開門計，我有我的跳牆法，妳別替古人躭憂。」

「阿金，久賭神仙輸，以後還是規規矩矩賣魚好。」林乞食說。

「阿爸，我不會誤正事，不過偶然找點外快。賣魚和種田一樣，吃不飽。」蕭金郎回答。

「種田和賣魚都是正業，年輕人不要走歪路。」林乞食一面對女婿說，一面望望兒子：「租地的事到底怎樣？」

「阿爸，談好了，外甥打燈籠，照「舅」。」林石頭回答。

「王仁貴一點也不看阿海的面子？」

「阿爸，錢是親娘舅，我有什麼面子？」林朝海說。

「租了多少？」

「一甲。」

「也好，」林乞食欣慰地點點頭：「惟願今年風調雨順，多收一點。」

「種人家的地，吃人家的屁，一輩子也翻不了身。要是有別的生路，阿海還是不要種地，免得一條爛索綑死一條牛。」蕭金郎說。

「姐夫，你的耳朵長，在城裡隨時替我留意，我種一年再看。人望高處走，水往低處流，我也早看出來當佃戶翻不了身，隨時準備丟掉這根討飯棍。」

「小弟，風吹犂尾巴不倒，你別聽他的鬼話！」阿銀馬上接嘴：「他在城裡混了這麼多年，還不是陰溝裡的老鼠？」

「阿金，妳眞是門縫裡看人！六十年風水輪流轉，運氣來了門板也擋不住，妳算定我窮一輩子？」蕭金郎不服氣地把頭一昂。

「好啦，好啦！過年過節鬥什麼嘴？」林老太太連忙打岔：「好男不要爺田地，好女不着嫁時衣，惟願你們郎舅都有出息。」

蕭金郎得意地望着林朝海一笑，拍拍林朝海的肩說：

「阿海，你過的橋比我走的路還多，人爭一口氣，佛爭一爐香，我們兩人一定要爭口氣，不然阿銀也看我們不起。」

「小弟，歹戲鑼鼓多，歹人話語多，你別信他胡扯，阿姐可沒有說你。」

林朝海看姐姐和姐夫像小夫妻一樣鬥嘴，不免好笑，沒有接腔。

蕭金郎一枝烟剛抽完，又接上一枝，吊在嘴角上。

他們夫妻兩人吃過午飯才帶着孩子回寮中去。林老太太本來想留他們住一天，但是房子小，話到口邊又縮了回去。阿銀本來也想接母親去寮中住一兩天，也是沒有地方安身，老太太也不肯去。

林石頭林朝海兩兄弟休息了兩天，初三就開始耕田。他們先耕新種的那甲水田，林朝海幾年沒有下田，他親自掌犂。林石頭用鋤頭修理田塍，鋤去野草。這甲水田有十幾坵，以前的佃戶只馬馬虎虎耕了一次，把稻草椿子翻了過來，田塍完全沒有整理。這甲田泥土發黑，的確是上好的水田。向海的那一面還有一道防風林。林石頭看了非常羨慕，禁不住對林朝海說：

「阿海，我們要是有這一甲水田，一家人就不愁吃，不愁穿了。」

「阿兄，王仁貴到底有多少甲水田？」林朝海問。

「誰知道牛身上有多少毛？他除了水田還有旱地。」林石頭說。

「老天真不公平。他有那麼多田地，我們連一分都沒有。」

「據說他的祖先不是大租戶就是二手頭家，我們的祖先是墾民。樹從根處起，所以一個在九重天，一個在十八層地獄。

「阿兄，阿爸說我們的老祖宗從泉州來臺灣的，已經好多代了。這樣說來，我們子子孫孫也翻不了身？」

「阿海，除非天上掉下一顆星，地下挖出個紅毛人的金銀窖。」

「阿兄，我們不能子子孫孫作牛作馬，我們應該想個辦法？」

「偷雞也要一把米，我們鄉下人，兩肩擔一口，想個什麼辦法？」

「山不轉路轉，下半年收穫完了，我要出去闖闖。」林朝海套上牛軛，鞭子一揚，喝叱一聲，牛用力一拉，泥土像浪花一般翻開，他也踩了兩腿泥。

林石頭看看林朝海，身體結實，氣力充足，當了幾年兵，耕田還很內行，心裡非常高興。他爲了想在這甲水田裡多收一點稻穀，又大聲地囑咐林朝海：

「阿海，上次那個佃戶耕得太淺，這次你耕深一點。多用一分力，多收幾粒穀。」

林朝海馬上把犂尾微微向上一提，犂尖向下，牛的背脊一彎，拉得十分吃力，泥土却翻得更高。林石頭頻頻點頭。

這一坵田面積不大，只有七八厘地，林朝海很快地轉身過來，他耕得很深，大約有六七寸，比別人要深兩三寸，林石頭又感慨又高興地對他說：

「阿海，王仁貴說我種地不賣力，那眞寃枉。其實我吃奶的力氣都使出來了，只怪去年稻穀熟的時候風風雨雨，田裡積水太多，這怎麼能怪我？」

「阿兄，狠心成財主。人敬有的，狗咬醜的。我們是越窮越見鬼，越冷越起風。隨他怎麼說。」

「阿海，今年你在家，說不定一甲田會多收幾百千把斤稻穀？」

「阿兄，果眞多收幾百千把斤稻穀，你也不必高興。我們連人帶牛，再加種子肥料，也不過分到三成五，肥肥的麻雀也沒有一碟肉。」林朝海望了林石頭一眼，鞭子一揮，又繼續向前耕。

「阿海，我們也要知足，王仁貴要是三七抽，我們還能咬他一口？」林石頭大聲地說。「何況他還沒有收我們的磧地金。」

「阿兄，我要是大地主，也歡喜你這樣的佃戶。」林朝海回頭大聲地回答，在牛背脊上抽了一鞭。

林石頭怔怔地望着兄弟，那一鞭好像抽在自己的背脊上。

他不再作聲，一心低頭修理田塍，他覺得兄弟當了幾年兵，去了一趟大陸，見過大世面，和以前在家時的確有點不同，不再是個土頭土腦的莊稼漢。以前他也只用力，不大用腦筋，現在他頭腦裡好像裝了不少別的東西，不儘是田中村的泥土。

林石頭低着頭把這一坵田塍修好，林朝海也把這一坵田耕了一大半，當他耕到林石頭面前時，林石頭把鋤頭一放，笑着對他說：

「阿海，讓我來耕，你歇一會。」

林朝海把牛索一帶，犂尾穩住，讓林石頭來接替。林石頭接過繩索鞭子犂尾，林朝海走到田塍邊用水洗洗脚上的泥，坐在地上抱着膝蓋休息。

海風很大，揚起灰沙，彷彿濛濛的烟雨。幸好他們這邊有防風林擋住，風小一些，灰沙也少多了。

他正準備起來修理田塍，狗仔一手夾着一捆稻草，一手提着飯菜來了。

林石頭馬上停止耕田，取下牛軛，把牛牽到田塍上來。狗仔把稻草抛在牛的面前，牛大口地吃着乾草。隨後他又把灰色的布包解開，放在父親和叔叔面前。裡面是十來個熟蕃薯，還有點兒熱氣，另外有兩雙筷子，一盌醃菜。

林石頭拿出一個大蕃薯咬了一大口，又拿筷子夾醃菜，像牛吃乾草。

林朝海拿起一個蕃薯，問狗仔吃了沒有？狗仔點點頭，他才開始吃。

他們兩兄弟不到十分鐘就把十來個大蕃薯和一盤醃菜統統吃光。林石頭摸摸嘴，滿意地一笑。

「阿叔，你當「皇軍」吃蓬萊米，回家吃蕃薯，吃不吃得飽？」狗仔忽然問林朝海。

「狗仔，我和你一樣，也是吃蕃薯長大的，自然吃得飽。」林朝海摸摸狗仔的頭說。

「阿母本來想讓你多吃兩頓米飯，可惜缸裡沒有米。」

「狗仔，你們吃什麼我吃什麼，阿叔以後一定要想辦法讓你們天天吃米飯。」

狗仔偏着頭打量他，懷疑地咧嘴一笑：

「阿叔，除非你當了大租戶，二手頭家？」

林朝海知道自己此生決沒有當大租戶和二手頭家的希望，一步登天怎麼辦得到？他只是想一家人過得比現在好些，不愁吃，不愁穿，孩子能上學，不再作佃戶就行了。至於怎樣才能到達這個目的？他頭腦裡還是一片空白，像這些沒有插秧的田一樣。

他沒有答覆狗仔。狗仔拿起灰布往頭上一纏，就一蹦一跳地跑回家。

「阿兄，國校馬上開學了，我看還是讓狗仔上學吧？」林朝海望着狗仔的背影說。

「不行，他只讀過兩年小學，早已還給先生了，十三、四歲的人，總不能再去讀一年級？何況我們離不開他這麼一個幫手。」林石頭說。

「阿兄，我看不讀書下一輩子也是當佃戶，永遠翻不了身。」

「阿海，富人讀書，窮人餵豬，讀書是大租戶和二手頭家的事，我們還能翻得過如來佛的手掌心？」

「阿兄，現在國校不要錢，怎麼不讓狗仔去讀？」

「國校雖然不要錢，我們可要人手，狗仔也能抵半個工。」

「無論如何，阿昇一定要讓他好好地讀書，不能讓他再種田。」

「阿海，窮漢難養隔冬雞。」林石頭望着弟弟一笑：「你出早了主意沒有用，將來要看阿昇自己的造化。」

「阿兄，我們不能看着腳尖走路，兩眼要望過山，沒有褲子穿我也要讓阿昇上學。」林朝海堅決地說。

林石頭兩眼怔怔地望着兄弟，隨後眼淚一滾，欣慰地說：

「阿海，你過的橋比我走的路多，我依你的。」

兩兄弟同時站了起來，繼續耕田，修理田塍。

他們忙了半個多月，才把兩甲多水田耕好，耙好。

忙過水田，又忙幾分公家的坡地。旱地全部種了蕃薯，土壤不好，藤子長得稀稀朗朗。他們沒有錢買化學肥料，只能施點堆肥，把土基墳高一點，翻翻藤子，除除草。同時割點藤子回家餵豬，讓王足選點好葉茲作菜。

整個正月，就這麼過去了。

第五章　一家男女憑天理　細雨和風好插秧

王足的那隻黑母鷄，生了十三個蛋就賴窩了。鷄蛋一個也沒有吃，全部放在一個瓦罐裡。母鷄賴了兩天之後，她把瓦罐提出來，把蛋檢在臉盆裡，拿給林老太太看，帶着幾分懷疑的口氣說：

「阿母，沒有公鷄的蛋，您看能不能孵小鷄？」

「陳家好像有一隻公鷄叫，不知道牠們在不在一塊？」老太太說。

「我們兩家隔了一坵田，我沒有看見。」王足說。

「妳讓牠孵孵看？」

「要是寡蛋，那不可惜？」

「孵上四五天，再拿出來照照，要是寡蛋，還可以吃。」老太太說。

「下了肚，肥了田。阿昇上學了，不如賣了蛋買兩三尺粗布替他縫條褲子遮羞？」

「妳不孵，過年那有鷄吃？還要送人情。」

「當初我不肯送掉那隻公鷄，石頭和阿爸偏要送。現在又向尼姑要孩子，教人好不放心。」王足心裡還有餘痛，嘴裡不免嘮嘮叨叨。

「妳阿爸把頭家當老祖宗孝敬，讓自己的母鷄借種，眞是窮人打窮主意，一輩子也發不了財。」林老太太打趣地說。

王足這才不再嘮叨，把母雞捉出來，把蛋放進窩裡。剛一放好，母雞就跳進去，用嘴勾蛋，兩腳輕輕插進蛋中間，把翅膀張開，身子伏在蛋上。王足把破竹籮做的雞窩，端進廚房光線暗淡的角落。以後每天傍晚放母雞出來吃一次蕃薯簽，喝點水。

第五天晚上，她們婆媳兩人把雞蛋拿出來，一個個地放在燈光下檢查，用一隻手搭在蛋的大頭上，受了精的蛋可以清楚地看到網狀的血經，寡蛋一點血經也看不出來，和原來的形狀差不了多少。檢查結果，只有五隻受精蛋，其餘的全是寡蛋。王足把好蛋放進雞窩繼續孵，把寡蛋放在一隻大盌裡，口裡嘮嘮叨叨地說：

「眞可惜！不然可以買兩尺多布，替阿昇做條褲子。」

「阿海回來還沒有吃過雞蛋，種田可艱苦，煮給阿海吃好了。」林石頭說。

「我不要，阿爸阿母年紀大，阿珠阿昇年紀小，煮給他們吃好了。」林朝海說。

老太太數數蛋，正好八個，笑着對大家說：

「手掌也是肉，手背也是肉，公公道道，一人一個。」

第二天清早，王足把八個蛋統統煮成荷包蛋，每人一盌蕃薯，一個荷包蛋。王足把自己的分給阿珠阿珠阿昇吃。老太太也分了一半給狗仔。孵過幾天的蛋，蛋白比較硬，像吃木屑，同時沒有放油，味道更差。林石頭一口吃下去，囫圇吞了，根本來不及辨味，阿珠嘴小，牙齒不堅，嚼了半天才吞下去。

飯後，[redacted]。林乞食，林石頭，林朝海和狗仔祖孫父子三代，都趕着下田插秧。

秧床裡的秧苗，像一床床淺綠鵝黃的絨毯。蔴紛雨洒在秧上，特別清新好看；和風輕輕一拂，起着一層層淺綠的漣漪。

林乞食一望到這麼好的秧苗，老遠就歡叫起來，彷彿年輕了一二十歲。他下巴上的一撮稀稀朗朗的山羊鬚，在和風中微微飄動，瘦削的臉，含着一層笑意。

「阿海，你帶回了好運，今年的秧特別茂盛。」林乞食望望小兒子興奮地說。「看樣子今年我們可以多吃幾天米飯。」

「阿爸，不是我帶回好運，是阿兄做的秧床好，土打得細，多加了一點肥。」林朝海回答。「草也拔得乾淨。」

「阿海，有兒窮不久，無兒富不長。你們兩兄弟一聯手，再加上狗仔助陣，我們林家總有一天發達起來。」林乞食摸摸山羊鬍說。

「阿爸，這要托您的福。」林石頭說。

「石頭，人老把頭低，樹老葉兒稀。阿爸辛苦了一生，到頭來是鷄婆孵鴨兒，一場空歡喜。現在黃土蓋上了眉毛尖，更不中用了，要完全看你們的。」林乞食望望兒孫說。

「阿爸，富人錢財廣，窮人主意多。我是有心無力，那要看阿海了。」

「阿爸，我們上山打獵，別人穿鞋食肉；我們在河裡摸，別人在籮裡摸，那怎麼發達得了？」林朝海望望父親說。

林乞食一肚皮的高興，被小兒子這一問，問得楞頭楞腦，半天才嘆了一口氣，自怨自艾地說：

「阿海，怪我不好！我們命裡只有八合米，不該想發財。」

林乞食這一說，林朝海也不好再作聲。大家不聲不響走到秧田裡。一看到這麼漂亮茂盛的秧，又暫時忘記王仁貴要六成五，大家一齊動手拔秧了。

林乞食雖然已是六十出頭的人，他還要自己插秧。他站在兩個兒子的中間，一面插，一面後退，手脚雖然比兒子慢一點，秧路還是很直。

狗仔來去挑着秧苗，送到他們附近。他人小手短，又沒有經驗，他們不讓他插。

插秧是很吃力的事。低着頭，彎着腰，時間久了就會腰酸背痛，猛一抬頭又有點天旋地轉，林乞食到底上了年紀，插了一會就要站起伸伸腰，反轉手來在腰上捶捶。兩個兒子要他休息，他又堅持不肯。插完了一坵田，他才站在田塍上休息了刻把鐘，又跟着兩個兒子下田。

「阿爸，你上了年紀，回去歇歇吧。」林朝海對他說。

「不，我還可以幫你們幾年，現在人多口衆，怎麼能吃閒飯？」林乞食挺挺腰幹說。

「阿爸，再過三兩年，阿昇國校畢業，也可以作個幇手，那時您就可以歇下來了。」林石頭說。

「石頭，只要我手脚能動，我就閒不下來。你看見那條牛享福？」林乞食望着大兒子說，隨即低頭彎腰插秧。

這天他們父子三人直揷到天黑才回家。不但林乞食腰酸背痛，林石頭林朝海兩兄弟也累了。洗脚時，林乞食要孫女兒阿珠替他捶背捶腰。阿珠很高興地舉起兩隻小拳頭在他背上，腰上，捶得咚咚響，他咧着嘴笑，回過頭去在她臉上親了一下。他的鬍鬚刺痛了阿珠的臉，阿珠驚叫一聲笑着跑開，小手蒙在臉上，眼珠骨碌骨碌地望着他。他看了呵呵大笑，露出一個缺牙。

第二天他又陪着兒子揷秧，更是腰酸背痛。有一次他猛一抬頭，眼睛一花，身子晃了幾下，差點摔到。

第三天兒子不要他去，他還是去了，不過和孫兒狗仔交換工作，狗仔揷一會，他揷一會。

狗仔年紀雖小，倒很會作事。可惜手脚太短，比父親叔叔要少揷兩行。

「狗仔，快點長，再過兩年你就可以抵上一條牛了。」林石頭看看兒子揷的秧路很直，深淺合適，高興地對兒子說。

「阿爸，我怎麼會有牛那麼大的力氣？」狗仔笑着搖頭。

「牛只會耕田，不會揷秧，你還會做許多事，抵得上牛。」

「阿兄，你怎麼把人比牛？」林朝海揷嘴。

「農夫和牛是親兄弟，不過少條尾巴兩隻角。阿海，我們不是和牠一樣辛苦，老實？阿爸六十出頭了，還不是和我們一樣做事，一樣吃蕃薯？他怨過誰？」

「一切都是命，半點不由人。我們還是安份守己好，何必怨人？」林乞食挑着秧苗過來，放在林石頭的身邊說。

「阿爸，我就是要狗仔學您。」林石頭說。

林乞食高興地咧嘴一笑，望望孫兒，問他腰酸不酸，狗仔說不酸。林乞食走過去摸摸他的頭說：

「狗仔，不要打腫臉充胖子。你正在向上長，禾怕颱風雨，不要累壞了身子，還是我這把老骨頭來替你。」

狗仔乖乖地讓阿公接手插秧，他挑着空兜子去運秧苗。

廉粉雨，綿綿不斷。微微的風，自海上吹來。偶爾有一列火車，冒着黑烟，由北向南，從鐵道上疾馳而過，輪子的吃咔聲，隱約可聞。

他們密鑼緊鼓地忙了一陣，終於插完了兩甲多水田的秧，放好了水。望着那一行行露出水面上一兩寸的嫩綠的秧尖，他們彷彿望着一片金黃的稻穗。

王足孵的小鷄也出來了，只出四隻，一隻在蛋殼裡鱉死了。

四隻小鷄給全家帶來一陣歡欣。阿珠更高興得蹦蹦跳跳。兩黃兩黑，像四團絨球，她想伸手去捉，又怕母雞啄手。

王足把鷄關在鷄罩裡，把蕃薯簽搗碎，洒在地上，母鷄啄着碎屑，咯咯地叫，自己不吃。小鷄還不會吃，只圍着母鷄啄她的冠。

「惟願長成兩對，」林乞食摸摸山羊鬚，望着小鷄說：「一對送頭家，一對傳種接代。」

「老頭子，你別抱着被臥上朝，苦盡忠。」林老太太說：「這四隻小鷄得來艱苦，差一點絕了我家的鷄種！」

「阿爸，鷄還小得很，人也有三病兩痛，雞更會痾白屎，何況天上還有鷂鷹？誰知道能養大幾隻？您何必孝敬別人？」王足說。

林乞食望望老伴兒，又望望媳婦兩眼一瞪：

「偷鷄也要一把米，都像妳們婆媳這樣不想送人情，只想吃喜酒，我們連佃戶也當不成！」

第六章　農家養鴨作副業　蝸牛蚯蚓不花錢

一個鴨販子挑着一担鴨兒來賣，有的鴨兒剛從蛋殼裡鑽出來，有的只啄了一個洞口，還在殼裡掙扎。有的乾了毛，非常活潑可愛。

鴨販子把兩層大而圓的黃蜡片兒似的竹籃在門口一歇，林家老老少少都趕了出來。

林朝海想買幾十隻水鴨生蛋，林老太太連忙搖手：

「阿海，不行，不行，扁嘴畜性賽過大肚漢，養不起。」

「阿母，餵蚯蚓蝸牛不成？」林朝海問。

「蚯蚓要人挖，蝸牛要人撿，三隻五隻好辦，多了不成。」老太太一面說，一面搖頭。

鴨販子希望他們多買，把鴨子放在手掌上，慫恿林朝海，逗阿昇阿珠。王足問他：

「我們沒有現錢，你賒不賒賬？」

「你們什麼時候給？」

「第一期稻穀上場就給。」林朝海說。

「你們買多少？」鴨販子又問。

林朝海望望母親，老太太不主張多買，大家議論了一陣，決定買十隻水鴨，四隻紅頭番鴨。林朝海意猶未足，望望鴨兒對大家說：

「種田要繳租，養鴨不繳租，蚯蚓蝸牛又不花錢，完全外快，爲什麼不多買幾隻？」

「阿海，蛋鴨貴，十幾隻鴨就得上百斤穀，到時候你少得了他一斤？」老太太用手指指鴨販子：「你算這筆賬沒有？」

林朝海這才不作聲，伸手去捉鴨兒。

紅頭番鴨不分公母，一樣價錢。水鴨公的不值錢，母的身價百倍。鴨販子掀起鴨兒屁股一看，就知道公母，先出的他已經分好，剛出的他隨時分。林朝海不認識公母，林老太太要鴨販子捉，還特別說明公的水鴨不給錢，鴨販子拍拍胸脯說：

「阿婆，您放心，我吃了這行飯，自然保險。」

他挑了十四隻鴨，王足用破籮筐接住。鴨販子從口袋裡掏出小筆紀簿，在耳朵上取下半截鉛筆，在小簿子上劃了幾筆，原來很多都是賒賬的。

買了鴨子一家大小歡天喜地，傍晚時林乞食，帶着阿昇阿珠在屋前屋後潮濕地方挖蚯蚓，現在還沒有蝸牛，小鴨也要一兩個月以後才能吃蝸牛。

有了這十幾隻鴨兒，林乞食老夫婦兩人和孫兒孫女一早晚就多了一份工作，但是他們非常高興。

林乞食在豬圈牛欄旁邊種的菜瓜、匏仔，已經長出一尺多長的藤子，他做了幾根支架讓藤子往上爬。

林石頭林朝海兩兄弟也利用插秧後的一點空閒，在旱地裡栽種了幾厘地的敏豆、豇豆、辣椒、茄子、在豬圈後面種了一點空心菜。

天氣一天天暖和。禾苗生長得很好，插秧後大約二十天，他們普遍施了一次肥，人和豬牛的尿糞太少，不够，化學肥料的負擔很大，一般佃戶多半只施一次，他們打算施兩次。

施過肥以後，禾苗長得更快，葉子變成草綠，有七八寸高。林乞食、林石頭、林朝海、狗仔和王足，統統下田耘禾除草。王足戴着斗笠，用布蒙着臉，只露出兩隻睛，跪在田裡用手拔除稗苗雜草，用泥敷上禾根，他們男的載着斗笠，拄着竹棍，不跪在田裡，發現草和稗子，才彎腰去拔，用脚把泥撥上禾根，動作十分熟練，林朝海雖然幾年沒種田，並未荒疏。

除草是個繁重的工作，所費的時間也多。王足下田以後，燒飯、餵豬，這些家事就落在老太太身上。

阿珠年紀雖小，挖蚯蚓檢蝸牛的工作也落在她的身上了，蚯蚓越挖越少，蝸牛剛剛出來，數量稀少，這份工作對她也十分吃力。但是她歡喜鴨兒，鴨兒也跟着她跑，她拿着叔叔替她削好的大竹片，到處找潮濕的地方挖掘，往往蚯蚓只露出半截，鴨兒的扁嘴就把牠從泥土裡拉出來。由於吃蚯蚓的關係，鴨兒長得反而特別快，一天一個樣子。小蕃鴨胖胖的，跑起來更是搖搖擺擺，和水鴨搶蚯蚓時常常跌個兩腳朝天，阿珠看了拍着小手大笑。

她餵鴨兒的成績，最得林乞食和林朝海的讚賞。他們傍晚回家時，看見鴨兒尾巴翅膀換了大毛，餗囊脹得歪到一邊，睡在門前不動，都禁不住把她抱起來親幾下。

「阿珠，妳餵得眞好！第一個鴨蛋歸妳吃。」一天傍晚林朝海回家把她抱在手上說。

「阿叔，紅頭鴨長得最快，最大，我要吃紅頭鴨的蛋。」阿珠說。

「鴨子是妳餵的，隨妳選。」林朝海親親她。

「阿珠，阿叔要養鴨，將來專讓妳餵鴨好了。」王足說。

「不行，明年就得讓她上學。」林朝海搖搖頭說。

「阿叔，阿珠又不是大頭家的千金小姐，我們窮人家的女兒上什麼學？不如讓她養鴨。」

「阿嫂，阿珠很聰明，應該讓她讀書。」

「阿叔，阿昇讀書，她也讀書，誰去種田？」王足笑着反問。

「阿嫂，種田不是當皇帝，妳還怕丟了江山？」林朝海好笑。

「阿叔，我們是鄉下人，世世代代種田的。」

「阿嫂，妳還捨不得丟下這根討飯棍？要子子孫孫當佃戶？」

「阿叔，都去做官，誰抬轎子？」

林朝海一楞，望了嫂嫂半天，不禁失笑。隨後又感慨地說：

「阿嫂，我們林家抬轎子抬得太久，妳不想坐坐轎子？」

「阿叔，坐轎我會頭暈啦，情願跪在田裡拔草。」王足搖頭一笑。

林朝海望着她啼笑皆非，他心裡想：難道眞的鴨兒上不了架？嫂嫂、哥哥、父親、母親都是認命的人，他們忍受這種吃蕃薯渡命的佃戶生活，除了希望風調雨順，老天多幫點忙之外，就是孝敬王仁貴，此外沒有別的想法。他自己也是有心無力，他眞不知道什麼時候才能從粥鍋裡跳到飯鍋裡？

當他們施第二次肥時別的佃戶才第一次施肥，這也是唯一的一次。因爲肥料貴，他們第二次也施得很少，每分田施尿素五公斤，有幾分田完全用人畜尿糞。

他們第二次除草時，禾苗已經長到膝蓋深了，太陽很大，天氣炎熱，田裡的水晒得燙脚，白天大太陽，晚上大露水，禾苗日長夜大，他們的脚燙得痛，汗一滴滴滴下水田，心裡却像喝了一杯甜酒釀，林乞食望望迎風輕舞，一片綠油油的嘉禾，情不自禁地說：

「這一期稻穀一定會多收幾百斤。」

「阿爸，現在還沒有到手，是么是六，很難斷定。」林石頭接嘴。

「石頭，人看幼小，穀看禾苗，有這樣好的禾苗，好收成跑不了。」林乞食充滿信心地說。

「可惜肥料不够，不然長得更好。」林石頭放眼望望禾苗，意猶未足。

「人家騎馬我騎驢，雖然比不上那些種自己的田的人家，比別的佃戶可好多了！我們下了大本，頭家知道才好。」林乞食說。

「阿爸，黑處作揖，各憑良心，頭家再要說我們不賣力，那只好請他來看看。」林石頭說。

「六月炎炎似火燒，公子王孫把扇搖。說不定王仁貴到日月潭享福去了。」林朝海說。

「阿海，你想錯了。」林乞食說：「他捨不得那樣花錢。」

「他還說想到大陸去玩玩呢！」

「和尚撞鐘，敲得好聽，他還會眞去不成？」林乞食望着小兒子一笑。

「阿爸當了幾十年佃戶，最淸楚頭家。」王足笑着說。

第二次除草工作，就在炎炎烈日下結束。

收穫時，王仁貴帶了一個人親自來看了一下。他戴着斗笠，穿着短衫長褲，拄着竹棍，先在田塍上巡視了一遍，林乞食陪着他，估計這次收成。他在每一坵田裡摘下幾根稻穗，數數上面的穀粒，心裡就有了個八九成，他和林乞食都很有經驗，估計的數量和實際的收成相差很有限。林乞食也決不敢以多報少。在這種收割時候，王仁貴除了派自己家的長工親人出外坐抽之外，還臨時雇用一些可靠的人幫忙，對於那些初次租種的佃戶，一定坐抽，像林乞食這種誠實的老佃戶，他親自看看就放心。他丟了一批麻袋下來，就帶着人騎着腳踏車走了。大約有五分之一的田地，是由佃戶照市價折算現款，作爲活動資金和繳付田賦，實物則留着待價而沽，或是貸給別人和佃戶。

林乞食兩甲田的稻穀打下之後，過了秤，平均每甲收成兩千一百五十三公斤，比去年第一期稻穀多收一百一十公斤。林乞食非常高興，他笑着對小兒子說：

「阿海，你眞給我們帶來了好運！」，

「阿爸，您算過這筆賬沒有？」林朝海問他。

「算過。」林乞食點點頭：「一甲水田頭家得一千三百三十九公斤多一點，我們得七百五十三公斤多一點。」

「阿爸我們還有種子，肥料，人工，你沒有算進去。」林朝海說。

「阿海，除了種子、肥料，一甲水田我們也有兩三百公斤的好處，兩甲水田，我們就有五六百公斤的好處，你還想當天皇不成？」林乞食笑着反問小兒子。

「阿海，這已經是樓上搭涼棚了，加上蕃薯簽，我們一家人也可以吃三四個月啦。」林石頭說。

「阿兄，第二期稻穀決不會出這麼多啦！」林朝海說：「就算沒有天災，打個九折，我們辛苦一年，還要差三四個月糧食。」

「那就要靠蕃薯和做零工來抵。」林石頭說。

「阿海，當佃戶就是這個樣子。」林乞食接嘴。我說了我們命裡只有八合米，你想過好日子那只有再投胎到頭家去。」

林朝海不再作聲，幫着哥哥把穀子裝進蔴袋。

林乞食留下了自己的一份，其餘的統統打發大兒子林石頭用牛車送到王仁貴家裡去。

第二天稻穀收割完畢，鴨販子就來收鴨兒錢，折了九十多臺斤稻穀的現款給他，老太太和王足婆媳兩人非常心痛，嘀嘀咕咕，鴨販子指着一羣羽毛漂亮的鴨兒對老太太打趣地說：

「阿婆，妳捨不得穀，我更捨不得鴨，我不要妳的錢，我把鴨子捉回去好不好？」

阿珠聽他說要捉鴨子，舉起手中趕鴨子的小竹棍想打鴨販子，鴨販子大笑，她們婆媳兩人才露出了笑臉。鴨販子又對老太太說：

「阿婆，妳養十幾隻鴨子，强過男人種幾分田，本小利大，不要想左了。」

阿珠怕鴨販子捉走鴨，連忙把鴨子趕到收割後的稻田去檢穀子吃，鴨販子用鉛筆在小本子上勾了一下，一笑而去。

林朝海看着鴨子換了一身扁毛，十分乾淨漂亮，在田裡搶啄洒落的穀粒吃，他比收割兩甲多田的稻穀更高興，自言自語地說。

「再過兩個月就會生蛋了，沒有人來分我們的。」

第七章　莊稼人靠天吃飯　颱風雨既喜還憂

第二期稻穀緊接着第一期收割之後耕種，挿秧。

天氣非常熱，幾乎每天都有一個大太陽掛在天空，陽光直射下來，晒得人頭發暈，田裡的水滾燙。

挿秧後三個禮拜，林乞食父子們下田施肥，林乞食突然在幾坵種着蓬萊的低田裡，發現禾苗下面葉子有棕紅色的斑點，他連忙扯起一撮禾苗察看，稻根呈暗黑棕紅形狀，還有黑的腐爛的根夾在裡面，他大驚失色說：

「哎呀！蓬萊夏落，蓬萊害了赤枯病！」

兩個兒子聽他一叫，連忙趕了過來，一看果然不錯，再看看其他的禾苗，情形完全一樣。林石頭臉色蒼白，脚一頓，泥漿濺起兩三尺高，噴在林乞食和林朝海的身上。

「阿爸怎麽辦？」林朝海沒有這種經驗，但他頭腦比較冷靜，首先想到處理問題。

「趕快買鉀肥，燒草灰！」林乞食說。

於是父子三人連忙趕回家。林石頭秤了一百臺斤穀子準備去換鉀肥，王足嘀嘀咕咕地說：

「這不是白辛苦了一頓？自己吃的都不夠，還要挑穀子去換鉀肥？」

「人奈命不何！老天爺不給飯吃，禾苗也會生病。」林石頭唉聲嘆氣。

「你少挑一點去行不行？」王足哀求地望着丈夫：「看様子今年又要差四五個月的糧食。」

「少了救不住蓬萊。」林石頭把穀子倒進籮裡。

「既然得了根腐病，施再多的鉀肥收成也是不行。」

「捨不得這一百斤穀，一粒也收不到，明年頭家還會讓我們再種他的田？」林石頭瞪了王足一眼：「他要是把田統統收回去，妳連泥土也吃不成！」

王足眼睜睜地望着丈夫把黃金般的穀子挑走，眼淚往肚裡流。

林乞食和林朝海在拆稻草堆，和晒乾了的野草一同堆在晒場上，點火燒了起來。立刻黑烟衝天，火舌高過屋脊。

稻草是牛的主要飼料，也值一點錢，必要時也可以救急，這一燒，牛的飼料也會發生問題，更不能指望它救急。大火燒着一束束的稻草，像燒着林乞食的心，他不停地用一塊汚黑的腰布擦着紫銅色的臉和赤膊，皮膚在太陽和火光的照耀下閃閃發亮，灰白色的眉毛皺在一塊，胸前的肋骨一根根地突出來。望着熊熊的火燄，上升的黑烟，他輕輕地嘆口氣，自言自語：

「唉！眞是牌寒單打瘦鬼，老天爺也專和我們窮人作對。」

「阿爸，蓬萊怎麼會爛根？」林朝海問。

「天乾水淺，太陽晒得土都發熱，蓬萊怎麼受得了？」林乞食望望田裡，水深不過一寸，赤脚踩在地上，泥土有點燙脚。

「在來怎麼沒有爛根？說不定還有別的原因？」

「這次你耕得深不深？」林乞食反問他。

「和上次一樣深。」林朝海回答。

「奇怪，我也不知道還有什麼原因？」林乞食沉吟了一下：「不知是不是硫酸銨出了毛病，還是收割後田晒得太少？」

「阿爸，說來說去我們不該種蓬萊！」林石頭想來想去，覺得這是一個最明顯的原因。

「蓬萊價錢好，頭家又愛吃，他要種我們怎麼能不種？誰又知道今年會落葉爛根？」

狗仔看看稻草燒了不少，提醒林乞食說：

「阿公，不能再燒了，再燒牛不夠吃。」

「狗仔，你辛苦一點，夏天多割點青草給牛吃，冬天可以省點稻草。」林乞食慈祥地對孫兒說：「不多燒點稻草灰，幾坵蓬萊就救不住。」

一堆稻草燒了一半，林乞食才不再燒。火燄很快就熄滅，沒有餘燼。林乞食用棍子撥撥，讓草灰散散熱氣。過了一兩個鐘頭，他和小兒子林朝海，孫兒狗仔一擔擔地挑到田裡，洒在禾苗根部周圍。

稻草燒起來很快，把草灰洒在田裡，却費了兩三天的時間。鉀肥不像草灰一樣容易飛揚，林石頭像撒種子一樣，普遍撒在田裡，不到一天時間，就全部撒完。

施完草灰鉀肥，林乞食父子們才稍稍放心。可是每天都是大太陽，田裡的水一天天減少，晒乾，最後滴水全無，田裡終於現出裂痕。連大肚溪也現出了底，露出圓滾滾的鵝卵石，在太陽底下閃閃發亮，林乞食父子又急得像熱鍋上的螞蟻，團團轉。

天上偶然起了一團烏雲，林乞食就兩眼盯着它，希望它帶來一陣大雨。但烏雲一飄到他們的上空，就慢慢變成灰白，變成輕絮，終於像一縷烟似的消失得無影無踪，不知道跑到什麼地方去了？

「老天爺，來次颱風吧！」林乞食雙手擱在胸前，望着遠方喃喃地說：「禾苗快乾死了。」

「老頭子，你發什樣瘋？」林老太太對丈夫說：「來了颱風田裡的水一時又流不出去，禾苗還不是會淹死？」

「現在正是要雨的時候，來一次颱風正好。」林乞食說：「只要不接着來。」

「天有那麼好？」林老太太白他一眼：「去年的颱風把屋吹壞了，稻穀也泡在水裡發芽，你不記得？」

「那又有什麼辦法？我們本來是靠天吃飯。」

林乞食的希望總算沒有落空，幾天後終於來了一個中度颱風，帶來了適當的雨量，田裡積了兩三寸深的水。

禾苗像口喝的人痛飲了一頓。雨後的在來，一片深綠，顯得生氣勃勃，一夜之間彷彿長了一兩寸。蓬萊的赤枯病，雖然已經減輕很多，但比起在來差得遠，它們像病後的人，有氣無力，要不是這陣颱風雨，一定會全部乾枯。

林乞食看見蓬萊復活，在來欣欣向榮，又高興起來。他本來有點佝僂的背脊，也不時挺得筆直。

「多謝老天爺，這次的雨下得眞好，救了我們一家人的命。」他望着水田，捋着稀稀朗朗的山羊鬍，自言自語。

阿珠趕着鴨子在水田裡找食吃，鴨子在尺把高的禾苗裡游來游去，非常快活，她便在田塍上的青草裡檢蝸牛。雨後的蝸牛特別多，俯拾即是，她一個個檢到提桶裡，檢滿了一桶就喊聲「阿公」，林乞食便走過去提回來，倒進一個裂了縫的破缸裡儲存起來，一方面餵鴨一方面餵豬。

阿珠小小的年紀，就能作不少事，一家人都很喜歡她。林乞食更把她當作掌上珠。一早一晚，他們祖孫兩人，總是在田塍上，草地裡去找蝸牛，林乞食常常一担一担挑回家，猪和鴨子在這段日子裡都吃得很飽，鴨沒有吃其他飼料，猪也節省了不少蕃薯藤，而且長得比過去好。

這以後十天半月總有一個颱風來，風不大，雨却不小，田裡的水剛好只剩下寸把深，一次颱風又補充兩三寸，恰到好處。林乞食以爲二期稻穀可以豐收，雖然蓬萊不行，但整個的收成可能比去年第二期的好，那今年所羨的糧食就不太多。

一天下午，他們祖孫父子三代，再加上媳婦王足，一共五個人，又一道下田除草，這是第三次除草。過去只除兩次，林乞食爲了想增加一點收成，彌補蓬萊赤枯病的損失，他要兒孫媳婦多辛苦一次。一下田，林乞食就發現在來在含苞，早幾天插秧的已經抽出一點穗子。他高興地指着禾苗向兒媳說：

「你們看，稻穀又快到手了。多除這一次草，說不定在來可以收到九成?」

「阿爸，第二期稻穀向來只有八成半，要是遇上幾次大颱風那就更差了，去年就是一個例子。」林石頭說。

「石頭，今年算得風調雨順，比去年好多了。」林乞食高興地回答：「颱風也會變的，今年的幾個颱風路子就和去年不同，帶來幾陣及時雨就走了，田裡沒有一點損失。」

「惟願老天爺幫個大忙，免得我過年再借米下鍋。」王足插嘴。

「阿足，想吃龍肉，親自下海。」林乞食望了媳婦一眼，向田中間走了幾步，低着頭拔了一根稗子。

王足不聲不響地走下田，跪在泥裡，像狗一樣，一邊拔草一邊向前慢慢地爬。

下午四五點鐘，天色漸漸轉變，卷雲紅得特別好看，彩霞佈滿了半邊天。林石頭偶然抬頭，看見這種景象，馬上對林乞食說。

「阿爸，看樣子又有颱風了。」

林乞食抬起頭來，林朝海他們也抬頭望望，林乞食歪着頭打量了幾眼輕鬆地說：

「女兒走娘家，像。」

大家心裡不免七上八下，動作自然緩慢下來。林石頭不住地說：

「殺怕打頭風，惟願這個颱風不要來。」

「小颱風不礙事。」林乞食自慰地說。

「一雷破九颱，惟願這兩天響雷。」林朝海說。

「阿叔，除非你是雷公？」王足抬起頭來望望林朝海。

「阿母，要是阿叔能呼風雨喚雨，我們就不必當佃戶。」狗仔說。

大家你一句，我一句，談來談去都是有關天氣，莊稼，頭家之類的老話。林朝海又提到大陸，他說大陸沒有颱風，大家都不相信。

「阿海，眞有這樣的事？」林乞食懷疑地望望小兒子。

「阿爸，不但沒有颱風，也沒有地震。」林朝海說。

「那眞是福地！」林乞食羨慕地說：「臺灣要是沒有颱風地震，我們當佃戶的日子也好過些。」

「阿爸，我們愁沒有地種，大陸的荒山空地多的是。隨便搬一塊過來，我們就是大地主。」

「阿海，隔山隔海，那有什麼辦法？」林乞食望望兒子瞇着眼睛一笑。

同村的陳添福從他們田邊走過，看他們一家人還在田裡除草，有點奇怪，不禁停下來對林乞食說。

「阿伯，有大颱風了，你不知道？還不趕快回家？」

「添福，你聽誰講的？」林乞食。

「我從鄉公所來，聽了廣播。」陳添福說。

「這次颱風比上次的大？」

「阿伯，大多了！廣播說是強烈颱風，要是來了，全臺灣都有大風大雨。」陳添福指手劃脚地說：「阿伯，趕快回去照顧房屋。」

林乞食望望兒孫媳婦，王足已經站起來，他們都要他回去，林乞食只好同陳添福一道回家。

林石頭一回家，就和林朝海把去年颱風吹壞的屋角壓好，窗子外面也釘了木板，豬圈、牛欄上面的茅草、瓜藤用木槓壓住，用粗繩子綁牢。可以吃的絲瓜，匏瓜都摘下來，免得被風吹掉。

吃晚飯時開始下點陣雨，風絲雨片，下下停停，空氣相當沉悶。

他們的習慣是天黑以後就睡覺，雖然有颱風，也不能點着燈坐着等。

半夜以後，雨勢漸大，同時夾着呼呼的風聲，但是他們白天太疲勞，仍然呼呼大睡。天亮以前，他們才被呼呼的風聲，嘶嘶的雨聲驚醒，可是伸手不見五指，不管天翻地覆，也只好等待天亮再說。風大時，林石頭把阿昇阿珠塞到床鋪下面，免得瓦片掉下來打破了頭，房屋垮下壓死。

去年吹壞的那個屋角，這次又揭開了一個洞，雨從那上面沿着泥土牆壁流下來，露出灰濛濛的光亮。天亮很久，他們還不敢打開門窗，直到風聲漸小，林石頭移開頂住大門的柱子，抽開門栓，把門拉開。

風是小了，雨還很大，他們一家人都擠在門口探望，不敢出去。

晒場邊上的兩棵木瓜樹吹倒了，田裡的禾苗倒在地上，泡在水裡。林朝海戴上竹笠，穿起簑衣，首先走了出去，把屋角的漏堵住。牛欄、豬圈，因爲綁得牢，茅草頂倒沒有掀掉。

這次風力不算太大，因爲經過中央山脈一阻擋，削弱了很多，雨量可不小，所有的田裡都有一兩尺深的水，大肚溪也漲滿了。

風走了，雨却一下停不了。他們田裡的水積了一個禮拜，還有尺把深。現在正是禾苗抽穗的時候，只要大太陽，並不需要這麼多的水。

林乞食望着田裡的水，眉頭打結，有很多禾苗還癱在地上，他心裡像壓着一塊大石頭。他曾經和兩個兒子沿着田塍挖了一尺多深的臨時排水溝，但是地勢平坦低窪一時排不出去。

「天老爺，多出幾個大太陽吧！不然今年又沒有年飯米了！」林乞食心裡這樣祈禱。他不再樂觀，更不敢在兒媳面前吐露自己的心事。

可是天不從人願，大太陽不多。在稻子成熟時又來了一個大颱風，枯黃的禾桿倒在地上再也爬不起來，穀子在水裡浸了八九天，無法收刈，有些已經發芽了。

這次不但患過赤枯病的蓬萊產量不到五成，一甲在來也只收一千五百多公斤，和第一期的豐收差遠了。

林乞食的頭上像挨了一棒槌，做不得聲；林石頭唉聲嘆氣；王足嘀嘀咕咕，埋怨丈夫不該送掉那一百斤穀子；林老太太滿面愁雲慘霧；林朝海悶聲不響，啞子吃黃連，苦在心裡。

當他們兩兄弟把租穀送到王仁貴家，王仁貴一臉的不高興，看也不看穀子一眼，只沉着臉對林石頭說：

「你們今年租的田我要收回給別人種。」

林石頭一怔，臉色慘白，過了好半天才說：

「阿叔，您是我們的老頭家，千萬請您不要收回。」

王仁貴說：「你們今年租的田我要收回給別人種。」

「要不是看在一個老字上面，像你們今年去年這種收成，我要統統收回！」王仁貴把烟頭往地上一摔，一腳踏熄。

「阿叔，這是天災，不是我們偷懶少肥料。」林石頭委婉地解釋：「只怪我們這幾年運氣不好，連累了阿叔，其實我們恨不得一甲多收一千公斤，這樣我們都有好處。」

「別做夢，你從來沒有收過兩千二百公斤，今年第一期稻穀算是很高的了。」

「阿叔，你讓我們再種一年，我一定想辦法收到兩千二百公斤。」林石頭懇求地說。

「阿兄，我們靠天吃飯，你怎能許下這個大願？」林朝海望望林石頭，不大同意。

王仁貴看了林朝海一眼，又改變口氣對林石頭說：

「石頭，看在你阿爸的老面子上，你要種我也不好硬着心腸收回，但是這兩年我損失很大，明年我要收鐵租。」

「鐵租？」林石頭身子一震，差點跳了起來。

王仁貴點點頭。

林朝海把林石頭一拉，氣憤地說：

「阿兄，回去！討飯走別家！」

林石頭不動，反而陪着笑臉問王仁貴：

「阿叔，您說說看，按多少抽租？」

「石頭，我不會向你多要。」王仁貴也和顏悅色：「上期一甲田按兩千一百公斤計算，下期按一千八百公斤計算，不管天災人禍，我抽六成五。要是冬天栽蕃薯，照實收計算。」

林石頭沒有學過算術，也不會打算盤，他一下子默算不出來他有多少好處？，他頓了一頓，林朝海却把他往外一拖；

「阿兄，走！討飯到別家。」

林石頭突然想了出來，上下兩期他可以得多少稻穀？冬天大約可以得多少蕃薯？他連忙大聲地回答王仁貴：

「好，君子一言，快馬一鞭。」

王仁貴笑着點點頭。

林朝海一氣衝出了竹林出口，林石頭追了上來，輕輕地說：

「阿海，窮莫和富鬥，富莫和官鬥，你怎和大頭家鬥氣？」

「阿兄，明年要是再遇上根腐病和打頭風，你拿什麼繳他的鐵租？」林朝海反轉身來問林石頭。

「阿海，天不絕人，總會給我們一條路走。何況蕃薯不繳鐵租？要是眞走上死路，我們也只好在蕃薯上打他一點主意，比沒有田種，兩眼望青天總強一點。」

第八章　蕭金郎慷慨作仲介
林朝海無奈充漁翁

有些佃戶收割第二期穀之後，就不再問田裡的事，去附近市鎭找點小工做。只有少數自耕農還種點青菜，栽點蕃薯。

林乞食因爲第二期稻穀歉收，王仁貴幾乎把田收回去，所以一家人又忙着插蕃薯藤；一方面是討好王仁貴，一方面要靠蕃薯充飢。

插完蕃薯藤，林石頭就帶着狗仔去豐原做零工，林朝海到臺中去找他姐夫蕭金郞，田地裡的雜事和家務就留給父親林乞食照顧。

林朝海來到姐夫家裡，蕭金郞不在家。他姐姐阿銀過年後，一直未下鄉去，林朝海也沒有進城，姊弟相見，十分親熱。阿銀問長問短，林朝海把家裡的情形都告訴她，她聽了輕輕嘆口氣說：

「小弟，阿爸指望你帶回好運，想不到還是烏龜過門檻，跌跌爬爬！」

「阿姐，那麼重的地租，我們佃戶怎麼喘得過氣來？」林望海[redacted]說：「明年是鐵租，王仁貴更扠住了我們的頸子，我眞不想再種田了！」

「小弟，不種田還能憑着兩個拳頭過日子？」

「阿姐，我看幹什麼也比種田强。」

「小弟，你不要這山望着那山高。」阿銀勸他：「幹別的事是一天打漁，兩天晒網，靠不住。你姐夫也是賸一天魚吃一天飯，一天不賣，就鬧飢荒，有什麼好？」

「阿姐，我們佃戶更糟，一年忙到頭，還是鬧飢荒。因此我想找姐夫商量，看有沒有其他的出路？」

「你姐夫是說大話，啃瓜皮，他泥巴菩薩過江，有個鬼的法子。」

自身難保

「阿姐，他在城裡人眼熟，路子寬，說不定能提我一把？」

「小弟，不是我說你姐夫的壞話，他有點浮，不大可靠。」

「阿姐，我們又沒有皇親國戚，上不了梧桐樹，我不找他找誰？管他浮不浮，自己人總比外人貼心些。」

阿銀聽弟弟這樣說，也欣慰地一笑。隨即問他：

「小弟，你是等他回來，還是我先去找？」

「阿姐，他在什麼地方？我自己去找。」林朝海說。

「大半在菜市場。」

「還沒有收攤？」

「早收了！」

「收了攤怎麼還不回家？」

「不是喝酒就是賭博，這麼早他回來幹什麼？」阿銀望着弟弟一笑，[redacted]。

「我去找他。」林朝海看了姐姐一眼，邁步走了出去。

「小弟，不管他回不回來，你可要回來吃飯。」阿銀趕上一步，叮囑他。

林朝海點點頭，一直向菜市場走去。

菜市場冷冷清清，不像早晨那麼人擠人。林朝海沒有發現蕭金郎，只看見十幾個人低着頭圍着一個肉案子，不知道是做什麽？他好奇地走近一看，原來是擲骰子。他忽然發現蕭金郎也在裡面，他高興地叫了一聲，蕭金郎抬頭一望，發現是他笑着對他說：

「阿海，你來不來？」

「姐夫，我找你有事，不是來擲骰子。」林朝海說：

「好，我擲一把就走。」蕭金郎點點頭，望着上手擲了一把。

他迅速地抓起骰子，往嘴裡一塞，又吐在掌上搓了兩下，然後「呔！」了一聲，用力往盌裡一擲，擲出三四五六，他笑着跳了起來，抓起莊家賠他的錢抽身就走。

他一手推着破腳踏車，一手搭在林朝海的肩上，問林朝海有什麽事？林朝海說回去再說，他便向家肉案子買了一塊剩下的肥肉，不到一斤重，又買了一瓶太白酒，一點別的菜，往車子後面一夾，雙手推着車子和林朝海一道回家。

一走出菜市場，他又問林朝海什麽事？林朝海說明來意，他望了林朝海一眼說：

「阿海，我早就想叫你丟掉那根飯棍，不要給王仁貴做牛馬。」

「阿爸阿兄捨不得丟，我也找不到金飯盌。」林朝海說。

「阿海，打漁的事你願不願幹？」蕭金郎問。

「你有路子？」

「前天有個船主找我，他在南方澳有兩條舢板，要雇幾個打漁的，問我肯不肯去？」

「你答應他沒有?」

「我不想跑那麽遠，去冒那個風險。」蕭金郎搖搖頭。

「條件怎樣?」林朝海問；

「除掉開支，賺的錢和老板對分。」

「那比種田强多了。」林朝海很有興趣。

「阿海，打漁是海底撈寶，好壞難說。」蕭金郎望望他說：「何況行船跑馬三分險，你想去?」

「種田要種子肥料，打漁是白手求財，就算運氣不好，總不要倒貼老板的?」

「那倒不會。」蕭金郎搖搖頭。「現在正是釣鯖魚的季節，要是運氣好，說不定可以撈一筆?」

「不知道他找到人沒有?」

「他今天還到菜場來過，我們魚販子都不想到那種鬼不生蛋的地方去。」

「姐夫，你們不去我去，你陪我去找找他!」林朝海把蕭金郎一拉，要立刻就去。

「阿海，又不是去撿金子，何必這麽急?」蕭金郎望望林朝海[illegible]地說：「吃了飯再去不遲。」

「要是他走了呢，那不錯過了機會?」

「放心，他還有別的事，不是專門來雇人的。」

林朝海這才放心地跟蕭金郎回去。

蕭金郎一走進屋就把菜提起來在阿銀面前一亮，然後往她手上一塞：

「快點弄出來，我和阿海喝兩杯。」

「你不要借着阿海做擋牌，你那一天不喝尿？」阿銀瞪了他一眼。

蕭金郎一點不生氣，望着林朝海哈哈一笑，掏出一枝紅樂園往嘴上一叨，逕自吸了起來，往竹椅上一坐，脫掉一隻棕繩帶子的高脚木拖板，翹起二郎腿來。

阿銀一面弄菜，一面瞄了蕭金郎一眼，故意問林朝海：

「小弟，你是不是白跑了一趟菜市場？」

林朝海知道姐姐的話是諷刺蕭金郎，不禁笑容滿面地回答：

「阿姐，妳猜錯了，有個現成的機會。」

阿銀一喜，連忙問是什麽機會？林朝海把剛才蕭金郎講的事告訴她，她眉頭微微一皺：

「阿海，大風大浪，打漁危險。」

「姐姐，反正我這條命是撿來的。窮人不冒險，難道大頭家去冒險？」林朝海望着姐姐[redacted]地說。

「阿銀，還是妳們女人好。」蕭金郎接嘴，望望阿銀[redacted]說：「風不吹，雨不打，見了錢就眉開眼笑，沒有錢就一哭二鬧三上吊，那管我們男人死活？」

「你還沒有喝尿，就說瘋話？」阿銀白他一眼。

蕭金郎笑哈哈地抓起破桌上的酒瓶，用牙齒咬開瓶蓋，喝了一口，馬上遞給林朝海，林朝海也喝了一口，隨即把蓋子蓋上，放回原處。他順便談起大陸的酒，蕭金郎便垂涎欲滴。

阿銀[illegible]把菜炒好，蕭金郎連忙坐到桌邊，他雙手往桌上一放，桌子搖搖晃晃，他把酒倒了一半在自己的盌裡，其餘的倒給林朝海。阿銀不喝酒，和兒子一道吃飯。

蕭金郎今天又贏了錢，幾口酒一下肚更加高興。阿銀問他打漁的事靠不靠得住？他把胸脯一拍，阿銀望望他那副神氣，不禁問他：

「既然是不要本錢的生意，你怎麽不去？」

他望了阿銀一眼，喝了一大口酒，瞇着眼睛說：

「我這個買賣雖然不好，我還不打算離開這個碼頭。臺中總比南方澳熱鬧，再大的旗魚，也沒有妳可愛。」

阿銀啐了他一口，他哈哈大笑。

吃喝完畢，他又點燃一枝紅樂園，把赤脚踏在櫈子上，吞雲吐霧。林朝海催他早點去找那個船老板，他才穿上木拖板懶洋洋地站起來，踢踏踢踏地走出去。

他把林朝海帶到一家小旅舘，船主不在，林朝海十分懊喪。他却把林朝海一拖，拖到一個魚販子家裡，這裡又聚了六七個魚販子，坐在塌塌米上，圍成一圈，在擲骰子。那些魚販子一看見他，連忙讓出一個空檔，他拉着林朝海一道坐下去。

林朝海身上沒有錢，不想擲骰子，也沒有心思坐在這裡。蕭金郎和別的魚販子都慫恿他參加，蕭金郎拿了一捲破破爛爛的老臺幣給他，附在他耳邊說：

「碰碰運氣！」

他只好硬着頭皮參加。第一把他贏了，心裡暗自高興，以後一連三把，反而將蕭金郎給他的那捲鈔票統統輸光。

蕭金郎沒有輸贏。他看着林朝海的手氣不好，沒有再給錢。他自己也忍了一會，等莊家手氣壞的時候，他才下注，一連贏了幾次。莊家把盌往他面前一推，他毫不客氣地接了莊。

蕭金郎在這個魚販子家賭了一下午，輸輸贏贏，興趣特別好，別的魚販子也沒有一個半途抽身，輸光了也坐在旁邊等機會，看誰贏了借點錢繼續再賭。

林朝海等到吃晚飯時實在再等不下去，一再催蕭金郎動身，大約他們肚子都餓了，這才一哄而散。

走上街來電燈已經亮了，只是電力不足，燈光黯淡，巷子裡更差，蕭金郎走到巷口一個小攤上一屁股坐下，隨手把林朝海一拉，拉在他身邊坐下。要了米粉、油炸豆腐、猪舌頭，吃飽喝足之後才去找船主。

船主陳添財正關着紙門和一個身上穿得花花綠綠，臉上擦得像猴子屁股的女人，坐在塌塌米上喝酒。

蕭金郎把紙門推開，陳添財笑着點頭招呼，蕭金郎介紹林朝海和他認識。

陳添財看來有三十五六，矮矮胖胖，身體結實、光頭、厚嘴唇、蒜頭鼻子、粗獷豪放。他招呼他們兩人在旁邊坐下，雙手一拍，要阿巴嫂買酒切菜，添盌筷，蕭金郎說吃過了飯，他要他們吃酒，蕭金郎眉開眼笑。

房間只有四個塌塌米大，他們兩人坐下去地方顯得更小，蕭金郎問陳添財人雇好沒有？陳添財說只雇到一個。蕭金郎馬上說明來意，陳添財打量了林朝海一眼，看林朝海身體很壯，立刻點頭同意。

林朝海非常高興，笑着對陳添財說：

「我什麽都沒有，只有一個光人。」

「我只要人。」陳添財笑着回答：「伙食吃我的，供飯不供菜。竹筏也由我供給，魚鈎歸你買，不過我可以代墊，純利我們二一添作五對分。」

「一個月大約有多少好處？」林朝海問。

「海底撈寶，可不一定。要是運氣好，在這幾個月內你可以發個小財；運氣再壞，你也不會虧本，還是混了幾個月的生活。」陳添財說。

「海上風浪大，出了危險怎麽辦？」蕭金郎問。

「那就各憑天命。」陳添財聳聳肩。「行船跑馬三分險，誰也不敢寫保單。」

隨後陳添財又望望林朝海，輕輕地問：

「你會不會水？」

林朝海點點頭，陳添財高興地說：

「這我就放心多了，我不敢要秤鉈子。」

阿巴嫂拿了一瓶紅露酒，兩雙筷子，兩隻酒杯，兩盤滷菜上來。那女的連忙替他們兩人斟滿了酒，陳添財把杯子一舉，蕭金郎和他一飲而盡，林朝海也乾了一杯。

林朝海有了出路，心情很好，蕭金郎見了酒就開心，陳添財和蕭金郎喝了個八成醉，陳添財摟着那個女的在她臉親了幾下。林朝海乘機拉起蕭金郎，向陳添財告辭。

陳添財告訴林朝海明天動身的時間，要他在車站見面，他們兩郎舅就一道離開了旅社。

林朝海來不及回家，在蕭金郎臥室外面搭了個臨時舖，勉强過了一夜。

第二天天亮以前，蕭金郎悄悄地出去賣魚了。阿銀弄了早飯給林朝海吃，撿了蕭金郎一套換洗的衣裝包給他，又拿出自己的私房錢給他作路費。

林朝海臨去時阿銀特別囑咐他：

「小弟，海上飄飄盪盪，不比陸地，你要隨時小心。」

「阿姐，妳放心，我會照顧自己。」林朝海只想到自己的新出路，沒有考慮危險，坦然地回答：「妳帶個口信回家，就說我到海上去碰碰運氣。」

第九章　朝海騎驢看唱本
阿土作夢見鯊魚

林朝海提前走到車站，陳添財還沒有來，他不知道坐那一班車？快車還是慢車？不敢先買票，他在車站裡踱來踱去，不時向街上望望。

他以前沒有當過漁民，不知道海上生活究竟怎樣？他不怕吃苦，也不怕危險，但是希望有點代價，不要和種田一樣，一年忙到頭，還是吃不飽。他們當了多少代佃戶，總擺逃不了窮，要是打漁眞比種田好，他準備從此改業。他想起陳添財的話；要是運氣好，在這幾個月內還可以發點小財，不禁心花怒放。

他也想到海上無風三尺浪，第一次坐船到上海，也是這個時候，海上波濤洶湧，像一座座小山，船一下在浪頭上跳動，一下又跌進浪槽，人在艙裡像撞蘿蔔一樣，滾來滾去，翻腸倒肚，黃水都嘔出來。頭暈得不辨東西南北，比什麼病痛都難受，一踏上陸地，兩脚像踹進棉花甕裡，身子虛飄飄的，土地彷彿也在搖動。從上海回來時，坐的中字號平底坦克登陸艇，風浪也比較小，但他還是頭暈，而且吐過兩次。竹筏那麼一點點大，真像大海上的一葉浮萍，不但更會頭暈，也十分危險。想到這裡他不禁打了個寒噤。隨後又把牙一咬，自言自語：

「人只死一次，餓死不如淹死。」

這樣想他又非常坦然，當他初上火線時，心裡更加害怕，真的槍聲一響，反而冷靜下來，死人看多了，也就無動於衷。

陳添財提了一隻赭色的大帆布旅行袋，戴着鴨舌帽，搖搖晃晃地走來，像隻紅頭公番鴨。他後面跟着一個瘦小的鄉下人，提着小布包。兩人朝着車站走來。

林朝海一發現陳添財，非常高興，連忙走出候車室，迎接他們，陳添財看他提前到車站也很高興，笑着拍拍他的肩膀，介紹他和那個瘦小的鄉下人認識，那人叫劉阿土。他們兩人沒有握手，林朝海笑着點點頭，劉阿土只是咧嘴一笑。陳添財叫他們阿林阿劉。

陳添財走向售票口，同時對林朝海說：

「阿林，你有沒有路費？如果沒有我給你墊，以後再扣。」

林朝海說有，他便走到售票口買了兩張慢車票，交了一張給劉阿土，讓出位子給林朝海自己買票。

林朝海買好票，陳添財對他們兩人說：

「車票歸你們自己出，今天車上的茶水便當歸我請客，你們明天正式起伙，一切照算，我不會剋扣你們。」

林朝海笑着點頭，他覺得陳添財比王仁貴好，劉阿土也滿心歡喜，不過他只咧咧嘴。

「我本來有三條舢板，戰時損失了一條，打漁的生意又不好，現在是從頭做起，元氣未復，不然車票我也請客。」

「那不敢當。」林朝海說。

「海底撈寳，各憑良心。幹我們這一行的不能壞心，不然大風大浪會有報應。」陳添財坦白地說。

「要是大頭家也像你一樣，那就好了。」劉阿土忽然開口。

「颱風颳不走泥土，父傳子，子傳孫，狠心的地主自然收鐵租，閻王爺對他們也沒有辦法。」陳添財說。

「阿劉，你也是種莊稼的？」林朝海問劉阿土。

「阿林，我是繳鐵租的窮佃戶，每年還要替頭家做半個月的工抵磧地金。」劉阿土說：「今年這一季收成不好，稻穀都繳給了頭家，肚裡飢餓，所以我才兎兒離老窩，出外謀生。」

「阿劉，打壁無土，掃地無灰，我們彼此一樣。」林朝海自嘲地說：「海水不要租錢，但願我們時來運轉。」

「阿林，窮人總是窮，拾得黃金會變銅。水底撈月，你以爲我們眞會撈出寶來？」劉阿土無神的鬥鷄眼茫然地望着林朝海，瘦削焦黃的臉上露出一絲苦笑。

「阿劉，人窮不要氣短。」陳添財對劉阿土說：「當初我也比你好不了多少，只要吃得苦中苦，再碰上一兩個好運，會有起發的。」

「脾寒單打瘦鬼，這次惟願托你的鴻福。」劉阿土臉上露出欣慰的笑。

陳添財爽朗地一笑，把劉阿土一拖，劉阿土身子跟着他轉，他們三人一道排隊準備上車。

慢車人多秩序壞，車子一到，下的下，上的上，上車的人推推擠擠搶座位，劉阿土擠不上前，又很少坐車的經驗，他擠進車廂，別人早把位子佔好，還有好多人沒有座位，他自然只好站着。

林朝海和陳添財兩人身體好，分別搶到了座位，劉阿土擠掉了伴，沒有看見他們，焦急地東張西望，林朝海先發現他，連忙向他招手，他從別人脇下鑽了過去。

林朝海讓他坐，他不肯坐，林朝海拍拍扶手，他就歪着屁股坐在扶手上面，把那個髒兮兮的包袱摟在胸口。林朝海要他放在架子上，他有點不放心，林朝海指指自己的包袱，他才放在林朝海的包袱旁邊，還不時瞄上一眼。

車子一開，人才安靜下來，陳添財坐在他們前面三排旁邊的位子，回過頭來看看他們，掏出一包紅樂園，抽出一枝，向他們一伸，他們搖搖頭，表示不抽，陳添財用嘴一啣，逕自抽吸起來。

服務生端着一大托子茶杯，從陳添財那邊過來，問劉阿土要不要茶？劉阿土搖搖頭，陳添財關照服務生泡兩杯，劉阿土只要一杯，他輕輕地對林朝海說：

「我們共喝一杯，阿陳對我們太好，我們也替他省一點。」

「阿劉，你的心腸好，應該有起發。」林朝海笑着回答。

「阿林，我只想身上不冷，肚裡不飢就行，還敢妄想發財？」劉阿土知足地一笑。

「阿劉，你會不會水？」林朝海看他那麼瘦小，禁不住問他。

「會。」劉阿土連忙點頭，臉有點紅。

「你能游好遠？」林朝海沒有注意他的表情，又問他一句。

劉阿土吶吶地講不出來，過了半天才紅着臉輕輕地對林朝海說：

「阿林，我對你說眞話，你千萬不能傳出去。」

林朝海點點頭，又奇怪地望着他，他湊近林朝海的耳邊說：

「我不會水，什麼不會。」

「你不會水阿陳怎麼會雇你？」林朝海記得陳添財說過不要秤鉈子的話。

「阿陳不知道我不會水，爲了活命，我不得不扯一次謊，但願菩薩不要見怪。」

「那你不怕危險？」

「阿林，窮人靠天吃飯，菩薩保佑，我只想混過這幾個月，不打算海底撈齊。」

林朝海望望他，覺得他比父親哥哥還要安份守己，看他這麼瘦小伶仃，心裡十分同情，他看出林朝海的好意，也關心地問林朝海：

「阿林，你打算當漁民？」

「我騎着驢子看唱本，要是有出息，我就幹下去。」林朝海回答。

「你不要騎馬望着坐轎的，我看三百六十行，還是種田好。」劉阿土說。

「田鷄嘓嘓叫，窮人不坐轎。種頭家的田，我們佃戶有什麼好處？」林朝海問他。

「騎馬坐轎修來福，推車挑擔命裡該。只怪我們的命不好。」劉阿土說：「要想當頭家，除非再投胎。」

「你和我阿爸阿兄一樣，死不翻身，餓不放屁。」林朝海又好氣又好笑。

「頭家拔一根汗毛，也比我們佃戶的腰粗，你還敢咬他一口？」劉阿土鼓着鬥鷄眼反問林朝海。

林朝海一時語塞，他雖然不滿意王仁貴，可是還沒有想過要報復他，他只想另找生活，不甘心永久當佃戶，而他父親哥哥和劉阿土，却安心當佃戶，連這種想法都沒有。

「阿劉，我並不想咬頭家一口，我只是不願子子孫孫替頭家做牛做馬，我要自己幹。」過了一會林朝海這樣解釋。

「討飯也要一隻瓢，偷鷄也要一把米，你和我一樣，赤手空拳，還能變出什麼把戲？」劉阿土上上下下打量林朝海。

「阿劉，不要見人矮三尺，這次我們抓住一隻鱉，千萬不要放過，說不定牠會變隻金龜？」

「阿林，那我們要多燒香還願。」劉阿土終於咧嘴一笑，鬥雞眼閃着一種渺渺茫茫的光芒。

車到新竹，已經十二點多，停下不久，陳添財就從窗外小販手裡買了六盒便當，分了四盒給林朝海和劉阿土兩人，劉阿土說了好幾聲多謝。

劉阿土打開便當盒一看，雪白的蓬萊米飯上，有一大片圓餅形狀的香腸，兩片五花肉，幾片染黃了的蘿蔔，他不自覺地掉下一滴口水，滿臉堆笑，嘴裡連聲「好！好！」，用筷子挑了一大團白米飯塞進嘴裡咕嚕一聲吞了下去。

林朝海過的橋比他走的路多，自然不會露出那副饞相，但他也好多年沒有吃過蓬萊米飯，回家以後連純純淨淨的在來米飯也吃得不多，桌上幾個月不見肉[illegible]，自然沒有這樣的好菜。他先嚐了一口香腸，再吃飯。

劉阿土三口兩口把兩盒便當吃完，意猶未足，他個子雖小，胃口卻特別大，他望望窗外叫賣的小販，口袋裡又沒有一文錢，林朝海摸摸口袋，還有餘錢，買了一個便當送他，他笑着雙手接住。

「阿劉，不要吃得太飽，小心脹壞肚子。」林朝海輕輕地對他說。

「脹死了不是餓鬼。」劉阿土笑着回答：「放心，三個便當還脹不死我。」

林朝海望着他一笑，[redacted]拿起茶杯喝了一大口茶。吃飽喝足，他也覺得一身舒服。

劉阿土吃完了第三個便當，車子也開了，他望望空盒，還是完整如新，捨不得丟，林朝海碰了他一下，他才站起來把空盒拋出窗口，盒子像風箏一樣向上一颺，飄到後面滑落了。他拿起那杯茶，一口喝乾，望望林朝海，咧着小嘴一笑，輕輕地說：

「今天當過年，要是天天這樣，眞是活神仙。」

林朝海笑着站起來，把位子讓給他坐，他猶豫了一下，才坐下去，把背脊向後一靠，屁股顚了兩下，非常感激地摸摸林朝海擱在扶手上的一隻腿

午後，吃飽了飯人更容易疲倦，車輪吃咔吃咔地前進，彷彿唱着搖籃曲，林朝海有點想睡，劉阿土很快地睡着了，頭歪在肩上，嘴角在流口水。車到板橋，林朝海才把他搖醒。

到臺北以後，客人統統下車，陳添財、林朝海、劉阿土也要搭去蘇澳的火車。

劉阿土活了二十七八歲，還是第一次到臺北，他東張西望，望到介壽館的尖頂，又連聲「嚯！嚯！」、「嘿！嘿！」。林朝海對他說：

「要是這次運氣好，過年回家時，我順便帶你在臺北玩玩。」

「好！」劉阿土高興地脚一頓，「希望能撈個寶，好好地在臺北玩一天。」

陳添財代他們買好了去蘇澳的票沒有等多久，就搭上了去蘇澳的火車。到蘇澳後再乘汽車去南方澳，路近，很快就到。

陳添財的舢板停泊在港邊，兩條靠在一塊，港裡一共停了幾十條舢板。陳添財把他們帶到船上，每一條船上有一個人照顧，船頭橫靠着六七隻大約四尺寬六尺長的竹筏，每一隻竹筏由六七根粗竹子釘紮而成。陳添財指指竹筏對他們說：

「這就是一支釣的竹筏子，一人一個。」

隨後他介紹他和船上的那個叫做阿吳的人認識。阿吳大約二十七八歲，是個大個子，濃眉大眼，有點絡腮鬍鬚，是個粗線條的漁民。阿吳告訴他們兩人下海放釣的情形，非常簡單。

陳添財把他們兩人留在船上，逕自去漁會辦理明天的出港手續，和其他的事務。

林朝海和劉阿土對於使用一支釣的作業，雖然一聽一看就會，還是虛心地向阿吳請教漁民的生活情形、船上的規矩等等。阿吳看他們是種田的，不是本地人，又很虛心，也一五一十地告訴他們。

晚上，只有他們兩人在船上睡，別的漁民多是本地和附近鄉鎮的人，不是家住在南方澳，就是漁季在南方澳租了房子住。陳添財也在岸上住，特別關照他們兩人住在船上。

劉阿土在火車上睡了一個好覺，再加上心裡興奮，一時睡不着，和林朝海天南地北閒聊。當他知道林朝海當過「皇軍」，去過大陸，更是另眼相看。

「難怪你比我的見識廣，你是出過老窩的兎子。」劉阿土笑着說：「我的身體不合格，不然也徵到南洋去了。你過的橋比我走的路多，以後我聽你的。」

「阿劉，同船共渡前世修，以後我們彼此照顧。」林朝海說。

這天晚上，他們兩人都做了夢。林朝海夢見釣了一條金魚，劉阿土夢見一條大鯊魚把他的一串鈎子全拖跑了。

第十章　好夢成真財源廣　大海漂蕩心暗驚

他們在夢中突然被船板上咚咚的脚步聲和吵嘈的人聲吵醒。劉阿土迷迷糊糊地驚叫：

「哎呀！我的鈎子！我的鈎子！」

林朝海用手肘在他身上一觸，輕輕地說：

「半夜三更，別這麽鷄貓子喊叫的！」

劉阿土經林朝海手肘這一碰，肪骨有點痛，頭腦突然清醒，也壓低聲對林朝海說：

「阿林，出馬不利，我做了一個噩夢。」

「什麽夢？」林朝海連忙問。他自己也作了一個夢，劉阿土這一提，他突然想起，心裡還很高興。

「一條大虎鯊，把我的一支鈎拖走了！」劉阿土哭喪着聲音說。「眞是人倒楣，喝涼水也塞牙！」

「阿劉，這是做夢，又不是眞的，你何必檢了封皮就是信？」林朝海向他一笑，[illegible]。

「阿林，我看這不是個好兆頭。」劉阿土搖搖他的扣子頭：「說不定又和種田一樣，白費氣力？」

「不會，不會。」林朝海安慰他：「打漁一不繳磧地金，二不繳鐵租，最少混一張嘴沒有問題。」

劉阿土聽林朝海這樣說，心中一團黑影自然散開，又輕輕地問林朝海：

[illegible]過十兩天你們自然都[illegible]。」

於是大家忙着開船的事，他們兩人是副手，只好站在旁邊見習。陳添財一上船，兩條船就同時開頭。十幾條船都在這時先後開頭一路縱隊，慢慢開出港口。

[illegible]兩點多鐘，寒氣很重。南方澳本來比中南部冷，他們穿的衣服比較單薄，在這種深夜，立在甲板上，劉阿土直打寒噤。他從來沒有半夜三更起來，這樣站着。林朝海身體好些，他又在冰天雪地的大陸半夜三更站過崗，放過哨，因此他還能咬牙抵抗。

船一出海，沒有山頭阻擋，海面的風比港內的大，雖然不過一、二級的小風，加上船行的速度，也增加了兩分寒意。

陳添財發覺劉阿土瑟縮顫抖，暗淡的燈光照着他的臉色焦黃，嘴唇發烏，衣服又穿得少，便對他們兩人說：

「阿劉、阿林，艙面沒有你們的事，你們先進艙裏避避風，明天出海最好多加兩件衣服。」

劉阿土聽陳添財這樣說，馬上把林朝海的袖子一拉，要他進艙，林朝海不好意思，輕輕地對他說：

「你先進去。」

劉阿土一進去，他就幫助阿吳操作，阿吳[illegible]，他一使勁出力，身體也漸漸暖和起來。

出海不久，所有的船慢慢散開，向遠處海面前進。船上沒有引擎，全靠人力，速度緩慢。林朝海忽然想起「皇軍」在長江上往來巡邏的軍用汽艇，木殼裝了馬達，行駛起來蓬蓬響，速度相當快，和大輪船差不了多少，要是這種舢板也能裝上馬達，就不必起得這麼早。

漁船散開以後，海上現出點點燈火，閃閃爍爍，倒也十分好看。天上寒星點點，比銀子更亮；天空顯得更藍、更深。南方澳籠罩在夜色中，只能隱約分辯出一線青青山脈。

離開碼頭大約有兩個多小時，船才停下來。距離港口究竟有多少路？林朝海不知道，約略估計，總在十浬上下。

竹筏開始下海，林朝海叫劉阿土出來。劉阿土看竹筏放下海面，隨着波浪一起一伏，飄飄盪盪，有點害怕，兼之冷得瑟瑟縮縮，牙齒咯咯響。林朝海輕輕對他說：

「不要怕，你看人家？」

第一隻竹筏剛放好，一個三十來歲的人就攀着船舷把身子墜下去，安穩地站在竹筏上。別人把魚簍、鈎繩遞給他，他放在筏子上，人坐在中間，隨手把舢板一推，竹筏離開了兩三尺，舢板也向別的地方開走。

起初還能看出那隻竹筏在波浪上一起一伏，舢板漸走漸遠，海水深藍，夜色籠罩，變成一片黝黑，終於什麼也看不見。

舢板大約走了三、四百公尺，又放下第二隻竹筏。

林朝海是第三隻竹筏，他初站上竹筏，也有點心慌，一坐下去之後，就安穩多了。雖然波浪使竹筏有點頭皺，但不影響作業。

他望着舢板離開，突然有一種被遺棄的感覺，[redacted]，彷彿部隊突然撤退，把他一個人丟在戰場，等待不可知的命運一般。

他又覺得還是土地可愛，腳踩在上面結結實實，不動不搖，更不會陷下去，十分安全。稻穀、蕃薯栽種下去，自然會生長，即使遇上天災，也有幾分收成。難怪父親、哥哥那麼熱愛土地，即使王仁貴要收鐵租，他們也捨不得放手。

但是竹筏的周圍是大海，喝不盡的苦澀的水。竹筏底下不知道有幾百呎幾千呎深？人一掉下海去，沉下海底不知道要好多時間？何況海裡有吃人的鯊魚，也許一掉下去就被鯊魚撕得四分五裂？他當「皇軍」時曾經看過一張影片，一個船沉落海的美國海軍，被鯊魚活活吃掉的情形。想到這裡他不自禁地打了一個寒噤。

「還是種田好，死在陸上沒有鯊魚來吃，好歹落個全屍。」他心裡這樣想。

但一想到他們當了好幾代佃戶，還是翻不了身，一年忙到頭，還是沒有飯吃，他又把牙一咬[redacted]說：

「窮人死在岸上餵狗，不如死在海裡餵魚！」

他[redacted]，連忙拿出釣繩，投進海裡。

他不時將手中的繩子抖動幾下，好使鯖魚發現鈎上的餌，自動上鈎。[redacted]

他抬頭望望舢板，舢板已經走到兩三千公尺以外，燈火也顯得更小更弱。

他忽然想到劉阿土，不知道他怎樣？他覺得劉阿土是個可憐的鄉下人，他又對他同情起來。

劉阿土是最後一個放下竹筏，他戰戰兢兢，腳一踏上竹筏就一屁股坐下去，兩手抓住竹筏，不敢動一下。別人把漁具遞給他，他也不敢伸手去接。陳添財一再鼓勵他：

「[redacted]，不要怕，胆子放大一點，你看阿林那麼大胆地站在筏子上，沒有一點事，你應該學他。」

他聽陳添財提到林朝海，胆子漸漸大起來，他覺得筏子雖然在微微顛簸，但不會翻。他這才慢慢地伸起手來接住魚簍。

舢板最後離開他，停在幾百公尺以外作業。

劉阿土不見林朝海，舢板又遠離他，他非常孤獨害怕，波浪顛着竹筏，他生怕掉下海去。他是個秤鉈子，一掉下去就會一直往下沉。

他越想越怕，想到那個不吉利的夢，和那條長着鋸齒的、一人多長的，尖頭翹尾的大鯊魚，比魔鬼還可怕。他彷彿看見牠正張着尖嘴向他衝來，而且不止牠一條，牠後面還跟着六、七條，有的比牠還大。他[redacted]望望周圍，彷彿前後左右盡是大鯊魚，有的和他的筏子一樣長，都張着嘴巴向他圍攻，他連忙把眼睛一閉，雙手蒙住臉，啊的一聲哭了起來。

「我不幹，我決定不幹，一上岸我就回家。」[redacted]。

過了一會他突然想起林朝海，他覺得林朝海是那麼沉着、鎮定，像那些老漁民，一點不怕。自己又不是三歲的孩子，怎麽這樣沒出息？陳添財的話不錯，他應該向林朝海學。

他慢慢停止哭泣，抬起頭來，望望林朝海的筏子。什麽也看不見，他又感到一陣恐懼，一陣茫然。他再望望舢板，發現舢板還在那裡，像水牛一般大小的黑影在水上閃着微弱的燈光，他心裡得到一點安慰，覺得自己沒有被它丟掉。

他慢慢地把釣繩放進水裡，等它沉下去之後，就開始抖動。爲了趕走恐懼，他不停地抖動。走夜路，吹口哨，他就是這種心理。

林朝海的釣繩放下水不久，他抖動時忽然感到沒有先前那麽輕鬆，好像有什麽東西吊着？他猜想可能是魚，但是不知道是什麽魚？有幾條上鈎？他心裡開始高興，不過不想馬上拉起來，他想多釣幾條。

漸漸地，他感到有點沉重，忍不住拉了起來，魚一出水就跳，他的心也跟着跳，三把兩把拉上竹筏，一共是三十四條鯖魚，七八寸長一條，前身粗，後身小，大約有半公斤左右，他馬上眉開眼笑，他覺得他的希望沒有落空。

他把鯖魚小心地取下，放進魚簍，又小心地把釣繩再放進水去。

魚在簍裡蹦蹦跳跳，他的心也蹦蹦跳跳。看看魚，他又抖動抖動手上的繩子，他像一位騎着白馬的快樂王子，他覺得他的命運在轉變了。一年忙到頭，好不容易盼到稻穀成熟，自己連種子、肥料、人工一起，不過分到三成半。現在這麽二、三十分鐘的工夫，就能釣三四十條魚，值幾十斤米，自己可以分一半，比當佃戶不知道强多少？

魚一出水就跳，林朝海的心也跟着跳。

第二次他又拉起三十多條，第三次拉起五十條，他高興得簡直要笑出聲來。工作這麼輕鬆，一點也不吃力，收入又這麼好，魚在簍裡跑不掉，跳了幾下就不動了，用不着像種田一樣，天旱望雨，雨水多了又盼天晴，就那麼多的心意。

天亮以前特別寒冷，他摸摸衣服有點潮濕，露水很重。但是他的精神特別興奮，他忘記了寒冷，因爲這時的魚上鈎特別勤，一、二十分鐘就可以拉起幾十條。

不知不覺，風停了，天上的星星不見了，舢板上的燈光也不見了。他突然感到空氣特別潮濕，臉上好像有水份，一種濛濛細雨似的東西，瀰漫着，瀰漫在海上，瀰漫在他周圍，他甚至連身邊的魚簍也看不見，他突然領悟過來[illegible]：

「[illegible]霧！好大的霧！」

由海上的霧，他想到長江的霧，冬天黎明前後長江的霧特別大。輪船嗚嗚叫，臨時拋錨不敢行駛；雁在天空呷呷叫，飛來飛去，飛得很低，低到能聽見翅膀鼓動的聲音；每逢這種大霧，輪到他四至六的崗哨時，他也特別小心，生怕游擊隊摸哨，想起這些情形，他更加興奮，他非常喜歡那些在天空排着人字一字飛行的雁，比「皇軍」還有秩序，叫的聲音嘹喨好聽，肉也好吃，他曾經用步槍打過。

「可惜臺灣沒有雁，也少有那麼大的霧！」他心裡這樣想。

他隨手一抖，覺得繩子沉手，立刻拉了起來，又有四十多條魚，眞快，籮筐大的魚簍快滿了，他心裡也裝滿了快樂。

「夢見釣着金魚眞是個好兆頭！」他想。

[redacted]他又很快的想到劉阿土，自己的金魚夢是應驗了，他的鯊魚夢該不會眞的使他倒楣吧？看樣子他比自己的景況還差，老天眞應該幫幫他的忙[redacted]。

霧漸漸稀薄了，萬縷紅光穿過灰色的霧幕，射在魚簍上，鯖魚變成了粉紅色，非常好看。

一輪紅日湧出海面，它和魚簍的口面差不多大小，天上一片紅光，海水變成粉紅，林朝海的衣服也變成粉紅色。霧不見了，舢板出現了，東一條，西一條，像個大棋盤上疏落的棋子，竹筏也能望見，彷彿一片片[redacted]柳葉，飄落在大池塘裡。

林朝海想找劉阿土的竹筏，但是無法確認那一隻是他的。

太陽出來以後，鯖魚上鈎沒有天亮以前那麼踴躍，但是陽光照在身上，人却漸漸溫暖，舒適。

由於今天運氣好，陳添財提早收伐，林朝海望見舢板漸漸移動過來，便拉起鈎繩，全是空的，但他並不失望，因爲他的魚簍已經滿了。

他安心地坐在竹伐上等候，他這才發覺竹伐隨着潮流在慢慢流動，他能清楚地望見南方澳的山頭，現在竹伐的位置和天亮時有點變動。

舢板和他的竹伐還有一、二十公尺的距離時，劉阿土就站在舷邊大聲地問他：

「阿林，你釣了多少？」

「一簍。」林朝海高興地回答。

「有多少條？」

「兩百六十九條。」

「嚄！」劉阿土歡叫起來：「你比我還多兩條，你的夢好。」

林朝海聽他釣了兩百六十七條，非常高興，笑着問他：

「你的鈎子拖跑沒有？」

「沒有。」劉阿土用力搖頭。

「我說了夢不可靠，恭喜你發財。」

劉阿土高興得手舞足蹈，像個小孩。

舢板靠攏後，先把魚簍拉上去，陳添財和大家都非常高興，林朝海爬上船時，陳添財在他肩上一拍：

「阿林，好運！好運！」

「托福！托福！」林朝海笑着回答。

他看看艙面的魚簍，只有一隻淺了三分之一，其餘的都已滿儎。劉阿土用脚踢踢自己的魚簍，高興地對林朝海說：

「你看，這是我的！」

鯖魚都差不多大小，非常整齊好看。陳添財笑看對林朝海說：

「你們兩個新手帶來了好運，這是事變以來最好的一次。」

其他釣人也因爲比以往多釣了好些鯖魚，對他們兩人都表示友好。

所有竹筏收起之後，舢板就對着南方澳港口開回去。

船到達魚市場時，還未開市，他們停在市場旁邊，吃過午飯，才從從容容地把十簍魚抬進市場，由漁會派人過磅，一堆堆地倒在水泥地上，上面再壓一張寫好阿拉伯數字的紙條子。林朝海的是一百五十四公斤，劉阿土的是一百五十公斤。

兩點鐘才開始由漁會公設拍賣人喊價叫賣，叫賣人是個胖子，一面喊一面伸出指頭表示數目，買魚的販子也爭着伸出手指叫喊。劉阿土從來沒有看見過這種情形，覺得非常好玩，咧着小嘴嘻嘻地笑。

成交以後，當天就拿到現款，除了交給魚市場千分之二十五的管理費和魚釣墊款之外，陳添財將純利的一半都交給他們。

林朝海和劉阿土都得到一大捲老臺幣，他們盤算可以買到三、四百台斤在來米，劉阿土笑得合不攏嘴，鬥雞眼也瞇成一條縫。陳添財笑得對他們說：

「你們穿得太少，冬天海上霧多，東北風强，應該買件夾克雨衣。」

他們也覺得昨天晚上實在難受，尤其是劉阿土，要不是釣了那麽多魚，他眞支持不下去。

南方澳很小，只爲那麽幾家小百貨舖子，林朝海穿的是一套自己染黑的粗呢舊軍服、夾克貴，他不想買，只買了一套棉毛衫褲，劉阿土只買了一套棉毛上衣，他就非常滿意，這是他平生從未穿過的最好的新衣。

爲了防雨露、防霧，他們各買了一件黑膠皮雨衣，劉阿土心痛不已。

「阿土，窮人一年不吃飯，也省不下幾文錢。只要能賺，應該用的還是用一點。」林朝海勸他。

「阿林，你不知道，我家裡連蕃薯都沒有得吃，我想先把錢寄回家去。」劉阿土輕輕地說。

劉阿土這句話一下提醒了林朝海，他連忙點頭。

「對！我們明天一道寄，今天時間晚了。」

劉阿土不會寫字，他又拜託林朝海替他寫個信封，林朝海自然滿口答應，他非常高興，拍拍林朝海的肩說。

「阿林，不瞞你說，本來我決定一上岸就討飯回家的。」

「爲什麽？」林朝海望望他。

「一個人三更半夜在大海上飄飄盪盪，實在害怕。」

「你怎麼又改變了主意？」

「這眞是糠籮裡跳進米籮裡，我們鄉下人，那裡去找這麼好的肥差？」他向林朝海一笑：「說不定我們的風水轉了向，眞可以發點財？」

第十一章 浩浩蕩蕩無情海 辛辛苦苦短命人

第二天他們又釣了上百公斤鯖魚，又回來得很早，魚一上岸拍賣，錢一到手，劉阿土就拉着林朝海去郵政代辦所寄錢。林朝海[redacted]問他要不要寫信？他笑着搖搖[redacted]頭。

「我不會寫，他們也不認識字，收到了我的錢，就知道我起發了，比講一籮筐好話還要實在。」

[redacted]林朝海替他把一張匯票套進信封、掛了號，將掛號條子交給他，一再叮囑：

「這張掛號條子好好地放在身上，不要丟掉，要是沒有收到錢，可以追查，他們要負責。」

劉阿土把破棉襖的扣子解開，把新棉毛衫掀起來，把掛號條子塞進內衣口袋，小心地把扣子扣好，用手按按，向林朝海咧嘴一笑：

「大颱風也吹不跑！」

林朝海便伏在櫃台上寫了下面這幾句話：

「打漁比當佃戶好，白手求財，錢來得快，不會白費氣力。

以後我會隨時寄錢回家，照這樣看，我們會有好日子過。」

他把信紙和匯票一道塞進信封，掛號寄[redacted]。

兩人身上都沒有留錢，但是心裡非常快活[redacted]。

他們在街上溜了一會，把南方澳的小街小巷全走遍了。然後回到船上吃飯。這頓飯他們吃得格外舒服，劉阿土也不像在火車上吃便當那麼饞。

飯後，阿臾用手肘碰碰林朝海，用眼角瞟瞟劉阿土，輕輕地對他[redacted]說：

「我帶你們去玩玩。」

阿臾是老漁民，南方澳熟得很，對他們兩人很好，劉阿土聽說帶他去玩，更是受寵若驚，隨手把林朝海一推，跟在臾後面跳上岸去。

[redacted]們帶到一個私娼館[redacted]，[redacted]一進去，就有一個三十來歲，滿臉脂粉，鑲了一顆金牙的婦人笑臉相迎，招呼他們到一個四席大小的塌塌米房間坐下，雙手一拍，叫了一聲，馬上湧進來五個[redacted]年輕的女人，其中一個最小的頂多十六、七歲。[redacted]

劉阿土從來沒有見過這種情形，也沒有見過嘴巴擦得這麼紅，[redacted]，穿得花花綠綠的女人，不禁目瞪口呆。那個三十多歲的女人把那個十六、七歲的女孩子往他身邊一推，笑嘻嘻地說：

「她是剛來的，前天才開彩，你看怎樣？隔壁就是的她房間。」

她把大嘴巴向隔壁的用六尺高的木板隔開，上面用木條交叉釘着的房間一呶。

劉阿土有點手足無措，[redacted]摟着一個女的笑着對他說：

「[redacted]去，只當少釣幾條魚。」

「[redacted]，不行，我身上沒有帶錢。」劉阿土紅着臉搖搖頭。

「我借給你！」[redacted]在腰上一拍：「明天賣了魚你再還我。」

劉阿土望望林朝海，[redacted]說：

「[redacted]今天你一個人玩吧，我身上也不方便，改天再來。」

恰好這時又有兩個漁民進來，那個三十來歲的女人連忙移到門口歡迎。阿吳連忙把坐在林朝海旁邊的那個女的往懷裡一拉，笑着對阿土說：

「你貓兒不吃魚，我可不能好給別人。」

那兩個漁民看見阿吳，笑着向他打招呼：

「阿吳，你一人摟兩個，應該放生。」

阿吳笑着把左手一鬆，迅速地在那女的臉上親了一下，那女的便和其他三個女的湧到房門口，那兩人看了一眼，一人拉着一個走進別的房間。

林朝海站了起來，抱歉地對阿吳說：

「阿吳，對不起，我們失陪了。」

劉阿土也跟着站起來，咧嘴向阿吳一笑。阿吳望望他們，調侃地說：

「你們要是怕難爲情，可以一個人溜來。既然到了南方澳，就不能不塞狗洞，好在這裡不止這一家。」

「阿吳，我見得多，你可不要忘記上船?」林朝海笑着走開，劉阿土像他的尾巴跟了出來。

「放心，過了河再說，我從來沒有忘記出海。」阿吳向他把左眼一瞇，粗獷地說，同時叭的一聲在那女的粉臉上親了一下。

劉阿土看了臉一紅，一走出大門就輕輕地對林朝海說：

「吳長發的臉皮眞厚，一點也不害羞。」

「阿劉，你眞是少見多怪，日本軍人連褲子也不穿。」林朝海說。

「那有這種事?」吳阿土搖搖頭。

林朝海把民國卅一年夏天日本人進攻江西南城的事告訴劉阿土。那是端午節以後兩天的事，初七以前幾天下着傾盆大雨，南城的老百姓和從浙贛鐵路沿線逃到南城的難民都麕集在南城。初七天一放晴，日本人就用騎兵迂迴包抄，從李坊鶯把逃出南城的難民物資大部份攔截住，像趕鴨子般趕回南城。這以後兩三個月都是大熱天，「皇軍」除了在店舖裡搬運糧食布疋，送上木船，運往南昌之外，一到傍晚便到河裡洗澡，什麼都不穿，只在胯下繫了一塊布，就往河東老百姓家裡找花姑娘，沒有一家女人不遭殃。躲在閣樓上的都拖出來。

「你也去了?」劉阿土打量林朝海一眼。

「阿劉，人跟大伴，我也是人，他們要我去，我還能不去？」林朝海說。

「[redacted]，你怎麼能幹那種壞事？」

「那個貓兒不吃魚？誰也不知道那天死？打仗把人心打壞了，那像我們現在這個樣子？」

「聽說，皇軍，有營妓？」

「[redacted]，一塊鐵能打幾個釘？」林朝海望望劉阿土：「何況好的都給軍官霸佔，我們二等兵鬪都不敢鬪，一年半載也輪不到我們，因此打到那個地方，那個地方的女人就遭殃，尤其是那些小城小鎮。」

「皇軍的紀律不是很好？」

「越到後來越壞，尤其是南城，那地方糟蹋得很厲害。」

「大陸上的女人有沒有剛才那幾個漂亮？」劉阿土忽然瞇起眼睛輕輕地問林朝海。

「[redacted]，你眞是井底的蛤蟆！」林朝海望着他一笑：「那幾個女的算[redacted]什麽貨色？」

「比我女人好看得多。」劉阿土坦白地回答。「要是以後天天能釣鯖魚，我眞想捨牠十條八條，學學[redacted]笑。」

「[redacted]，你不要丟掉討飯棍，忘記叫街時。」林朝海望望他說。

「[redacted]，你是單身漢，你不知道我們有老婆的人的毛病。」

林朝海看他那副武大郎的樣子，不禁笑了起來。

「[redacted]，你不要見笑，我講的是實話，我眞有點想家。」

「過年就可以回去，這[redacted]兩三個月你也耐[redacted]」

「阿林，[redacted]，他要是不帶我們到那種壞地方去，我也不會想心思。」劉阿士連[redacted]

「[redacted]」

劉阿士用巴掌在頭頂上一拍，彷彿要拍熄一股火。

他和林朝海一道上船，打開陳添財[redacted]帶着魚腥氣的舊舖蓋，脫下衣服便睡。他們兩人都很感激陳添財[redacted]給他們這個方便，省下一筆買舖蓋的錢。

這天晚上林朝海睡得很甜，沒有做夢。劉阿士却夢着回家，替老婆孩子做了花花綠綠的新衣，買了蓬萊米過年，買了十幾斤肉，他自己帶回去很多鯖魚，[redacted]一家大小過了一個快[redacted]樂的年。

他們兩[redacted]

林朝海[redacted]醒來，沒有聽見有人上船，只聽見呼呼的風聲，船也有點搖盪。他沒有手錶，不知道究竟幾點鐘？他聽見劉阿士說夢話，以爲自已醒得太早，又繼續睡覺。

他再度醒來時，天已大亮。他連忙披衣出艙，站在甲板上望望，所有的船都停在港內，沒有出海，港裡的浪也不小，他知道風大，不能釣魚，又爬進船艙，把劉阿士搖醒，劉阿士懵懵懂懂地把被子一掀，又臉一紅連忙蓋上。

林朝海裝作沒有看見，劉阿士迅速地穿好衣服，把被子一捲，推到艙角，爬出艙外，站在船舷小解。

林朝海聽見水裡叮叮噹噹，伸出頭來一看，笑着對他說：

「阿劉，這不是田裡。港口人來人往，小心人家割掉。」

他連忙把褲子繫好。[redacted]

「[redacted]今天不出海？」劉阿土問[redacted]。

「七級風，你想出海餵魚？」[redacted]

「你怎麼知道？」

「[redacted]」

[redacted]：

「[redacted]那我們今天空過了？」

「要是天天能出海，個個都發財了。」[redacted]

吃早飯時，陳添財上船看了一下，交代了幾句話就走了。

一天不釣魚，林朝海和劉阿土都不自在，他們覺得時間空過了非常可惜，劉阿土望着陰風細雨的天，喃喃地地說：

「老天爺，你最少害我損失了兩[redacted]百斤在來米。做做好事，不要颳這麼大的風吧！」

[redacted]林朝海不想睡覺，和劉阿土上岸去看別人打彈子，消磨時間。

本來他也歡喜打彈子，但是口袋裡無錢，沒有動手。

幸好七級風只颳了兩天，變成了五級風以後，他們又照常出海。他們的運氣一直不壞，出海一次，多則一百多公斤，最少也有五、六十公斤。兩個月下來，抵得他們全家人當幾年佃戶[redacted]財。

臘月裡的錢，林朝海和劉阿土都沒有寄回家，他們準備自己帶回去。他們怕鈔票貶值，[redacted]去蘇澳買幾個金戒指，把小鈔換成大鈔。[redacted]把金戒指串在褲帶上，貼肉繫着，[redacted]着[redacted]鈔票放在一個新皮夾裡，塞進內衣口袋。那些大鈔票[redacted]準備[redacted]在臺北買點布疋衣服回家去，讓老婆、孩子穿得漂漂亮亮過年[redacted]。

二十七下午，劉阿土和林朝海從蘇澳買了戒指沿着山邊公路散步回來，劉阿土高興地對林朝海說：

「[redacted]說真的，我一輩子沒有賺過這麼多錢。這次真像發了洋財，回家時我老婆孩子一定會高興得跳起來。」

「我也要回家去過一個好年。」林朝海說。

「[redacted]，我勸你討個老婆，你也二十多了，秤桿離不了秤鉈，男人也應該有個女人。」

「我不想討老婆過窮日子，明年要是有今年一樣，我決定買條舊舢板，多賺一點錢，發了財再討一個讀了書的好女人。」

「喔！你心比天高。」劉阿土咧嘴一笑：「癩蛤蟆也想吃天鵝肉？」

「阿劉，你不要門縫裡看人，要是我有幾條船自然可以辦到。」林朝海自信地說。

劉阿土[redacted]上下打量他一眼，覺得林朝海高他一個頭，肩寬背濶，身體强壯，大頭大臉大嘴，還有兩個大耳朵，一個大鼻頭，看起來比自己神氣得多。要是他有一兩條船，眞不愁沒有女人愛他。

「[redacted]說不定你眞有那麼一天。」劉阿土邊走邊說：「我就是有了船，也討不到好女人。」

「你結了婚，還做這個夢？」林朝海望望他。

「[redacted]我不過打個比方，那有女人愛我[redacted]？我老婆是沒做堆的。」

「你愛不愛她？」林朝海笑[redacted]問。

「當然愛！」劉阿土點點頭：「她給我生了五個孩子，小傢伙都是大個子，不像我。」

「不像你像誰？」林朝海打趣地說。

「阿林，你別找我開心，他們都像我女人。她的個子比我大。」

「[redacted]，你生這麼多孩子怎麼行？」

「那有什麼辦法？我女人生孩子像雞婆下蛋。」

「你不和她在一塊不行？」

劉阿土抬頭望望林朝海，又搖搖頭一笑：

「不行，不行，我們只有一床破被臥，我女人又像塊吸鐵石，我自然會吸過去。」

林朝海笑了起來。劉阿土卻一臉正經地說：

「[redacted]，你別笑，我和我女人眞的很好。」

這天晚上，又是陰風細雨，風力五級，他們仍然出海，五點以前，準時到達漁場。陳添財對大家說：

「誰要是不願意下海，可以留在船上。」

沒有一個人願意留在船上，因爲這種天氣鯖魚最多，又不是第一次出海，旣然來了，誰願意錯過財寄？

竹筏一隻隻放下去，他們都很老練，一點不怕。輪到劉阿土時陳添財對他說：

「阿土，你也下去？」

「大家都下去，我怎麼不下去？」劉阿土說：「這種天氣正好多釣點鯖魚回家過年，說不定今天又可以釣一百多公斤。」

他彷彿看見成羣的鯖魚在波浪底下翻滾，他迅速地跳下竹筏。

竹筏統統放下之後，陳添財也把船調走，自行下鈎垂釣。

風沒有加強，雨却越下越大，海面一片漆黑，竹筏在浪上顛顛簸簸，鯖魚上鈎也特別踴躍。林朝海第一下就拉起四十五條，他把魚都放進網袋裡，收了口繫在竹筏上，這樣網袋落水魚也不會跑掉，比竹簍安全得多，風大時他們都不用竹簍。

今天的鯖魚比以往更多，幾乎每一下他都拉起四五十條，沒有多久，他的網袋快裝滿了。有一下他覺得特別沉手，他想一定是六十幾口鈎子都上滿了魚，他用力向上一拉，竹筏一歪，恰好後面一個大浪一顛，竹筏翻了身，他撲通一聲掉進海裡。

他連忙放棄釣繩把身子浮出水面，游了幾下，抓住竹筏，翻身上來。他摸摸網袋，網袋已經落水，他抓住繫在竹筏上的繩子，拉了起來，魚一條也沒有跑掉。雖然丢了一排鈎，他心裡還很高興，救住了這些魚，可以買好多排鈎。

海裡並不怎麼冷，一爬上竹筏，風吹雨打，他就冷得發抖，牙齒咯咯響。天沒有亮，沒有人知道他落海，又沒有到收筏的時候，他只能雙手抱着身體縮在一塊，等待天亮後收筏。

好不容易等到天亮。但是風[illegible]，海面一片模糊，其他的竹筏很難看到，只隱約望見舢板模糊的身影。

收筏時陳添財發現林朝海一身透濕，冷得發抖，關心地問他。

「[illegible]，你什麼時候落海的？」

「天亮以前。」

竹筏翻了，林朝海撲通一聲掉進海裡。

「喝了水沒有？」

「只丟了一排鈎子。」他搖搖頭說。

大家把他七手八腳地拉上來。他沒有看見劉阿土，連忙問陳添財：

「阿劉呢？」

「還有兩隻筏子沒有收，我們現在就去。」陳添財說。

船開過去三四百公尺，又收了一個竹筏，這人非常高興，他釣了滿滿的一網袋。

「若要富，險中做。」他摸摸鼓起的網袋說：「風大魚多，一次抵兩次。」

最後去收劉阿土的竹筏，大家高高興興，只有林朝海冷得發抖。

當大家發現只有一隻空空的竹筏，在海面上一顛一簸時，臉色突然變了。林朝海趕到船頭，大聲地叫喊：

「阿土！阿土！」

竹筏毫無反應，只有風聲浪聲。林朝海大叫一聲，想跳下去，被陳添財一把抱住。[redacted]連[redacted]裡。

「奇怪，今天風浪不算太大，掉進海裡照理可以爬起來？」陳添財望着空空的竹筏，自言自語。

當竹筏拉上船時，帶起了半網袋的鯖魚，此外什麽都沒有。

林朝海要陳添財多搜索一會，陳添財照辦，但是兜了幾圈，劉阿土的影子也沒有看見。林朝海想起這兩三個月來的共同生活，和昨天劉阿土對他談的那些話，他忍不住哭了起來。

船到南方澳後，林朝海把他今天的魚款全部捐給劉阿土，又請求大家捐一點，陳添財也捐出他自己釣的魚，其他的人也多多少少捐了一筆。

「你應該寫封信通知他家裡，把錢寄去。」

「我不會寫信。」陳添財搔搔頭皮又望望大家說：「他們也不認識字。」

「信我寫，錢我們一道去寄。」林朝海說。

「你要回家過年，順便帶去怎樣?」陳添財說。

「不，我不忍心報喪。」林朝海用力搖頭。

陳添財只好陪他到郵政代辦所，一路走一路搖頭嘆氣。林朝海想到劉阿土的寡婦幼子，不禁落淚。

第十二章　種田不如打漁好
娶親無處可藏嬌

林朝海在臺北下了車，給姪兒外甥買衣服，給父親、哥哥、姐夫買夾克，給母親、嫂嫂、姐姐買了幾段布料，還特別給小姪女阿珠買了糖果玩具。他自己也趁這個機會在臺北蹓了一會，他覺得光復後的臺北和日據時代有點不同了。大陸各地的口音在街上都可以聽到，店面有些也重新改裝了。他也想起劉阿土要跟他到臺北玩玩，現在却葬身在鯊魚肚裡了。一想起劉阿土，他心裡就非常難過。他決心只要自己有起發，每年逢時過節，一定隱名寄筆錢給他家裡，讓他老婆孩子活下去。

他一到臺中就先去姐姐家裡。阿銀看他穿了新夾克，提了兩包東西，連忙接過去笑問：

「小弟，你起發了？」

「阿姐，大起發還談不上，不過比種田好。」林朝海回答。隨即打開包袱，取出一段花布，兩件夾克交給她。又拿出幾條醃乾的鯖魚，往桌上一放。

「小弟，你不要亂花錢，賺錢好艱苦。」阿銀望着林朝海說。

「阿姐，我們沒有過過一天好日子，今年過年大家快樂一下。」林朝海說。

「打漁是不是一年四季都行？」阿銀問。

「南方澳的旺季是十月到第二年六月，釣鯖魚只有四五個月的時間，要是自己有船不能釣時可以鏢，可以網，除了颱風天，四季都行，那眞可以發大財。」林朝海一面包東西一面回答。

「小弟，你只說打漁賺錢容易，到底有沒有危險？」阿銀不放心地問。

林朝海沒有立刻回答，把包袱打好之後慢慢抬起頭來說：

「阿姐，人在家中坐，禍從天上來。打漁不能說沒有危險，我也落過海，還不是回來了？」

阿銀聽了一驚，倒退一步，大聲地說：

「小弟，你不要再去！」

「我初四就走。」林朝海胸有成竹地說。

「小弟，我情願你過窮日子，不要船頭上跑馬。」

「阿姐，妳放心，我會水，淹不死。」林朝海故作輕鬆地說：「不過這件事妳不能走漏一點口風！」

「我要告訴阿母！」阿銀大聲回答。

「[redacted]姐，我要是不去釣魚，我們家裡永遠沒有好日子過！明年我決定買條舊船，幹下去。」[redacted]。

「小弟，聰明有種，富貴有根。我們生窮了命，你不要妄想發財。」

「[redacted]姐，妳和阿爸阿兄一樣古板！我要是不去南方澳釣魚，今年過年恐怕連蕃薯都吃不飽！」

阿銀一楞，隨後又粲然一笑：

「小弟，你看準了海底有寶？」

「[redacted]姐，魚有千子萬孫，取不盡。」林朝海[redacted]把包袱往肩上一掛，準備走。

阿銀留他吃晚飯，他不肯，逕自回家。

他遠遠地就望見颱風吹壞了的那個屋角蓋上了新紅瓦，他心裡非常高興，脚步越走越輕。轉過一條田塍路，他發現[redacted]紅毛公雞站在稻草尖頂上拍着翅膀喔喔叫。阿珠發現他馬上跑過來抱住他的腿，不停地叫「阿叔！阿叔！」他把她抱起來，在她臉上親了一下，笑着走回家。他人未到，阿珠早就大聲地報告喜訊了。

首先是阿昇從屋裡跑出來，隨後是玉足和林乞食老夫妻兩個，他們都笑逐顏開。兩老喜得半天講不出話來。

王足把包袱接過去，看到了乾魚和新衣服，笑得合不攏嘴。阿昇和阿珠得了糖果和玩具，高興得蹦蹦跳跳。

林朝海拿出新夾克給林乞食試穿，林乞食手長，袖子短了一點，但他還是眉開眼笑，用長滿了硬繭的手在光溜溜的藏青嗶嘰面上不停地撫摩。

王足給阿昇阿珠試了新衣，稍微大了一點，他們兩人穿上了身就捨不得脫下來。阿珠尤其喜愛她的花裙子。

「阿叔，你這次出去釣了兩個多月的魚，比我們在家種幾年田還強。」王足提着十幾條乾魚笑嘻嘻地說。

「阿嫂，我不想再種田，決定改行了。」林朝海說。

「阿海，過了年你還要去？」林乞食問。

「初四就去，晚上要出海。」林朝海回答。

「阿海，我們不是發財的命，有飯吃就行，你不要去冒險。」老太太說。

「阿母，沒有一點危險。」林朝海笑著說：「這正是旺季，魚多，價錢也好。要是我有船，一個魚季就可以發財。」

「阿海，眞有那回事？」林乞食伸長頸子問。

「阿爸，打漁不像種田，大海不要租錢，魚又不會絕種，人家鏢上一條大旗魚，就値[redacted]上千斤稻穀，一天鏢上十條八條，也不是奇事。」

林乞食聽了目瞪口呆，過了半天才「噢！」了一聲。

「阿海，行船跑馬三分險，還是種田安穩。」林老太太說。

「阿母，種田要種自己的田。當佃戶肚飢，安穩又有什麼意思？」林朝海回答。

「阿母，阿叔是見過世面的人，他的話有理。這次要不是他寄錢回來救急，我們拿什麼下鍋？」王足揷嘴。

老太太望望媳婦，不再作聲。她吃了兩個月的米飯，完全是小兒子賺來的。多餘的錢還修了房屋，買了兩隻小豬[redacted]事。

阿珠把林朝海拉到外面看鴨子，她告訴他鴨子生了蛋，一天可以檢七八個。林朝海聽了很高興，看看羽毛放亮的鴨子，又親親阿珠的臉，誇獎她幾句。

林乞食要林朝海看看他買的小豬，兩隻小豬全是白的，一般大小，大約二十多斤重。大豬架子倒不小，就是不肥，林乞食要留着春天青黃不接時賣掉買糧食肥料。如果不是林朝海寄錢回來，也早賣了。

林石頭和狗仔父子兩人，直到三十上午才趕回家過年。林石頭看見兄弟高興得很，拍拍兄弟的肩膀[redacted]說：

「阿海，你比我行！我們父子兩人都抵不上你。」

「阿兄，你贊不贊成我當漁民？」林朝海問他。

「贊成，贊成！」林石頭連忙點頭，隨後突然一頓，把林朝海拉到旁邊[redacted]地問：「[redacted]打漁有沒有危險？」

「不會比打仗危險。」

「阿爸阿母聽說你去南方澳打漁，幾天沒有睡好覺。」林石頭說。

「阿兄，坐在家裡也會死，你要他們放心。」林朝海說。「本來我也想你去，但是你不會水，既然阿爸阿母不放心，你還是留在家裡，湯裡火裡讓我去。」

[redacted]。

「打虎還要親兄弟，這個担子我們兩人挑。說不定我能白手起家？」

「惟願老天爺幫忙，讓我們從糠籮裡跳進米籮裡。」

今年這個年過得大人小孩都高高興興，菜豐盛多了，每人都有一件新衣，林朝海還給了三個孩子的壓歲錢，把四五個金光燦爛的戒指交給父親母親，老太太笑眯眯地對他說：

「阿海，我們替你留着娶親。」

「阿母，還是先修五臟廟，娶親的事遲一步再說。」林朝海說。「要是眞留得住，就湊着買條舊船。」

大家都望着他，他慢慢地說出自己的計劃。林乞食摸摸山羊[redacted]說：

「好是好，不知道老天爺肯不肯幫忙？」

「阿爸，事在人爲，不要完全靠天。」林朝海說。

年初一是個好晴天，臺中的天氣比南方澳好得多。淸晨起來，林石頭換了新夾克高高興興，又準備去向王仁貴拜年。王足已經把公鷄和公番鴨自動綑好，又包了兩條乾魚，全部放在籃裡，這是林石頭昨天晚上和她講好的。

林朝海不想去王仁貴家拜年，林乞食對他說：

「阿海，我們還沒有發財，他到底是個頭家，你應該去一下。」

「對！阿海，你應該去一下。」林石頭在旁邊慫慂：「他看見你有了起發，說不定會對我們好些？」

「阿兄，我們一根蒜，抵得了他滿園葱？」林朝海望望林石頭：「他會看得起我？」

「讓他知道你另外有了生路，不靠他吃飯就行。狗的眼睛，人的心，八兩半斤。」

林朝海沒有作聲，林乞食兩夫婦又勸他去，他只好跟着哥哥走。

他們兩兄弟到得早，王仁貴家沒有別的佃戶拜年。王仁貴看見他們兩兄弟穿着一樣的咖啡色新夾克，禁不住上下打量他們幾眼。林石頭故意把籃子擺到他的面前，向他作了一個揖，他笑着還了禮，客氣地說：

「你們何必破費？鷄鴨還是留着自己吃好了。」

「阿叔，這是老規矩，我們不孝敬你孝敬誰？」林石頭笑着接腔。

王仁貴望望林朝海，笑[redacted]問[redacted]：

「阿海，聽說你去南方澳釣魚是不是？」

林朝海點點頭。

「海底撈寶，靠不靠得住？」[redacted]。

「阿叔，十網打漁九網空，打着一網就成功。我還沒有打過空手。」

「你的運氣不壞。」王仁貴摸摸仁丹鬍子：「打漁的例規怎樣？」

「吃船主的，釣了魚對分。」林朝海[redacted]回答。

王仁貴不再問下去，又調轉頭和林石頭談話。故意奉承林石頭：

「你們兩兄弟一條心，將來會興旺的。」

「多謝阿叔的金言。」林石頭[redacted]弓弓身子回答。

隨後他們就談到今年的農作物。林石頭說蓬萊的抗抵力弱，地勢低，不想再種蓬萊，全部種在來，比較可靠。王仁貴考慮了一下，沒有馬上回答。林石頭又[redacted]說：

「阿叔，因為今年是鐵租，我不敢冒那麼大的風險，我總不能賣老婆孩子？」

王仁貴笑了起來，拍拍林石頭的肩說：

「石頭，去年收成太差，我怕你今年又不上勁，所以我才說要收鐵租。其實，只要你好好地耕種，到時候再和我商量也行，我決不會使你們吃虧。」

「多謝阿叔。」林石頭雙拳一抱，身子一躬。

有個佃戶提着鷄鴨走進晒場，王仁貴連忙在林石頭耳邊輕輕地說：

「剛才是我們的私話，你千萬不要走漏，對別人我是說一不二的。」

林石頭連連點頭，乘機告辭。

走出竹林，林石頭高興地一笑，拍拍林朝海的肩膀：

「阿海，我的話沒有錯吧？人不就是這個樣子？」

「阿兄，秧還沒有插，早得很哩！」林朝海說。

「阿海，我當了他幾十年佃戶，多少摸着他一點性子。只要你運氣好，有了起發，他是會兩面光的。」

隨後他們兩兄弟又談到莊稼的事。林石頭聽了王仁貴那幾句話，心裡更加高興，他想今年再多施點肥料，多收幾分，兩下一湊，說不定家運眞會興旺起來。

「阿海，插秧時你能不能回來？」林石頭[redacted]。

「照漁會規定，一年出海三個月，就可以領到甲類會員證，再過一個月，我就是正式漁民。要是漁多，我會繼續釣下去，你臨時雇幾個工幫忙，這樣還是非常合算。如果魚少，我會趕回來插秧。」林朝海回答。

「惟願魚多，我情願和狗仔辛苦一點。」林石頭高興地說。

天氣很暖和，完全不像南方澳那種陰風細雨的味道。林朝海把夾克的拉鍊拉開，讓和風吹拂胸口，林石頭把夾克脫下來，挾在腋下，不時用手摸摸黑絨領，瘦瘦的長方臉上笑容可掬。

在路上他們碰見不少熟人，彼此不免拱手作揖恭喜一番。別人都好奇地打量他們兩兄弟幾眼，以爲他們發了橫財。

初三還天，同村陳添福的老婆帶了一位十七八歲的村姑到林家來拜年，和林朝海打了一個照面，兩人就縮進林老太太的房裡去了。過了半天才出來，和大家搭訕了幾句就走了。

林老太太笑瞇瞇地從房裡走出來，故意問媳婦王足：

「阿足，妳看陳家這個親戚人品怎樣？」

「阿母，人長得白白胖胖，卡水！」王足附和地說。

老太太望望小兒子，過了一會才瞇着老眼問他：

「阿海，你看怎樣？」

「阿母，人家來拜年，何必背後說長道短？」林朝海說。

「阿海，我打開天窗說亮話，陳嫂是帶她來看看你的。」老太太說。

「阿母，我有什麼好看？」林朝海不覺失笑。

「阿海，你不要看輕了自己，她一眼就看中了你，她說你有出息。你看她怎樣？她今年剛十八歲。」

「阿母，我說了現在不談娶親的事。」

「阿海，你要知道這是魚跳進鍋裡，她家不要多少聘金禮餅，你要是同意，我先送[redacted]過去。」

「阿母，妳千萬不要這樣做。」林朝海連忙搖手：「我自己的事我自然會放在心上。」

「阿海，你在南方澳是不是看上了誰家姑娘？」老太太驚喜地問，他父親哥哥嫂嫂也睜大眼睛望着他。

本來沒有這回事，老太太的話觸動了他的靈機，他就利用它作擋箭牌，故意點點頭。

老太太高興地一笑，王足接着說：

「阿叔，你早點娶回來好了。」

「阿嫂，房子這麼小，娶回來那裡住？」林朝海笑着問她。

王足打量了房子一眼，一時語塞。林乞食摸摸山羊鬍鬚說：

「眞的，我們應該加間披屋，阿海沒有地方住。」

娶親的事沒有再談下去。老太太輕輕地嘆了一口氣。

初四清早，林朝海吃過早飯就動身去南方澳了。

第十三章 三七五吃蓬萊米 磧地金明日黃花

三年後，林朝海終於買了一條舊舢板，上面只有五個竹筏，但是他的收入增加了五倍，因爲他自己還在舢板上下釣，他這一份用不着分給別人。

雖然他賺的錢增加了，但他並沒有娶親，也沒有拿回家蓋房子，除了供給家庭生活之後，他全部儲蓄起來，他準備一兩年後買一條新漁船，一心一意打漁。

林石頭種田仍然難得溫飽，每年要差三四個月糧食，除了作零工貼補之外，其餘的吃穿費用完全由林朝海負擔。林朝海曾經勸他不要再種田，但是林乞食老夫婦堅決反對，王足也不放心。他自己對土地有一份特別濃厚的情感，他一看見綠油油的禾苗，心裡就格外高興，種田對他是一種快樂，一種享受，雖然收的金黃的稻穀要分六成五給王仁貴，他也心甘情願，寧可自己吃蕃薯，做零工，他覺得世界上再沒有什麼東西比土地禾苗更可愛，「土能生萬物」，他和他父親林乞食的觀點完全一樣。

不過冬天他帶着狗仔出去找零工做的時候，想起兄弟釣魚比自己種田不知強多少倍，他也偶而心動，打算放棄種田，尤其是最近王仁貴又提到要收鐵租，不然就三七抽，他非常傷心地對王仁貴說過這樣的話：

「阿叔，如果你眞要收鐵租或者三七抽，我就去南方澳打漁，請你把田統統收回去！」

王仁貴聽他這樣說，想想他兄弟林朝海打漁比種田強得多，不靠他吃飯，態度才軟化下來，仍然維持六成五的老例規。

一天他下田看秧，看見鄉公所地籍幹事胡登科，帶着兩個生人，在田裡架起三脚架，東瞄西量，他不知道是幹什麼？走過去問胡登科：

「胡先生，是不是要開馬路，做飛機場？」

「不是，我們是測量土地，整理地籍。」

「胡先生，還是王仁貴的水田，我們種了好幾代，錯不了。」林石頭說。

「我們知道是王仁貴的水田。」胡登科說：「但是我們還是要測量，接着還要辦理登記、調查、歸戶。」

「胡先生，你們吃了飯沒有事做？搞這些花樣幹什麼？」林石頭和胡登科很熟，笑着問他。

「政府要辦三七五，你以爲我們發神經病？」胡登科望着林石頭說。

「什麼三七五？」林石頭緊張地問。

「你眞是個土包子！」胡登科笑了起來，打量林石頭說：「我問你，林石頭，王仁貴要你繳多少地租？」

「六成五。」林石頭毫不遲疑地回答。

「是不是鐵租？」

「他想收鐵租，我不肯。」

「要不要繳磧地金？」

「我們是他的老佃戶，免了。」

「林石頭，那王仁貴待你還算不錯。」胡登科望望他：「我知道有的是三七抽，有的是鐵租，有的還要繳磧地金。」

「胡先生，就是抽六成五，我還是吃不飽」

「林石頭，以後你天天有蓬萊米飯吃了。」

「胡先生，你吃慣了蓬萊米，別拿我窮人開心。」

「林石頭，我不是拿你開心，以後你白米飯吃不了。」胡登科一本正經地說。

「胡先生，那有這種事？」林石頭笑着搖搖頭：「我們幾代人都吃蕃薯長大的，一年難得吃三個月的在來米。」

「實行了三七五，你就可以把蕃薯餵猪了。」

「胡先生，你說這種話也不怕天雷打？怎麼能拿人的糧食餵猪？」林石頭望了胡登科一眼：「哦，你說了半天，到底是什麼事呀？」

胡登科和那兩個測量員都笑了起來，笑得林石頭丈二和尚摸不着頭腦。胡登科不想再捉弄他，直截了當地告訴他說：

「林石頭，以後你收一千斤稻穀，只要給王仁貴三百七十五斤了。」

「胡先生，你又開玩笑！那怎麼成？」林石頭兩眼瞪着胡登科：「我求他少收五分都不行，他怎麼肯一下少收這麼多？」

「政府自然有法子。」

「胡先生，這可不是玩的，小心出人命！」

「你放心，用不着你去咬王仁貴一口。」胡登科調侃地說。

「胡先生，你敢惹他？」林石頭不相信胡登科有這麼大的膽量，他不過是鄉公所的小職員，王仁貴是食人頭鍾酒的大地主，拔根汗毛比他的腰還粗。

「我公事公辦，用不着惹他。」胡登科輕鬆地回答。

「上山就怕攔路虎，你過得了關？」

「林石頭，攔路的石頭有人搬，我皇帝不急，何必急壞了你這個太監？」胡登科輕鬆地說。

林石頭上上下下打量他，他年紀輕輕的，看不出他有什麼法寶。臺灣的大頭家，一手頭家不少，誰願意割自己的肉補別人的瘡？因此他搖搖頭說：

「胡先生，你別做夢，我看這件事辦不通。」

「林石頭，我告訴你，這件事不但正在辦，一定辦得通，而且水田你種稻穀，地主只能收稻穀的租，冬天種蕃薯，那完全是你的外快，一斤蕃薯也不必繳。」

「嘿！胡先生，那有這樣的好事？」林石頭笑了起來。

「林石頭，我還騙你？」胡登科臉色一整：「你以為我眞發神經病？在水田裡好玩？我不會去臺中看電影？」

林石頭聽他這樣說，又不能不信。兩眼望着天，喃喃自語：

「要是眞有這回事，我們一定大拜拜。」

「林石頭，你只管拜吧！」胡登科看了好笑：「殺一千斤重的大公豬都行，到時候可別忘了請我的客。」

「胡先生，眞有那一天，我請你坐首席！」林石頭把左手一伸，翹起大姆指。

「林石頭，四月就開始辦理三七五，你說話可算話？」胡登科伸出食指，在空中向林石頭點了幾下。

「胡先生，怎麽一哼雷就下雨？這麽快？」林石頭弓着腰上前兩步，踩得泥漿唧唧叫，嘴巴張得很大，聲音很小，生怕別人聽見似的。

「我們在辦公室裡忙了兩三個月，你不知道，現在是瓜熟蒂落了。」胡登科掏出一枝紅樂園，叭的一聲擦了一根火柴，吸了起來。

「胡先生，這我就措手不及，養一千斤重的大公豬，最少得五年。」林石頭搖着雙手說。

「林石頭，有心拜年，端午不遲。今天是大初一[illegible]，熱鬧還在後頭哩！」

「胡先生，你哄死了人不償命？」林石頭望着胡登科一笑：「只要眞的實行三七五抽租，我就有好日子過了。人要知足，有吃有穿就行，我不是當頭家的命，不想一步登天。」

「林石頭，你眞是鴨子上不了架！」胡登科罵他：「我告訴你，好日子還在後頭哩！不出三五年，你現在種的田地都是你的。」

「胡先生，你嘴上無毛，越說越離譜了！」林石頭笑着把食指往胡登科鼻尖上一點，又攀着指頭說：「我林石頭一不做強盜，二不做賊，三不謀財害命，公地是政府的，水田是王仁貴的，泥土又不是孫猴子

兩個測量員望着林石頭有點好笑。

，怎麼會搖身一變，變成我林石頭的？」

那兩個測量員，轉過頭來望望林石頭，有點好笑。胡登科又一臉正經地對他說：

「林石頭，我告訴你，公地政府會放給你，王仁貴的水田也要放給你。你要是人手夠，還可以多領一點土地。」

「要不要抽租？」林石頭問。

「不要抽租。你照價分十年攤還，決不會超過三七五，只要繳了第一期地價，土地就是你的了。」

「胡先生，照你這樣說，我們佃戶眞是一步登天了！」林石頭張嘴結舌。

「怎麼？你還願意當窮佃戶？吃蕃薯葉子？」胡登科瞪着眼睛望着林石頭。

「胡先生，不是這個意思，誰願意吃蕃薯葉子？」林石頭搖搖雙手，陪着笑臉回答：「我是怕自已的命太薄，載不住這麼大的福。」

胡登科遞給他一枝烟，拍拍他的肩膀說：

「又不是請你當皇帝，你還怕摔下金鑾殿？」

林石頭在胡登科的烟頭上接了火，用力吸了一口，輕咳幾聲，用手背擦擦眼睛，抬起頭來輕輕地問胡登科。

「胡先生，你是吃公事飯的，你不能診好一隻眼睛，又打瞎一隻眼睛。三七五抽租，王仁貴已經去掉了半壁江山，再要他把土地放給我們佃戶，他盤什麼蛇？」

「他也可以保留三甲中等水田，他拿了地錢還可以辦工廠，做生意，他愛盤什麼蛇就盤什麼蛇，財主爺還是財主爺，你替他躭什麼憂？」

「胡先生，一條毛蟲有一條路，一個菩薩有一個廟，這樣最好。王仁貴才不會恨我。」林石頭高興地說。

「你又不是共他的產，分他的田，他怎麼會恨你？」胡登科說：「以前他是霸着茅坑不痾屎，以後他可以賺更多的錢，比坐地收租好，這是兩全其美，他比大陸上清算鬥爭，掃地出門的地主，不知好多少倍？」

林石頭更不瞭解胡登科這番話的意思，覺得他越扯越遠，自已搭不上腔，也就不再開口。

測量員收起三脚架嘴裡啣着一枝烟，邊走邊抽，胡登科也跟着他們兩人一道走了。

林石頭怔怔地望着他們的背影，想想胡登科的話，彷彿天上掉下一顆星，他仍然有點不敢相信。

他匆匆扯掉秧裡的雜草、稗苗，又匆匆地趕回家。他把胡登科的那些話都告訴他父親林乞食。

林乞食也不敢相信，他捉弄他的山羊鬍，揣摩了半天，突然問林石頭。

「你不要檢着封皮就是信，你聽清楚了沒有？」

「阿爸，我三十多了，這些話又不是道路傳聞，是他親口對我講的，怎麼聽不清楚？」林石頭大聲地回答。

「我們世世代代當佃戶，也沒有遇着這種好事。除非是風水轉了向，你們的命大？要不然是眞龍天子降世？」

「阿爸，你也不要窮人恩古債，現在不是皇帝時代。」林石頭說。

「石頭，福無雙至，禍不單行。好事太多了，我反而不敢相信。」

「石頭聽來的話總是眞的，信不信在你。」林老太太突然插嘴：「反正我們窮人靠天吃飯，誰知道天晴下雨？騎着驢子看唱本，走着瞧吧！」

第十四章　跪在田裡做狗爬　糠籮跳進米籮家

六輪大卡車和三輪小貨車的車身上面，到處都貼滿了紅紅綠綠的三七五減租標語，上面坐滿了人，打鑼打鼓，還有人拿着喇叭筒，放在嘴上講話，車子在大馬路上，村莊間穿來穿去，每一個村莊都要停留一會，講解三七五的法令規章和對佃農的好處，說明成立租佃委員會的日期，組成份子，和租佃委員會的任務等等。

林乞食不認識字，林石頭也認不清車上的標語，他們只好注意聽別人講話，遇着不大明白的地方馬上問，直到弄淸楚爲止。

宣傳車走後，大家還在議論紛紛，不想走。他們村子裡佃農多，十個有八個不認識字，大家都圍着林乞食林石頭父子商量競選租佃委員的事。林乞食年齡大，他們想推擧他競選租佃委員。

「阿伯，這件事情太重大，我們要請你出馬。」有人提議。

「我年紀大了，不認識字，你們推擧我這個亮眼瞎子有什麼用？」林乞食搖搖頭說。

「石頭認識幾個字，那請石頭出來好了。」又有人提議。

「佃農委員一共五個人，龍井鄉有十四個村，光是你們要我出來也不成。」林石頭說。

「我們替你跑腿，要別村的佃農也投你的票，只要有三個大村的佃戶擁護你就成。」

「石頭，你不要躭心你不能當選，只問你肯不肯替我們說話？」一個老頭子伸出頭來說。

「阿伯，要是你們推我出來，我自然替佃戶講話，牛角只往裡彎，不往外彎。」林石頭說。

有人鼓掌發笑。那老頭子又說：

「石頭，你會不會被王仁貴收買？」

林石頭一怔，過後生氣地說：

「阿伯，我不是吃裡扒外的人，你不要多心。」

「石頭，我們先小人後君子，因爲評定耕地稻穀收成標準如果太高，我們佃戶的好處還是不大。」

「阿伯，你放心，我是土生土長的，又不是洋人，一甲田能收多少稻穀，我還不清楚?」

羣衆中響起輕輕的笑聲。

「石頭，你能把良心放在中間，我自然投你的票，還要賣這塊老面皮，」老頭子指指自己佈滿皺紋的臉：「替你到處跑。」

「我一定憑良心替大家做事，多謝阿伯。」林石頭向老頭子拱手作揖。

「鷺鷥不吃鷺鷥肉，請大家放心。」，林乞食對大家說。

「好，我們投林石頭的票。」大家揮舞着手臂說，然後各自回家。

林乞食林石頭父子兩人也一道回家，兩人心裡都非常高興，今天這件事他們也完全沒有想到。

「石頭，看樣子眞的是一打雷就落雨。」林乞食望望兒子說。

「阿爸，要是我眞的當了租佃委員，恐怕要躭誤田裡的事?」林石頭躭心地說。

「大家看得起你，替大家跑跑腿，講幾句公道話，自已損失一點也值得。」林乞食說。「我還可以動，多辛苦一點也有意思。」

「要是阿海在家就好，他當租佃委員比我强。」林石頭說。

「早知道有這種好日子，他也不會去海上冒險。」林乞食說。

父子兩人高高興興地走回家，婆媳兩人馬上問長問短，林乞食望了她們一眼，捋捋自己的山羊鬚說：

「我老糊塗了記不清那麼多，一句話，以後有白米飯吃。」

「老頭子，你先別高興，吃過中飯睡覺，早得很！」林老太太笑着說。

「這次鄉長，參議員都親自出馬，敲鑼打鼓，過幾天就選租佃委員，第一期稻穀我們就有好處，兩眼望得見，怎麼會早？」林乞食回答，隨後又摸摸山羊鬍鬚，指指林石頭：「說不定石頭還能當選租佃委員哩！」

婆媳兩人雖然不知道租佃委員是幹什麼事？但她們知道鄉代表和參議員是有頭有臉的人，租佃委員大概也差不多，他們聽了也十分高興，王足笑着問林乞食：

「阿爸，租佃委員也能食人頭鍾酒？講人頭句話？」

「妳別做夢娶媳婦，還是替人跑腿的事。」林石頭說。

「石頭，要是你眞能當選租佃委員，就能和王仁

三十年河東，三十年河西，世事難料的很。

貴同吃同坐了。」林乞食說。

「阿爸，我們家那有這樣的風水？」林石頭嘴裡雖然這麼說，心裡倒也希望有那麼一天。

「三十年河東，三十年河西，世事倒也難料得很。」林乞食說：「我們佃戶做夢也想不到會有三七五，現在不是要實行了。」

「阿爸，可惜我認不得一籮筐字，怎麼也趕不上王仁貴。」林石頭自卑地說：「還是阿海有見識，阿昇初中畢業後，應該讓他再多讀幾年書。」

「看樣子，他的運氣比你們兩兄弟和狗仔好。」林乞食望望牆上孫兒的小學畢業照片，和初二上的獎狀說。

他們父子兩人越談越高興，婆媳兩人也像喝了一點米酒，有點飄飄然。

選舉租佃委員的日期，眨眼就到了，地點是在鄉公所。各村的農人陸續趕去，他們選過參議員和鄉代表，知道投票是怎麼回事？租佃委員除了鄉長和農會理事長是當然委員外，其餘地主委員二人，自耕農委員二人，佃農委員五人，都要在這次投票選舉出來。

林乞食、林石頭父子兩人一道去，他們事先曾經到別的村子拜訪了幾位年長的佃農，別人也熱心替林石頭拉票，但是選舉的事變化多樣，競選參議員要用很多錢，還不一定當選，他一文錢沒有花，這就更難說了。

他們碰到同村的[illegible]個王老頭，還在路上替林石頭拉票，逢人「拜託！拜託」，他們父子兩人對他非常感激。林石頭對他說：

「阿伯，多謝你栽培。」

「我說了先小人後君子，牛角往裡彎，我們佃戶自然選佃戶。」王老頭爽直地說。

候選人的姓名寫在一張大紅紙上，貼在鄉公所門口，競選的人比規定的委員名額多了很多，林石頭看見自己的姓名列在佃農委員候選人名單以內，心裡暗自高興，這是他的姓名第一次寫在大紅紙上，而且和王仁貴三個字並排。

林乞食投了兒子一票，林石頭也在自己的姓名上蓋了一個紅圈，投進票櫃。

林石頭怕自己落選，不等開票就和父親一道回來。

候選的地主只有幾個人，林乞食完全認識，他從小就聽熟了他們的名字，但是王仁貴是他們當中的大地主，除了本鄉本土他在別的地方還有土地。自耕農和佃農的候選人就多了，他不完全認識，佃農當中有比他種的田地少的，也有比他多的，自己能不能當選？實在沒有把握。

傍晚時分，王老頭和幾個年輕人回到村裡來了，年輕人沒有走到林石頭門口，老遠就叫嚷着說林石頭當選了。

林乞食、林石頭父子兩人在修豬圈，一聽見叫嚷就趕到晒場上來，王足婆媳兩人也趕了出來。

王老頭嘴裡說聲「恭喜！恭喜！」，隨手從口袋裡掏出一小掛鞭炮出來，一個年輕人用手上的香烟頭子點燃引線，噼噼拍拍放了幾聲。

林乞食父子把他們請到家裡去坐，說了許多感謝的話。王老頭指着林石頭亦莊亦諧地說：

「石頭，現在你當了委員了，可不能過河拆橋？」

「你食了頭鍾酒，可不要忘記我們抬轎的。」一個年輕人說。「過幾天你們就要開會，王仁貴也是委員，稻穀收成標準決不能讓他提高，我也租了他的水田。」

「你過去一甲收多少公斤稻穀？」林石頭問他。

「第一期沒有超過兩千一，第二期不上兩千。」

「我也差不多，我們村子裡的佃戶比種自己的水田的收成都要低。」林石頭說。

「石頭，我們都是佃戶，開會時你就照這個標準來評好了。」王老頭說。

林石頭答應他們的要求，他們才高興地離開。

第三天，王仁貴打發人來叫林石頭，林石頭以為是叫他做事，他只好照去。每年插秧以前，他總幫忙王仁貴做三兩天雜事。

他一走進竹林入口，王仁貴就笑臉迎了出來，這是從來沒有的事，他眞有點受寵若驚。

「石頭，恭喜！恭喜！」王仁貴站在臺階上向他拱拱手。

「阿叔，我是鴨兒上架，應該先向你恭喜。」林石頭雙手一拱說。

「石頭，從現在起我們不要分什麼佃戶頭家了。」王仁貴笑着把林石頭迎了進去。

「阿叔，我們還是老斗老秤老規矩。」林石頭恭敬地回答。

「石頭，現在時代不同了，我們也跟着時代走好了。。」王仁貴讓林石頭走在前面。

「阿叔，還是你走前面。」林石頭發現自己超前，連忙停住，讓王仁貴上前一步。

王仁貴笑着跨上一步，在粱紅太師椅上坐下，把手一伸，讓林石頭在右邊的太師椅上坐下，他們兩人隔着一張茶儿。

下女端了兩杯茶來，一盤糖果瓜子。王仁貴拿了兩粒咖啡糖放在林石頭的茶杯旁邊，林石頭欠欠身子，受寵若驚。

「石頭，後天開第一次委員會，你知不知道？」王仁貴問。

林石頭點點頭。

「第一件事就是評定正產物的收穫總量標準，按照三七五租率計算確定，這是一件大事，所以我先和你商量商量，到會場上我們的意見才會一致。」王仁貴說。

「阿叔，光是我們兩人一鼻孔出氣也不行，還有別的委員。」林石頭說。

「別的委員你不必管，大部份都會和我們站在一起。」王仁貴笑着說：「我們的關係和別人不同，所以我們更要特別合作。」

「阿叔，你有什麼事要我辦，不妨吩咐。」

王仁貴掏出一包新樂園，這種烟比紅樂園好，林石頭還很少看見人抽。王仁貴遞了一枝給他，擦了一根火柴替他點燃。然後自己點燃一枝，吸了一口，慢吞吞地說：

「我不是要你做，我的意思是評定收穫總量標準時，我提議多少，你就舉手贊成。你知道實行這個鬼的三七五，使我去掉半邊天，單是你們村子裡，我就損失不少，如果不想點辦法彌補，我怎麼過日子？」

「阿叔，你要想什麼法子？」林石頭問。

「石頭，我們是自己人，不瞞你說，實行三七五以後，水田我只能收兩次稻穀的地租，如果你在兩次稻穀之外再種一次蕃薯，我就一個也不能抽。因此我想提高一點稻穀收穫總量標準。」

「阿叔，大家都是種田的人，田裡能出多少，各人心裏有一本賬，恐怕提不起來？」

「他們心裡有一本賬提不到會上來又有什麼用？我們在會場決定了他們就得照繳。」

「阿叔，你這和政府保護佃農的意思不是剛好相反？」林石頭問。

「石頭，我怎麼敢和政府作對？」王仁貴苦笑地說：「實在是我吃虧太大，只好拆東牆補西牆。」

林石頭沒有作聲，王仁貴伸過頭來輕輕地對他說：

「石頭，只要你肯支持我，你的水田我自動減租，只抽三成。」

「阿叔，我不能佔你的便宜，政府規定多少我繳多少。」

王仁貴拍拍林石頭的肩，笑了起來，隨後又輕輕地說：

「石頭，你怎麼這樣古板？做生意也有暗盤，這是周瑜打黃蓋，誰也管不著。」

「阿叔，牆有縫，壁有耳，若要人不知除非己莫為。我是佃戶選出來的，我不能讓佃戶罵我。」林石頭鼓起勇氣正色地回答。

王仁貴臉色一沉，過了一會又和顏悅色地對林石頭一笑：

「石頭，反正我們不是外人，你的水田我完全免抽好了。」

「阿叔，我非常感謝你的好意。不過橋歸橋，路歸路，你的好意我實在不敢接受，三七五我就心滿意足了。」

「石頭，你簡直不識抬舉！」王仁貴勃然變色，巴掌在茶儿上一拍，茶杯跳了起來，林石頭嚇了一跳。

「你不要以爲實行三七五我就沒有辦法？」王仁貴又指着林石頭的鼻尖說：「告訴你，現在還沒有簽約，我馬上撤佃！」

「阿叔，你不要發我的脾氣。」林石頭站起來退後一步解釋：「不是我想和你作對，實在是我瞞不過良心。」

「少廢話！你問良心，你去喝西北風好了！」王仁貴把袖子一揮。

「阿叔，好在我還沒有掙秧，阿海還在打漁，我一下子餓不死。不過你的田再也抽不到六成五。」林石頭說完以後跑了出來。

王仁貴馬上追到門口的臺階，大聲地對林石頭說：

「石頭，石頭！你不要見怪，剛才我不過是一句戲言。我們老東老佃，你趕快掙秧好了，有話我們在會場上還可以商量。」

林石頭一口氣跑回家，家裡正有四個佃農委員在等他，他們問王仁貴找他有什麼事？他沒有作聲。其中一個三十來歲的張金河却哈哈一笑：

「你不說我也知道，王仁貴無非想收買你。」

「你怎麼知道？」林石頭瞪着眼睛問他。

「他昨天就找過我了。」張金河說。「我告訴你，現在他們兩個地主委員，正在拉攏自耕農委員和農會理事長，收買佃農委員，我們怕你上當，所以特別來找你。」

「你們放心，我憑良心做事，決不會出賣自己人。」林石頭說。

「只要我們五個人一條心，地主決不能興風作浪，鄉長一定會遵守法令，三條大路走中間。」張金河說。

「地主只有兩票，我們有五票，自然站得住脚。」林石頭說。

他們五人又商量開會時如何應付地主，大家態度一致以後，那四個人才高興地告辭。

開會的那天，王仁貴把林石頭拉在一邊，特別解釋一番，說了許多討好的話。

開會時最大的爭執果然是正產物全年收穫總量標準，王仁貴和另一位地主委員堅持要按照自耕地收穫標準訂定租額，林石頭和其他四個佃農委員一定要按照歷年來租地實收標準訂定租額。王仁貴這樣說：

「佃戶向來捨不得施肥料，也懶得多用勞力，所以租地的收成總是趕不上自耕地，因此我們吃了很大的斷。這並不是我們的土地不好，要是佃戶肯多施肥料，多用勞力，收成自然趕得上自耕地。現在一下攸掉這麼多租，我們應該照自耕地的標準收租才對。」

張金河馬上回嘴：

「以前只怪你們地主收租太重，我們佃戶出種子、肥料、人工，結果還是吃不飽，誰願意老是借債買肥料？一天到晚跪在田裡做狗爬？現在雖然減租，秩還沒有掙，將來到底能收多少？誰也不知道，怎麼能憑空定？照以前收成的標準定才算公平。」

站在中間立場的自耕農委員和鄉長農會理事長，左右協調，費了很多口舌，才來一個折中的辦法。開了一整天的會，才一村一村地評定。如遇災歉，由租佃委員實地勘查之後，再評議減免地租標準。

林石頭這一村的租地全年正產物收穫總量標準出入很小。林石頭的兩期稻穀收穫總量評定每甲田四千三百公斤。

「現在地租減了將近三成，我再多買點肥料，多加點人工，說不定每甲田一年可以收四千七八百公斤，我們吃不了。再加淨收一次蕃薯，這一下就從糠籮跳進米籮了。」林乞食聽完林石頭報告開會的情形之後，捋着山羊鬍，高興地說。

第十五章 窮人翻身存厚道 富沾天恩日月長

租佃委員會評定耕地全年正產物收穫總量標準之後，緊接着簽訂租約。

這又是一件新鮮事兒。以前只憑地主一句話，沒有什麼租約。地主隨時可以撤佃，誰也管不着，打官司也無憑無據。偶爾白紙寫上黑字，那也完全是規定新佃戶不得欠租，要繳磧地金，或替地主一年做多少零工之類。

林石頭家當了多少代佃戶，從來沒有簽過約。林乞食不認識字，在王仁貴父親時代，就全憑一句話兒，林石頭雖然會寫自己的名字，會畫押，他也沒見過契紙。

當他拿着一式三份蓋了林乞食的木質私章的租約，去王仁貴家時，王仁貴家擠滿了佃戶，王仁貴正忙着蓋章，因為格式一樣，租率都是千分之三百七十五，租期都是六年，收穫總量和田地多少佃戶早已請人塡好，他心裡也有一本賬，只是過一下目。

佃戶們都眉開眼笑，王仁貴板着臉蓋章，他的黑而濃密的仁丹鬍鬚和兩條掃帚眉使他的方臉顯得更加嚴肅。

那些佃戶們看見林石頭進來，都對他恭敬三分，有的讓座，有的讓他先蓋章，他覺得自己彷彿一下長高了三尺，但他一想到他是他們選出來的，還和他們一樣是個佃戶，他還是保持以往謙恭待人的態度，這是祖傳的佃戶態度，一下子改變不過來的，他也不想改變。

他等別人依着次序簽完租約，才把自己的租約送到王仁貴的面前。王仁貴一看是林乞食的名字，連忙抬起頭來，換個笑臉望望林石頭，遞給他一枝烟，要他坐下。

王仁貴喝了一口茶，和顏悅色地說：

「石頭，你憑良心說，自耕地一年能收四千五六百公斤，你們村子裡種我的田的佃戶，只評定四千二、三百公斤是不是我吃虧了？」

「阿叔，這比過去已經提高了兩三百公斤，還有人埋怨我不該同意哩。」林石頭回答。

「石頭，你憑良心說，要是多加肥料，你們再勤快點，是不是還可以提高收成？」

「照理是可以的。」

「那你怎麼不贊成我比照自耕農的生產標準？」

「阿叔，我要是倒在你這邊，別人會打破我的頭。」林石頭說：「就是真的增加收成，也是好了你的佃戶，富了地方，不是好了外人。」

「可是這一來就搞窮了我，你看今天這批租約我就損失了十幾萬斤稻穀。」

「阿叔，你是金銀山，你拔根汗毛還比我們的腰粗哩！」林石頭奉承他兩句。

王仁貴臉上露出一絲笑容，又故意嘆口氣：

「石頭，政府對你們佃戶實在太好了！你們是手掌肉，我們是手背肉。」

林石頭笑了起來，安慰他說：

「阿叔，手掌也是肉，手背也是肉。俗話說窮沾富恩，就算我沾你的恩好了。」

王仁貴聽林石頭這樣說，一肚皮的不愉快，也就化作一陣輕烟，從鼻孔裡出來了。

王仁貴說着拿起水晶私章，在自己的姓名底下蓋了三份，交給林石頭，要他等鄉長蓋了證明章子再送回一份保存。林石頭點點頭，揣進懷裡，站起來告辭，王仁貴送了幾步，滿臉堆笑地說：

「石頭，以後要是有什麼事，還是希望你替我打打邊鼓，張金河專和我唱對台戲。」

林石頭一笑而去，別的佃戶又陸續走進竹林。

林石頭匆匆忙忙趕到鄉公所，鄉公所三七五租約登記處前已經排成了長龍，他接了上去。佃農們手上揮舞着租約，高興地談笑。林石頭發現張金河匆匆地跑來，馬上向他招手。張金河看見他，加快腳步跑了過來，人未到聲音先到：

「石頭，你和王仁貴訂約沒有？」

「訂了。」林石頭從懷裡摸出那三張租約，在張金河面前一揚：「你呢？」

「哼！王仁貴撤了我的佃！」張金河聳肩一笑。

「那怎麼辦？你再到那裡去捉條蛇盤？」林石頭關心地問。

「你放心，東方不亮西方亮，我租了陳家兩甲田。」張金河從口袋裡掏出一個派司套，抽出三份租約，拿給林石頭看，指着一個圖章說：「你看看這是不是陳森源的圖章？」

林石頭看見地主陳森源的姓名下面蓋了一個篆體圖章，他認出了一個陳字，笑着對他說：

「你放心，決不會假。」

「王仁貴以為現在還和從前一樣，一把扠得住我的頸子，一不如意就撤佃，我還會向他求情？去他的！他一撤陳森源就找我，還不是三七五？」張金河笑了起來。

「陳森源怎麽會找你？」林石頭奇怪地問。

「他不是租佃委員，想討好我。」張金河輕輕地說。「我還多租了他五分田，六年以內可以安心地耕種，白紙寫上黑字，誰也不能反悔。」

「其實王仁貴眞不該撤你的佃。」

「他以爲我無田種就可以整掉我的租佃委員，他不知道我還租了別人幾分旱地。」張金河笑了起來。「他話一說出口我調頭就走，他想收回去也來不及了。」

「其實你要是沒有租到田，還可以提到租佃會調解。」

「算了，我不要你們多費口舌。讓他去收鐵租吧！」張金河又笑了起來。

「你這個釘子他可碰得不小。」林石頭也好笑。

「他要是再想在佃戶身上打歪主意，就過不了我這一關。」張金河把胸一挺。

「現在有了緊箍咒，孫悟空也翻不了跟頭。」

兩人又笑了起來。

有的佃農已經登了記，拿着鄉長蓋了印的租約，笑嘻嘻地離開。

「今年我要拼掉減租的稻穀，多施肥料，多除草，一年收它五、六千公斤，氣死王仁貴。」張金河又笑嘻嘻地說。

「你辦得到？」林石頭懷疑地問。

「怎麽辦不到？」張金河十分自信地說：「以前我們自己吃的都不够，那有錢多買肥料？再說，我們掙出了屎，收得多他分得更多，地主的好處大，我們的好處小。基肥施得太少，挿秧以後又只施一次肥，所以趕不上自耕農的收成。今年我要加倍施肥，多除草，少出去做零工，收成自然會好。」

「你這個主意倒不錯。」林石頭想想是很有道理，不禁讚他一句。

「石頭，種田沒有什麽巧，只要肥到力到。現在租約一訂，多收一千斤一萬斤都是我們自己的，爲什麽不這樣做？」

「金河，照這樣看你會發財。」林石頭也被他說動了心。

「以前是一條爛索細死一條牛，現在可以放心去做，怎麽不可以發財？」張金河望望林石頭說：「我多租陳森源五分水田，就是看準了這一點。怎麽？你不想發財？」

「誰不想發財？」林石頭一笑：「就怕沒有發財的命？」

「你又沒有七老八十，信什麽邪？」張金河朝地上唾了一口：「事在人爲，要不是實行三七五，我們佃戶永遠翻不了身。現在正應該抓住這個好機會，好好地耕種，六年之內，最少可以買幾分田。」

「中等水田都要一萬五千公斤稻穀一甲，你能買？」

「實行了三七五，地主自己不種地，好處就沒有從前大，他們一定會另外打洞，實地走賺大錢的路子，田價一定會跌，怎麽不能買？」

「我聽鄉公所胡幹事說，三七五以後還有土地放領，種田的人一定有自己的田。」林石頭提醒張金河。

「那就更好！」張金河把頭一點：「免得我兔兒望月，單相思。」

輪到林石頭和張金河時，負責登記的女職員認識他們是租佃委員，連忙蓋上鄉長的印，還向他們恭喜兩句：

「恭喜兩位交好運，一甲田收一萬斤。」

「托妳的福，」張金河連忙接嘴：「收五千斤我就請妳吃拜拜。」

那個女職員和林石頭都笑了起來。

他們一人取回兩張紅契，林石頭向張金河告別，張金河問他上那裡去？他說先送租約給王仁貴。張金河將他一把拉住，諧謔地說：

「麻煩你給我帶個口信，就說我還想租他的水田，六成五，暗盤交易。」

林石頭把張金河一推，張金河笑得前撞後仰，歪歪倒倒地跑了回去。

林石頭送了一張租約給王仁貴，立刻趕回家，把租約拿給林乞食看，林乞食看那上面蓋了紅印私章，高興地說：

「這才有根有據，見得天日。以後我們照契約行事，公平交易，兩不吃虧。」

他把租約小心地放進一個空奶粉筒裡，藏在祖宗牌位後面。

大家看了這張租約，彷彿吃了一顆定心丸，作事更起勁。

插秧時王足也下了田，四個人工作。

整個村子裡也是一片歡欣，男女老幼忙着耕田插秧。

林石頭把田耕得更深。林朝海雖然不在家，狗仔已經十六、七歲，可以當個大人，抵得上去。林乞食彷彿打了一針強心針，和孫兒兩人把一包包的混合細土的烏肥，先撒在未翻耕的田裡。耕耙好了預備插秧的田，再撒硫酸和堆肥。

其他的佃農也多半這樣做，以往他們只在翻耕以前隨便放點堆肥就算了。

插秧時王足也下了田，四個人工作，和林朝海在家時一樣。插秧以後四十天內，又連續施了兩次尿素，份量比從前多了一倍，以前每分田只施五公斤，這次施了十公斤。

肥料多，水又足，禾苗長得格外茂盛，加上定時除草，同樣的田，今年的氣象和往年真有點不同。不僅他們一家如此，很多的田都欣欣向榮。一陣風吹過掀起一片綠色的波濤，一波接着一波，一直湧向大肚溪畔，湧向海邊。

收割時林石頭去了一封信給林朝海，要他回家幫忙。這時正是釣鯖魚的淡季，林朝海接到信就趕回家來。

林朝海看見田裡一片金黃，稻穗下墜，不勝負擔的樣子，心裡也非常喜悅。當林石頭告訴他三七五減租的詳細情形之後，他禁不住說：

「阿兄，我們眞是花子拾黃金，時來運轉了！蘇澳漁會今年也辦理漁業生產貸款，我買了那條舊舢舨之後，一個漁季就把本錢賺回來，現在存了一筆錢，正準備貸點款子，買一條新船。」

「要是人有前後眼，早知道會實行三七五，我和阿爸決不會讓你到南方澳去。」林石頭說。

「阿兄，我這叫做歪打正中，現在我已經在南方澳站穩了脚跟，打漁眞可以發大財，我們兩人分頭幹，一定可以平地起高樓。」

「阿海，眞的女要浪男要闖。現在我完全相信你的話。如果你也像我一樣懷裡抱個西瓜，七上八下，說不定我們已經餓死，等不到三七五。」

「阿兄，『不種泥田吃好米，不養花蠶着好絲』的時代已經過去。只有自己的手脚才靠得住，不要相信『富貴命裡排』那種鬼話。」

林石頭覺得弟弟的見識比自己廣，衝勁比自己大，他眞是心服口服。

「阿海，你要是在家，我這個租佃委員一定讓給你幹，你比我强。」林石頭突然想起這件事，禁不住說了出來。

「阿兄，漁會也有理監事，我要是想幹，也有資格競選，何必當你的租佃委員？」林朝海望着哥哥一笑。「打漁的人也沒有幾個認識字，當初找我去的陳添財，他現在有四條舢舨，西瓜大個字也認不到一籮筐。」

「那你比他們强？」

「他們很多人都沒有離開過南方澳，連臺北也沒有去過。今年就有人想我出來，我不肯幹，等我有了新船再說」。

林石頭望着林朝海，像望着滿田金黃的穀子。他知道朝陽到過中國，跑過很多地方，見多識廣。

太陽很大，天氣很熱，正是收割的好日子。他們全家動員，花了幾天工夫，把稻穀割完。林乞食過秤一稱，一甲田竟收到三千一百公斤，他哇哇地哈哈大笑。

要是照從前的六成五抽，王仁貴要抽兩千零十五公斤稻穀，他只能得一千零八十五公斤稻穀。可是現在全年稻穀租額是四千三百公斤，千分之三七五計算，這一期就算以兩千二百公斤租額繳租，增產了九百公斤穀他實得，再除掉三七五租率八百二十五公斤，他還可以實得一千三百七十五公斤的好處，兩下一加，他一共得到兩千二百七十五公斤，超過減租前一甲田一期的全部收穫，比按六成五抽租計算，他實際上也多了一千一百九十公斤的好處。第二期就作一千公斤的好處，每甲水田全年就多兩千一百多公斤的收入。光是這三七五減租多的稻穀，一甲水田就抵得全年的糧食了。這樣下來，一甲田一年可以贏餘一期的稻穀，和全部的副產品蓄蓄了。他們種了兩甲田，幾分地，是吃用不完的。

林乞食像中了愛國獎券第一特獎，想想又大笑起來。笑過以後對兒子說：

「嚯！我活了這麼一大把年紀，做夢也沒有想到會有這一天！鴨子真的上了架，看樣子我們是要發財了！」

「阿爸，你千萬不要張揚出去，恐怕頭家知道了會打主意？」王足提醒林乞食。

「阿足，白紙寫了黑字，又蓋了官印，他還能反悔？」林乞食捋捋山羊鬍鬚一笑。

「阿爸，還是收藏一點好，免得他知道了心裡難過。」林石頭說。

「石頭，你這倒是一句厚道話。」林乞食向兒子點點頭：「人心都是肉做的，這雖然是三七五給我們的好處，我們總要念着他是頭家，日後收了蓄蓄我們多孝敬他幾擔，過年多送他兩隻雞好了。」

「阿爸，過年時我再帶幾條大魚送他。」林朝海說。

林乞食向小兒子一笑：

「阿海，做人應該這樣。厚道窮不久，奸巧富不長。」

第十六章　豐衣足食恩骨肉　花街榔巷救佳人

林朝海幫助收割完了第一期稻穀，插完了第二期的秧，他才動身到南方澳去。走的時候，林石頭帶着兒子日昇，女兒阿珠送了他一陣。

[redacted]

「阿兄，千萬不要打小算盤！」林朝海脚步一停，臉色凝重地說：「阿昇會讀書，成績好，我們現在有飯吃，爲什麽不讓他繼續讀書？」

「我們種田人家，有初中畢業就很不錯了。」林石頭笑着說：「我只讀過兩年小學啦。讀高中，讀大學不知道要多少稻穀呀？」

「阿兄，現在不是日本人的時代，不讀書不行。我說了陳添財現在有錢了，他連信都不會寫，已經後悔不及。我看不但要阿昇[redacted]上大學，阿珠也應該讓她上大學，公立學校並不貴。」

「[redacted]我們能有多大的氣候？還能供兩個大學生？」林石頭搖頭一笑。

「阿兄，既然實行了三七五，以後自然是矮子爬樓梯，步步高。我打漁起發更快，他們兩人還小，等他們上大學時說不定我們早發了財，還愁供不起？」

林石頭聽兄弟這一說，又無限高興，自從收了這期稻穀那天起，他對發財也有了信心。因爲一高興，他又看見阿昇阿珠聰明可愛，突然想起大女兒阿英，不禁眼圈一紅，黯然地說：

「唉！早知道有今天，當年我眞不該送掉阿英！」

林朝海聽他提起阿英，心裡也有點難過。沉默了一會對林石頭說：

「阿兄，你趁早把她領回來，女孩子大了在人家手裡總不是好事。」

「她養母去年就離開豐原，不知道把她帶到什麼地方去了？」

「阿英今年十幾了？」林朝海連忙問。

「叫十五了。」

「阿兄，你趕快想辦法把她找回來！」林朝海脚一頓。

「阿海，我兎兒在窩邊轉，臺灣這麼大，我知道她在那裡？」林石頭哭喪着臉說：「我看還是你多多留意吧？」

「去年我還見過她，她和阿珠的模樣差不多，嘴角有一粒黑痣，好認得很。」林石頭指着阿珠，比比樣子給林朝海看。

「我已經記不清楚她的相貌了！」林朝海無可奈何地說。

「阿兄，你也真是！[redacted]「去年都見過，當時怎麼不把她領回來？」

「阿海，去年又沒有實行三七五，自己都活不下去，怎麼能把她領回來？」林石頭望望弟弟苦笑。

「阿兄，你怎麼不對我講？」林朝海又把脚一頓。

「阿海，他養母獅子開大口，要我一百擔稻穀，我對你講又有什麼用？」

林朝海嘆了一口氣，十分憂慮地說：

「阿兄，我看她養母不存好心，說不定會把她當搖錢樹？」

「阿海，如果眞的那樣，我死也不能安心！」林石頭突然雙手蒙着臉，蹲在路上哭了起來。

林朝海[redacted]。阿昇阿珠[redacted]雙雙跑過去，圍着他叫阿爸，他更哭得像牛叫。

「阿兄，我一定留意，想辦法把她個回來，你回去吧！」[redacted]林朝海走過去大聲[redacted]對林石頭說。

林石頭慢慢抬起頭來，慢慢站起，牽着兩個兒女，流着淚，對弟弟說：

「阿海，千錯萬錯是我的錯！我不該把她送[redacted]，你想辦法救救她吧！」

林朝海點點頭，含淚轉身離去。林石頭牽着阿昇阿珠，低着頭回家。

林朝海回頭望望哥哥那懊悔慚愧的樣子，不禁落淚。阿珠阿昇回頭望見他，親熱地喊了一聲：

「阿叔，再見！」

他揮揮手，眼淚像斷線的珠子滾下來。

他到臺中時，特別跑到他姐姐阿銀家裡去一下。

蕭金郎正好在家，他有半年沒有看見林朝海，顯得十分親熱。一見面就用力在林朝海的臂上一拍：

「阿海，聽說你打漁很有起發，有了船以後，是不是更好？」

「自然比以前強，我正打算換條新船。」林朝海說。

「囉！」蕭金郎上下前後打量他一眼，大聲大氣地說：「怎麼？你眞的發了財？那有那麼多錢買新船？」

「我自己存了一筆錢，再向漁會貸款，賣舊船買新船，可以對付過去。」

蕭金郎和阿銀聽了非常高興，蕭金郎突然想起鄉下的事，又問林朝海：

「聽說鄉下在搞什麼三七五，到底是怎麼回事？該不是騙鄉下人吧？」

「姐夫，你不要多心。白紙寫了黑字，這一期的稻穀一甲水田就多得了兩千多公斤，怎麼會騙人？」

「眞有這種事？」蕭金郎叫了起來。「那我不賣魚了！」

「你又不會種田，不賣魚做賊？」阿銀白他一眼。

「姐夫，你要是願意打漁，等我買了新船以後，你上我的船好了。」

蕭金郎抓抓頭皮，望望阿銀。阿銀對林朝海說：

「小弟，他要是不戒酒，海上淘金我也不讓他去。」

「要是眞有金子撈，我就不喝酒！」蕭金郎[redacted]說。

「姐夫，那是後話，以後再談。我想先和你談件正經事。」林朝海說。

蕭金郎望望他，邪氣地一笑：

「是不是想成家，要我做個媒？」

「不是這件事，我是說阿英。」林朝海搖搖頭。

「喔！」蕭金郎一笑。「你不提起，我眞的把她忘了。」

林朝海隨即把哥哥林石頭的一番話講給他聽，阿銀不等他講完就插嘴：

「女孩子是桃花命，當初我叫阿兄不要送人，他一定要送。現在又想老虎口裡拖豬，行？」

「當初大人都沒有飯吃，自然只好放她一條生路，妳怎麼能怪阿兄？」蕭金郎忽然一臉正經地對阿銀說。

「不怪他怪誰？」阿銀氣憤地說：「你們都和日本人一樣，重男輕女！他怎麼不送狗仔，不送阿昇？偏偏送阿英，我們女人就該死？」

蕭金郎被她搶白得眼睛直翻，一時說不出話，望望林朝海他突然靈機一動，大聲地反駁她：

「人無理，說橫話！日本人徵我們男人打南洋，打大陸，怎麼不徵妳們女人？妳爲什麼不講？我們男人就該死？」

阿銀也被他問住了。林朝海連忙說：

「你們別講廢話，現在我們應該想想辦法把阿英找到領回來。姐夫，九流三教你都熟，中南部請你打聽打聽，北部由我負責。阿英一天天長大，我們千萬不能讓她掉進火坑！」

「阿海，說良心話，隔了這麼多年，女大十八變，我一點也記不得她，海底撈針，那裡去找？」蕭金郎抓抓後腦殼。

「阿兄說她像阿珠，嘴角有一粒黑痣。」林朝海說。

「酒女妓女都會做假，她們會點一顆美人痣。」蕭金郎十分內行地一笑：「眞假難分，怎麼認得出來？」

「你別歪嘴吹喇叭，一團邪氣！」阿銀又白他一眼：「阿英不一定到了那種壞地方，你耳朵放長一點，到處打聽打聽好了。」

「妳是阿姑，不要把擔子都推到我一個人身上？」蕭金郎望望阿銀說。

「我火燒烏龜肚裡痛，還用你說？」阿銀沒有好氣地回答。

林朝海坐了一會起身就走，他想先到臺北去打聽一下。蕭金郎送他到火車站，順便跑了幾處他熟悉的賭門子，完全是捕風捉影，自然什麼頭緒也沒有。

林朝海到臺北後，沒有立刻改搭去蘇澳的火車，他在後火車一家小旅館住了下來。華燈初上時，他先去圓環保安街一帶蹓躂。那些臉上糊着一層厚厚的脂粉，嘴巴塗得血紅，身上穿得大紅大綠，袒胸露臂，腳上踏着木拖板，坐在門口的櫈子上，招蜂引蝶的娼妓，看他東張西望，左顧右盼，以爲他是尋芳的客人，有的向他招手，嘴裡哇哇叫：

「請坐啦！請坐啦！」

有的膽子大的，甚至跳下臺階，拉他進去。

他爲了想探聽阿英的下落，將計就計，進去看看，在那些鴿子籠似的小房間門口望望，有的拖拖拉拉要他進去，有的推上了薄門，什麼也看不到，只聽見粗俗淫猥的笑聲。

他看了一下就走，有的女人拉扯了幾下，還是讓他出來，有幾家是三四個女的把他團團圍住，拉手的拉手，抱腰的抱腰，他能掙脫的就突圍而出，不能掙脫的就塞她們幾張鈔票，逃了出來。

他走了幾條巷弄，看見了各色各樣的妓女，有的矮胖得像個冬瓜，加上一雙紅豆冰腿；有的人老珠黃，强作歡笑；有的童稚未脫，也學着搔首弄姿。但他看來看去，沒有看見一個嘴角有一粒黑痣，像阿珠那樣眉清目秀，細皮白肉的女孩子。

他轉進另外一條巷子，在拐彎處一個蓄着長頭髮，踏着木拖板，二十多歲的青年人，向他輕輕地碰了一下說：

「有漂亮的，我帶你去。」

他遲疑了一下，那年輕人隨手把他一拉，走在前面引路，他像着了魔一樣，脚不自主地跟着他走。走進一個普通的舊紅磚牆人家，那男的揚起食指和中指一彈，拍的一聲，叫了一句，馬上有兩個二十來歲的女的從兩邊房裡跳跳蹦蹦地跑了出來。那男的笑着問他：

「怎樣？」

林朝海看了一眼，她們的年齡不對，嘴角都沒有黑痣，失望地搖搖頭。那男的馬上大聲地說：

「叫牡丹出來。」

後面立刻走出一個十七八歲的穿着花旗袍高跟鞋的女孩子，細皮白肉，身材很好，曲線畢露，那男的笑嘻嘻地說：

「怎樣？這是一塊頭牌。」

「對不起，我想再找找看。」林朝海陪個笑臉，點點頭走了出來。

那男的迅速地趕出來，攔住他，臉一拉，低沉地說：

「識相點！不要找我開心，來得去不得！」

「你這是什麼意思？」林朝海一怔，[redacted]地問他。

「拿錢來！」那男的向他把手掌一攤。

「我沒有要她，怎麼拿錢？」

那男的在褲子口袋一摸，姆指一按，露出一個[redacted]三寸長的銀亮的刀尖，在他面前一晃。他知道碰上了什麼人，打過幾次仗，使他變得非常機警。他受過嚴格的劈刺和摔跤訓練，決定先下手爲强，隨手擒住那男的手腕，向上一抬，右脚同時向那男的左脚後面一跨，手肘用力一拐，那男的仰面朝天，咚的一聲，倒栽葱地倒在臺階下面的石子路上。他看了一眼，認清方向，一口氣跑上延平北路大街，鑽進人堆裡。

他想利用在臺北停留的這一晚上時間，多探探阿英的下落，說不定瞎猫碰着死老鼠？他又去萬華風化區打聽。

這次他謹愼得多，只是在巷子裡面穿來穿去，瞄瞄門口的女人，決不進去，更不上螞蝗保鑣的鈎。

他轉來轉去，轉了幾十分鐘，還是沒有發現嘴角有粒黑痣，像阿珠那樣眉清目秀，細皮白肉的十四五歲少女。

「海底撈針，那裡去找？」他失望地離開萬華，邊走邊想。剛才看見了這些情形，他更替阿英的命運就心。

第二天，他搭了第一班火車去蘇澳。

第十七章　新漁船大發利市　討海人浪裡求財

林朝海終於在漁會貸款協助之下，做了一條新漁船。

這條船比原來的舊舢板大得多，有鏢臺，船橋，瞭望臺，還裝了八馬力引擎一臺，這是第一批裝上引擎的漁船。

新船下水的這天，船上掛滿了旗幟，放了不少鞭炮。其他所有加裝引擎的新船舊船，也是披紅掛彩，鞭炮劈劈啪啪。漁會為了這批動力漁船，還舉行了一個慶祝儀式，港內喜氣洋溢，像第一次慶祝光復節一樣熱鬧。

林朝海把他姐夫蕭金郎，和以前一道當兵的陳正夫都找來幫忙。本來她姐姐阿銀不肯讓丈夫上船，但是賣魚沒有打漁的出息大，蕭金郎又發誓出海時決不喝酒，林朝海又替他辦理漁民保險、生育、傷害、死亡、年老、都可以領保險金，無後顧之憂，不像從前那樣沒有保障。阿銀也希望發財，又是幫助弟弟，這樣才同意丈夫當漁民。

陳正夫當過軍人，歡喜冒險，在脚踏車店當修理工人，沒有幾個錢，聽說林朝海有了新漁船，發了財，他接了信就跑到南方澳來。

林朝海自己當船長，任正鏢手，與長發作副鏢手。能手也是受過訓練的老漁民，蕭金郎和陳正夫初上船，擔任瞭望。另外還有兩位漁民在船上作助手。

釣鯖魚是半夜出海，鏢旗魚是天亮時出海。林朝海第一次出海是跟在陳添財的兩條新船後面，他和陳添財一直相處得很好[redacted]。陳添財現在有三條新的動力鏢船，三條釣鯖魚的無動力舢板，是南方澳數一數二的大船主。吳長發如果不好色好賭，可能比林朝海更好，但他的錢多半送在賭桌上和塞了狗洞，最近又姘了一個女人，冬山家裡只寄三分之一的錢回去。林朝海自己有了新船，更會想起劉阿土，要是他不淹死，現在的情況一定也很不錯。自他死後，林朝海過年過節一定要寄點錢給他家裡，從來沒有間斷過。

船上的馬達咚，咚，咚地響，船頭劃開海水濺起銀色的浪花。林朝海站在甲板上，望着遼濶的太平洋心裡有說不出的高興，和他哥哥林石頭拿着三七五租約，他爸爸林乞食發覺多得了兩千多公斤稻穀一般高興。

出港以後，陳添財的三條船就和他分道揚鑣，向東北開去。他的船向東直駛。

海上起着五級的東北風，船一顛一簸，這種風浪是鏢魚的最好機會，風平浪靜反而不行。

海上沒有霧，視線良好，一輪紅日正從遙遠的海平面躍起，先是一分一寸地冒出來，隨後一跳一跳，沒有多久，彷彿小雞兒突然破殼而出，一個火紅的圓球，整個露出海面。

半天紅霞，和粉紅的海水有點刺眼。林朝海用手揉揉眼睛，仰頭問站在瞭望臺上的蕭金郎和陳正夫：

「看見魚羣沒有？」

「什麼也沒有看見。」陳正夫搖頭回答。

「你認不認識魚？」吳長發問他。別的漁民笑了起來。

「我是魚販子，他不認識我總認識。」蕭金郎插嘴。

「海裡的旗魚鯊魚不會全部露出水面，只能看出一點背脊和翹起的尾巴。」林朝海提醒他們。

「阿海，你放心，我沒有喝酒，什麼的旗魚鯊魚，不是蒼蠅蚊蟲，逃不過我的眼睛。」蕭金郎說。

太陽漸漸上升，天邊的紅霞已經褪色，海水又恢復深藍。

風浪和剛出港時一樣，沒有加強，也沒有減弱。

船在港外三四十浬，在太平洋的波濤上縱橫馳騁，馬達咚咚地響，船身震動，在波浪上跳舞。

陳正夫在瞭望臺上突然嘔吐起來。林朝海抬頭望望他：

「怎樣？能不能撐下去？」

陳正夫用袖子揩揩嘴，點點頭。他和林朝海一樣，在軍艦裡吃過更大的苦頭，學會了忍受。

「阿陳，望遠一點，過幾天就會習慣。」林朝海說，他自己有這種經驗。

蕭金郎忽然發現幾百公尺以外的浪濤間有魚背鰭浮現，他定睛一看，有三四條，彼此相隔不過三兩公尺，游在浪尖上時看得更加清楚，他馬上大叫起來。

魚在右後方，林朝海馬上命令舵手調轉船頭，以最高速度追過去。他和吳長發馬上拿起一人多長，上好了鋸鉤的三叉鏢桿，走上鏢臺尖端，並肩站着，一個助手端過兩隻繩簍，站在他們身後。魚還是不徐不急地向前游，有時露出整個背鰭，有時露出一點尾巴。

林朝海和吳長發雙手抓緊鏢桿，把叉尖朝下，對準魚身。五條魚前三後二，排隊而游，根本不知道船在一尺尺地接近。

船越接近，看得更加清楚，透過一層藍色的海水，可以看出一尺多長的針形嘴巴，和人差不多長的身子。

「旗魚！好大的旗魚！」林朝海輕輕地對吳長發說。

「一條可以抵上兩條肉猪！」吳長發也輕輕地回答。

距離兩丈左右時，林朝海牙關一咬，用全身力量把鏢朝旗魚的背鰭附近投擲出去，吳長發也握鏢待投，如果林朝海一鏢不中，他好再補上一鏢。

林朝海的鏢桿快如流星疾矢，三叉鏢尖深入魚的背脊，像鬥牛士的矛尖插進牛肩一樣。

吳長發看林朝海一鏢投中，鋸鉤深入魚肉，很難跑掉，他也閃電般地朝着左面的旗魚投去，他的手法很準，力氣又大，這條魚一中鏢就朝空中一躍，躍出水面好幾尺高，針樣的尖嘴朝上，隨後又啪的一聲跌進浪裡，濺起幾尺高的水珠。

藍色的海面浮着紅色的血液，前面三條隱入水中逃走，後面兩條中鏢的旗魚朝前急衝，他們和助手儘量把魚繩放鬆，船跟着魚跑。

「阿海，你運氣真好。」吳長發拍拍林朝海的肩說：「新船出海，一下鏢中兩條。」

林朝海望着拖着魚繩向前衝的大旗魚，滿臉微笑。這種魚是做生魚片的魚，肉緊，重秤，價錢最高。

陳亚夫看見鏢中了大旗魚，精神馬上振作起來，也不覺得頭暈，蕭金郎不暈船，他更高興，他知道這一條魚就可以發個小財，他做了很多年魚販，一下還拿不出買一條旗魚的本錢。

魚衝了一陣之後，就衰弱下來，速度慢了很多，牠們後面拖着兩條淡淡的血水，顏色越來越淡。直到牠們無力掙扎，他們才把魚繩收緊，把魚拉到船邊，一條條地鈎上來。魚並沒死，吳長發手上早就拿了一根粗木棒，魚一拉上甲板，他揚起木棒在魚頭上打了幾棒，魚就不再動彈。牠們攤在甲板上，連尖嘴帶尾巴，眞有一人長。

船又繼續冒着風浪在海面搜索。

「阿發，你也應該積幾個錢，想辦法買一條船。」林朝海看着兩條大旗魚，心裡高興，禁不住對吳長發說。

「我戒不掉賭，有什麼辦法？」吳長發搖頭一笑。

「你不去那種鬼地方不行？」林朝海望望他。

「我不去人家會邀，」吳長發掏出一枝烟，往嘴上一塞，他很熟練地在風中點燃。「只要有漂亮的女人，有賭，我就心癢，手癢。」

「久賭神仙輸，如果你不賭，早就該有船了。」

「有時我也贏，要是只輸不贏，我就不會賭。」吳長發一笑：「其實我花在女人身上的錢也不少。」

「你把家眷接到南方澳來不好？」

「我家裡有三分地，阿母也要人照顧。」吳長發慢吞吞地回答，隨後又一笑：「再說家花沒有野花香，常常換換口味多好？以前我們釣鯖魚，現在鏢旗魚，這不很有意思？」

林朝海也好笑，鏢旗魚自然比釣鯖魚更刺激有味。

吳長發看見林朝海笑，興緻更高，輕輕地說：

「南方澳前天來了幾個年輕漂亮的姑娘，一條旗魚可以包一個，你要不要？」

「多謝你，我不想塞狗洞。」林朝海笑着搖搖頭。

「你一心只想發財，連女人也不想？」吳長發奇怪地望望他。

「現在我還不想分心，過兩年再說。」林朝海回答。

「陳添財和你可不一樣。他有家有室，，再過兩三年兒子都能上船了，他還不是拈花惹草，還不是發了財？」

「蘿蔔青菜，各人喜愛。我何必一定要學他？」

吳長發把香烟頭子拋進大海，把脚踏在旗魚身上，揉了兩下，望望林朝海，歪歪嘴說。

「女人比牠可愛。」

林朝海笑了起來，在他臂上搥了一下。

陳正夫和蕭金郎在瞭望臺上背對而立，一人瞭望一邊。陳正夫忽然發現一個翹着的飛機尾巴似的小東西，在兩三百公尺以外的海面出現，而且向前移動，他看了幾眼，斷定那是一條魚，馬上低着頭向站在甲板上的林朝海說了一聲：

「有魚！」

林朝海問他在那裡？他把手向右前方一指，林朝海馬上命令舵手調動航向，他和吳長發拿起鏢桿走上鏢臺的尖端。

船正對着魚向前追去，他看看那露在水面的翹尾巴，判斷那是一條鯊魚。一個念頭馬上在他腦中一閃，他忽然想起劉阿土出海的那天晚上作了一個夢，夢見大虎鯊，後來又在海裡淹死，連屍體都沒有發現，他想一定是被鯊魚吃掉。他那麼小的個子，大鯊魚幾口就會把他撕吞下去，從那時起他心裡就恨鯊魚。

船越追越近，他看得也更清楚，這條鯊魚比旗魚還長，尾巴眞像飛機的，高高翹起。牠目空一切地在海面直闖，游得很快，彷彿餓虎出山。船以最大的速度，追了兩三浬才追上，他正準備鏢下去，不知怎麼的牠突然向水底一沉，失去了踪影，林朝海失望地嘆了一口氣，叫舵手減速，要蕭金郎和陳正夫特別注意，看牠再在什麼地方浮起？

他和吳長發在鏢臺上望了一會，沒有發現鯊魚的踪跡，又走到甲板上來坐在旗魚旁邊休息。他和吳長發談起劉阿土的事。吳長發幾乎把劉阿土忘記了，經他一提，他特別望望林朝海，慢吞吞地說：

「如果他沒有淹死，他一定在這條船上。」

林朝海點點頭，停了一會才說：

「我想他一定是被鯊魚吃掉了？」

「那還用說？」吳長發望着他說：「鯊魚是食人王，落海的人十個有八個找不到屍首，不都是鯊魚吃掉了！」

「以後我們碰見了鯊魚決不要放過！」

「鯊魚狡猾得很，剛才這一條不是跑掉了？」

「我要繼續追，我相信牠跑也不遠。」林朝海一面回答吳長發，一面抬頭問蕭金郎和陳正夫發現沒有？他們兩人都搖搖頭。

過了一會蕭金郎突然大叫：

「出來了！出來了！」

林朝海順着蕭金郎手指的方向一望，那條鯊魚正在左前方不到一百公尺的海面迅速地向前游，牠在波浪裡像一條梭子穿過織布機。林朝海對舵手把手一揮，舵手馬上把船頭對準鯊魚急駛過去。

林朝海和吳長發拿起鏢桿，走上鏢臺。林朝海對吳長發說：

「這次決不能讓牠跑掉。我遠一點投鏢，要是失手你馬上補一鏢。」

吳長發點點頭。

船終於追上了這條鯊魚，但在十丈左右牠又沉下水去，林朝海罵了一句，嘆了一口氣，不久鯊魚又浮了起來，方位未變。牠一浮起，林朝海的鏢桿就脫手而出，朝鯊魚尾巴前面飛去，鯊魚身子一扭，海面浮起血水，林朝海怕牠掙脫，連忙對吳長發說：

「鏢！」

吳長發鏢桿應聲脫手飛出，兩枝鏢桿都插在鯊魚身上。

受傷的鯊魚瘋狂地向前直衝，鏢繩在鏢臺的木板上拖得唰唰響，船加足馬力跟着牠跑。

鯊魚到底是海中魔王，速度快，生命力强，牠掙扎了很久才衰弱下來。

林朝海走上甲板，拿起那根大木棒。當吳長發和助手把鯊魚鈎起時，牠幾乎有吳長發一般長，放在甲板上牠還亂彈亂跳，張着尖頭底下鋸齒般的嘴，想要吃人的樣子。林朝海對準牠的腦袋就是一棒，蓬的一聲，牠的身子一側，林朝海又重重地打了三四棒，牠才不再動彈。然後放進艙中。

林朝海用木棒插進牠的嘴巴，掀開牙床，牙齒密如鋸齒，但比鋸齒更大更長。林朝海罵了一句，把木棒抽出來，木棒上印着深深的齒痕。

「不知道這傢伙吃了多少人？」林朝海把木棒一拋，望着鯊魚說：

「現在該人吃牠了。」吳長發把脚踏在鯊魚身上，用力踩了幾下。

歸航途中，他們發現一條大魔鬼魚，比圓桌面還大，顏色和蝙蝠差不多，漂浮在海面上。林朝海一鏢就中，拖了起來，這種魔鬼魚價錢最賤，只能加工做魚粕，因爲大，也能抵幾擔稻穀，所以順便撿來。

船靠到魚市場旁邊，林朝海蕭金郎他們把魚拖上水泥地，並排放着，等着拍賣。蕭金郎是內行，林朝海讓他照顧。

下午兩點鐘開始拍賣，直到四點多鐘才輪到他們，市場的魚太多，一攤攤地堆着，賣了一批，又到一批，這種魚汛季，常常要到晚上兩三點鐘，甚至天亮。

這次是一筆大錢，要過三天才能拿到錢，但是林朝海、蕭金郎、陳正夫他們非常高興，陳正夫笑着對林朝海說：

「阿海，打一天魚抵我修一個月的腳踏車，難怪你發財！」

晚上，林朝海帶陳正夫去打彈子，吳長發却帶蕭金郎去吃花酒、賭博。兩人臭味相投，蕭金郎精於賭，這夜他們兩人都贏了錢。蕭金郎不敢留在私娼館裡過夜，他怕林朝海知道。半夜裡他悄悄回到船上睡覺。林朝海問他到那裡去了？他扯了個謊。林朝海對他說：

「姐夫，打漁是可以發財，不過像吳長發那樣可不行！有人狂嫖濫賭把漁船都玩掉。」

「阿海，你別指着禿子罵和尚，」蕭金郎的反應很快，他連忙笑着對林朝海的嘴：「我雞食螢火虫，心知肚明。」

林朝海也不好意思再說什麽，只把劉阿土的故事告訴他，再加一個尾巴：

「姐夫，你要記住我們原來都是窮人。不要剛剛丟掉討飯棍，就忘記叫街時。」

蕭金郎不敢回嘴，悄悄地脫掉衣服往被子裡一鑽，蒙頭就睡。很快地打起鼾來。

他夢見海面盡是大旗魚。

第十八章　佃戶買地真歡喜　地主要錢有玄機

由於實行三七五以後連年增產，收益增加，林乞食一家人不但吃用不完，每年還要多餘三四千公斤稻穀。而土地價格卻在逐漸下跌，因爲地主們紛紛賣地，在作別的打算。

林石頭種了王仁貴兩甲水田，他們都是租佃委員，都瞭解耕者有其田的政策。一天開過租佃委員會之後，王仁貴把林石頭帶到自己家裡，以商量的口氣對林石頭說：

「石頭，你種我的兩甲水田，我便宜賣給你算了，你要不要？」

林石頭聽了又驚又喜，三七五以前，王仁貴每年還要買田，他做夢也沒有想到王仁貴要賣田。林石頭天天渴望自己有田，但是連肚皮都塞不飽，怎能買田？，可是現在王仁貴提出賣田的事，他倒要考慮考慮，因爲買田要一次付清，而政府很快就要實行征收放領，地價分十年均等攤還，繳清第一期地價田地就是自己的，每年所繳地價和田賦等開支在內決不會超過三七五的負擔，那多輕鬆？他心裡有這本賬，所以不慌不忙地回答王仁貴。

「阿叔，你又不等米下鍋，何必賣田？」

「石頭，你別說風涼話。」王仁貴望望林石頭一笑：「三七五好了你，對我可沒有好處。我佔着茅坑不拉屎也不是辦法，還是賣掉一點田幹別的事情，先探探路子。」

「阿叔，我實在買不起。」林石頭故意推辭。

「石頭，你何必在明人面前說暗話？你買不起阿叔也不會和你談這件事。」王仁貴笑着遞給林石頭一枝烟。

「阿叔，我不騙你，我想加兩間房屋，阿海回家來也好有個地方安身，他不能老是跟我狗仔睡。」

「聽說阿海打漁發了財，他加兩間房屋的錢也沒有？」王仁貴非常懷疑地望着林石頭。

「阿叔，他買了一條新船，向漁會貸了款，他一心一意打漁，連老婆都不想還會想到加房屋？」林石頭笑着回答。

王仁貴摸摸仁丹鬍鬚，沉思了一會，然後抬起頭來對林石頭說：

「石頭，你一下不能買兩甲，一甲總沒有問題？」

林石頭低頭考慮了一會，又抬頭望望王仁貴：

「阿叔，現在地價不好，高了我出不起，低了你划不來，你先說說看？我再摸摸自己的米桶。」

「石頭，你眞是福至心靈，越來越刁了！」王仁貴哈哈一笑：「你想踩我的價是不是？」

「阿叔，沒有有這回事，沒有這回事。」，林石頭連忙搖手：「我不是想檢你的便宜，要是我買得起，一定公平交易。」

「好，石頭，我也打開天窗說亮話。」王仁貴高興地說：「以前我這種田一甲値一萬五千公斤稻穀，現在我就照政府日後征收放領的標準，全年正產物收穫總量兩倍半賣給你好了。」

林石頭低頭默算了一會，他們的租約規定全年正產物稻穀收穫總量是四千三百公斤，兩倍就是八千六百公斤，再加五成兩千一百五十公斤，合共一萬零七百五十公斤。

「阿叔，不行，不行！」林石頭猛一抬頭，搖得像布郎鼓兒：「我買不起，現在田價跌到每甲五千五百公斤，你也不是不知道？」

王仁貴生氣地瞪了他一眼，又有從前那種威嚴，他兩眼瞪瞪地望着林石頭說：

「石頭，你說良心話，三七五以後普遍增產，原來訂的一年四千三百公斤標準太低，日後征收放領，我一定要求提高標準。」

「阿叔，你就是想要提高標準，還是要經過租佃委員會評定。」林石頭笑嘻嘻地說。

王仁貴又有點生氣。但他一想到專和自己作對的張金河，他又倒抽了一口冷氣，要想通過佃農委員那一關，倒眞不容易，在租佃委員會裡他簡直一籌莫展，因此他又換了一張笑臉對林石頭說：

「石頭，我們是自己人，你總算沒有挖我的牆脚。我就讓你一點，反正不是好了外人，你到底能出多少？」

「阿叔，我實在買不起，我一下子怎麼拿得出許多稻穀？」林石頭實在不想在這時買田，稻倉裡也沒有上萬斤穀。

「現在正是魚汛季，說不定阿海打三兩天漁就可以買上甲地，你不可以要他周轉一下？折現更好。」王仁貴特別提醒林石頭。

林石頭想了一下，他知道弟弟有了新船收穫一定更好，他對弟弟打漁已經有十二分的信心，但他也不願意妨礙弟弟的發展計劃，不想向弟弟要錢買田，何況弟弟還未成家？因此對王仁貴說：

「阿叔，橋歸橋、路歸路，羊毛還是出在羊身上，要是稻穀夠，價錢不高，我就買，稻穀不夠，你另外找人好了。」

「石頭，我們訂了六年租約，我怎麼能隨便賣給別人？」王仁貴說漂亮話。他明知道林石頭不買，田就賣不出去，大家的眼睛都是雪亮的，有錢的人不會買田當地主，除了種田的人誰也不會買田。

「阿叔，你說說看，到底能讓多少？」林石頭問他。

王仁貴咳嗽了一聲，把眼光慢慢轉到他的臉上，湊過來輕輕地說：

「石頭，我讓個零頭，你給我一個整數好了。」

「阿叔，對不起，我實在買不起啦！」林石頭搖搖頭。

王仁貴又生氣地望望他，隨後又答應再讓一點，林石頭總是搖頭，讓到七千公斤稻穀時，王仁貴一躍而起，大聲地對林石頭說：

「石頭，我的水田不是狗屎！七千公斤稻穀，一粒不少，要也隨你，不要也隨你！」

林石頭慢慢地站起來，恭恭敬敬地回答：

「阿叔，時價五千五，我多出一千，算六千五百公斤好了。」

說完以後他就走出大門，王仁貴又氣又惱，沉着臉沒有作聲，林石頭一走下臺階，他又突然把他叫住：

「石頭，我們東佃一場，我好了你算了！」

林石頭笑着轉回身來，向王仁貴鞠了一躬說：

「阿叔，我先說聲多謝，我還要回去問阿爸一聲，明天再回你的信。」

「去，去，去！」王仁貴向他揮揮手：「反正田在你們手裡，你告訴你阿爸，錯過了這個機會，再也別想檢這個便宜！」

林石頭笑着走出竹林，他心裡興奮得很，他盤算他的稻穀，剛好夠這個數目。這甲田從他父親手裡就種起，中間沒有退過一年佃，他們和它彷彿親人一般，但以前做夢也沒有想到王仁貴會賣給他們？他們會成為它的主人？

當他回家把這件事告訴林乞食時，他們[redacted]個老夫婦都不相信，林乞食說：

「石頭，頭家不是賣田賣地的人，你不要做夢，他是找你開心。」

「阿爸，我不是三歲兩歲，我並不想買，他還愁脫不了手，怎麼會是找我開心？」，林石頭說。他又把王仁貴一再減價的情形告訴父親。

林乞食也不能不相信，但是他奇怪王仁貴爲什麼要賣地？林石頭笑着說：

「阿爸，你別替古人躭憂，他是個精明人，自然有他的開門計。他有那麼多田，賣十甲二十甲也不過在牛身上拔一根毛，我看他是多得不如少得，少得不如現得，何況我比時價還多出了一千公斤稻穀，沒有虧他。」

林乞食望望老伴兒，笑着問她：

「妳看怎樣？我們要不要買？」

「你想田想了幾十年，既然天下掉下一顆星，你還不撿？」老伴兒笑着回答。

林乞食又轉過身來望望兒子，十分審愼地問林石頭：

「聽說政府要征收土地，要是我們剛買下來，又被政府征走，那就吃虧上當了。」

「阿爸，政府是征收佔着茅坑不痾屎的地主的土地，放給我們種田的人，怎麼會把我們種田人的田地，再征收走？」林石頭說：

「石頭，你認不了多少字，你弄清楚了沒有？」林乞食湊近兒子問：「你要知道六千五百斤穀子在大頭家不算什麼，可是我們全家兩年糧？」

「阿爸，你放心，租佃委員會就是管這些事情，我當了這麼久的委員，一開會就談這些事，怎麼會弄錯？」

「既然如此，我們就買下來。」林乞食笑嘻嘻地說：「不過我們另外再孝敬他幾擔蕃薯，也是我們一番心意。」

第二天林石頭回了王仁貴的信，王仁貴要他去找個代書人來辦這件事。

費了一個禮拜的時間，買賣手續才辦好。林乞食以六千五百公斤稻穀，換了一甲地的所有權，一家人都高興得不得了。林乞食捧着所有權狀，熱淚盈眶，自言自語：

「老天爺，我不再是佃戶了，我不再是佃戶了！」

他揉揉眼睛，又想起要送幾擔蕃薯給王仁貴，馬上要林石頭送過去。

當林石頭狗仔父子兩人把蕃薯送到王仁貴家裡，完全出乎王仁貴的意料之外，他已經三四年沒有收過林石頭的蕃薯地租，因爲這是副產物，租約規定不能收。他看了那麼多上斤重一個的大紅蕃薯，奇怪地問林石頭：

「石頭，你怎麼破壞三七五？水田不能收蕃薯的租，你是不是想拿它抵下期稻穀的數？」

「阿叔，這不是繳租，這是孝敬你的。」林石頭笑着回答。

王仁貴一怔，眼圈有點發紅，他望望狗仔，狗仔已經長得和林石頭一般高，身體結實，眉是眉、眼是眼，臉上不帶奸巧，他笑着對林石頭說：

「石頭，忠厚傳家遠，你們應該興旺，田應該是你們的。」

「多謝阿叔的栽培。」林石頭高興地回答。

王仁貴留他們父子兩人吃了飯，他們告辭時王仁貴又送了狗仔一個小紅包。

第十九章 你種泥田產白米 我開工廠出好絲

林石頭和王仁貴他們一連開了幾天租佃委員會，審定地主保留耕地，和其餘出租應該征收放領的耕地，以及附帶征收的地上定着物和基地的價額，然後分別造具耕地征收清册與耕地放領清册，在鄉公所陳列公告。

開會時委員之間時有爭執，爭執最多的是地價。王仁貴和另一位地主委員要按三七五減租後實際增產標準評定征收地價，佃農委員主張按三七五減租評定的租額標準兩倍半計算。王仁貴是大地主，利害關係太大，不肯放鬆。他臉紅脖子粗地說：

「誰都知道，實施三七五以後普遍增產，有的增產兩三成，有的增產四、五成，水漲船高，自然應該按照增產標準定價。」

「你知道我增產多少？你怎麼定法？」張金河問他。

「黑處作揖，各憑良心。」王仁貴回答。

「現在你要我們憑良心，以前你三七抽，怎麼不憑良心？」張金河[redacted]將他的軍。

「張金河，光棍不說無理話，我們是評現在征收的地價，你炒什麼冷飯？」王仁貴生氣地在桌上一拍。

張金河並不生氣，反而嬉皮笑臉地對他說：

「一朝被蛇咬，十年怕井繩。難道只許你州官放火，就不許我百姓點燈？現在我不是你的佃戶，你客氣一點行不行？」

王仁貴一怔，猛然想起他早已撤了張金河的佃，現在他們都是委員，青着臉頹然坐下。其他的人乘機打岔，鄉長笑着說：

「田裡打架田裡散，說過就算了。地價的事我們慢慢商量。」

「鄉長，這次征收土地，我王仁貴可沒有放過一句屁。在地價方面，總不應該使我太吃虧？我不能摸別人的米桶，自然不知道誰家增產多少？不過紙包不住火，普遍增產總是事實。」王仁貴接着說：「我不是向尼姑要孩子，我只求公平合理。」

他這幾句却得到大家的同情，張金河也沒有頂他。

經過委員們一再協商，終於同意提高征收地價，多少不一，平均一成左右。

王仁貴保留了住地附近的三甲中等水田，其餘的統統征收放領於現耕農民。林石頭先買了他一甲田，還可以再領未買的那一甲，合計正產物收穫總量提高爲四千八百公斤，地價照這個標準的兩倍半計算。所有的耕地都按照事先複查結果評定，公告三十天後，地主和承領農民都沒有申請更正。

王仁貴領到七成十年均等攤還，年息百分之四的實物土地債券，到期十足兌付，不受任何影響，另外三成是公營事業股票。同時把土地所有權狀統統繳銷。

林石頭接着繳清了第一期的地價，領到了原來屬於王仁貴的那一甲水田的土地所有權狀。

耕地放領完畢不久，鄉公所舉行了一個頒獎開明地主大會，地主和承領耕地農民全體出席，由縣長主持頒獎。

地主和租佃委員們坐在第一排。王仁貴和林石頭坐在一塊。縣長是大家選舉出來的本地人，大家都熟識，會場空氣輕鬆愉快，開會以前彼此隨便交談。林石頭關心地問王仁貴：

「阿叔，以後你不收租，到底打算幹什麼？」

「我現在是臺灣紙業公司的股東，我準備自己再辦個塑膠工廠。」王仁貴回答。

「你沒有現款怎麼辦？」

「石頭，你到底是種田的。」王仁貴望着林石頭一笑：「債券股票，可以抵押，也可以出賣。現在行情看漲，叫得出錢來，比土地方便得多。」

「阿叔，你眞是孫悟空，神通廣大。」林石頭惶惑地望望王仁貴：「你這不是丟下黃牛騎上馬？」

「石頭，我對你說眞話。」王仁貴用手摀着嘴巴，在林石頭耳邊輕輕地說：「原先我實在捨不得丟掉這個金銀鑛，我有好幾次都睡不着覺。現在我又發現了搖錢樹……。」

他的話沒有說完，忽然被別人打斷。林石頭問他：

「阿叔，隔行如隔山，辦工廠能有把握？」

「石頭，有錢能使鬼推磨，我可以請工程師，請人當廠長。以前我幾時下過田？你們可曾少過我一粒租穀？」王仁貴[redacted]笑。

「你請人當廠長，那不是買了鞭炮給別人放？」林石頭奇怪地望着他。

「石頭，我當董事長。」王仁貴笑着拍拍林石頭的肩膀。「孫悟空就翻不過如來佛的手掌心了。」

這些事林石頭完全不懂，他望望王仁貴有點莫測高深。他想金山、銀山不會垮，有錢人到底是有錢人。

鄉長、議員陪着縣長出來，縣長特別走過來和全體租佃委員一一握手，邀請他們上台去坐。林石頭他們從來沒有在台上坐過，一再謙辭，縣長只好要王仁貴他們幾位受獎的地主上台去。

大會正式開始之後，胖縣長講了十幾分鐘的話，感謝地主的合作支持，他說他是代表省主席頒獎的。

他先把一個漂亮的寫着「地主楷模」的大鏡框頒給王仁貴，門外放着長長的鞭炮，台下全體承領耕地的農民熱烈鼓掌。其他的地主們也每人領了一個大鏡框，有的寫的是「開明地主」，有的寫的是「嘉惠農民」。

頒獎完畢，縣長又請地主講話，地主們多數是土財主，不會講話，公推王仁貴代表，王仁貴見過世面，各方面都比他們強，和縣長也很熟，他也就老實不客氣地走到麥克風前。

他先客套了幾句，隨後十分輕鬆地說：

「現在我不是地主，全臺灣再也沒有大地主。現在你們都是種自己的田地，你們才是新地主。」台下的農民都開心地笑了起來，停了一會他又接着說下去：「不過叫化子總要有條蛇盤，我不能再坐地收租，我決定辦個塑膠工廠，以後你們不必穿木拖板，可以穿塑膠拖板，不必用竹菜籃，可以用塑膠菜籃，還有繩子、水管、桌面、收音機殼子、衣料，和許多我還叫不出名堂的東西，都可以用塑膠的，漂亮、耐用，歡迎多多光顧，多多光顧。」

台下台上都笑了起來，嘩嘩啪啪地鼓掌。

縣長又請承領耕地農民致詞，有人推林石頭，林石頭不會講話，不肯上去，他們再推張金河，大家一致鼓掌，張金河咀大臉皮厚，滿不在乎地走上台去。

他不知道客套，走上台去就對台下講話，聲音很大：

「我們原來都是佃戶，都是含水過多的田螺，我們上山打獵，別人穿鞋食肉。做夢也沒有想到會有今天。以前我們一甲田一期頂多出產兩千多公斤稻穀，去年我第二期稻穀一甲田就收了四千公斤！」說到這裡他故意望望王仁貴一笑，[redacted]他又接着說下去：「今年我第一期稻穀一甲田一定要收五千公斤！一定要過過發財的癮，不信你們到我田裡去看，希望大家都發財。」

台上台下都鼓掌，只有王仁貴聽了更生他的氣，沒有作聲。張金河突然大聲地說：

「我們發了財，就可以多買塑膠東西，我還想買個塑膠梳，」他轉向王仁貴，嬉皮笑臉地說：「王阿叔，你可不能抬我的價，不然我就走第二家。」

縣長先笑了起來，王仁貴又好氣又好笑，張金河一躍跳下講台，坐回原位。

會後縣長請受獎地主和租佃委員吃飯，皆大歡喜。林石頭悄悄地對張金河說：

「今天你眞是食人頭鍾酒，講人頭句話了。」

張金河非常得意地說：

「鬼怕惡人，要是我和你們一樣對王仁貴恭恭敬敬，他在租佃委員會裡早就興風作浪了。」

林石頭覺得王仁貴不是一個壞地主，但是如果沒有張金河這個冒失鬼，他們幾個佃農委員就沒有這麼大的作用。

晚上有個同樂晚會，在鄉公所門口的廣場上舉行，各村的人帶着胡琴、笛子、鑼鼓，打着旗號，興高彩烈地趕來，一村一村地表演，彷彿比賽一般。林石頭會打鑼鼓，張金河會拉胡琴，王仁貴唱了一段歌仔戲，他扭扭揑揑地唱着花旦高腔，把大家笑得前仰後合，笑痛了肚皮。他從來沒有和佃戶們一起玩過，誰也不知道他會這一手，過去大家對他都敬畏三分，把他當作另一種人，現在他原形畢露，滑稽天眞，大家反而歡喜他了。

他唱完了歌仔戲，又從口袋拿出一張摺叠的十行紙，打開來一臉正經地對大家說：

「今天頒獎以後，吃飯時縣長多敬了我幾鍾酒，飯後我乘着酒興，作了一首歌，還沒有請到人譜曲，日後譜了曲，我要送到電台廣播，送到報紙發表，送到文獻會作資料。我不要他們的稿費，只要他們肯用，我情願倒貼他們幾個。」

聽的人都笑了起來，他却坦白地對大家說：

「列位不要見笑，他們都窮，我的文字又不好，我貼兩擔稻穀的稿費，請他們修改修改，我只要留個名。」

大家又哄然一笑，他兩手把十行紙拉開，咳嗽了兩聲，清清喉嚨，笑着對大家說：

「你們不識字没有關係，保險聽得懂，我不在你們面前賣文，這和山歌民謠差不多。現在我開始唸了……」

自從有了三七五
佃戶慢慢變成小地主
耕者有其田
無人再過苦日子
我丟了往日的金銀鑽
發現了新的搖錢樹
工廠的烟囪比樹高
我請你們當董事
你種泥田產白米
我開工廠出好絲
我吃你的蓬萊米
你穿我的尼龍衣

我們公平交易，調劑盈虛
我賺大錢，你們也不落輸
我們同過快樂日子

第二十章　蛇仔車站歐弱女　義士挺身打不平

林石頭自己有了兩甲水田，他更全心全力地耕種，在農會推廣股技術員陳玉田指導之下，第一次採用密植方法，一坪面積插秧一百二十株，插秧後十天就開始施肥，以後每隔十天施一次，一共三次，頭兩次每分田施尿素十公斤，第三次施硫銨十五公斤，再加上勤除草，使用噴霧器及專用農藥除蟲，果然產量大增。第一期稻穀每甲水田平均收了六千五百公斤。第二期他如法泡製，而且採用輪作，收成趕上了第一期，這也是從來沒有的事。以往每年冬季他只知道種蕃薯，今年他去農會領了一批小麥種子，在陳玉田指導之下，以一甲五分田試種小麥，小麥也生長得非常好，他從來沒有見過小麥，第一次看見遍地青葱，青草不像青草，韭菜不像韭菜，穀秧不像穀秧，田裡又不必放水，他心裡眞有說不出來的高興。

以往每年光復節都有拜拜，今年因爲普遍豐收，最少的每甲地每期也收到五千公斤。張金河家也超過六千公斤，前幾天在一塊開會，張金河就提議今年的光復節要大拜拜，舉行養猪比賽、化粧遊行、唱戲，好好慶祝一番，全體租佃委員一致通過。

實行三七五的那年冬天，家家都多買了一兩隻小猪。林石頭那年整修了牛欄、猪舍，買了三隻小猪，賣了兩隻，還留着一隻，這隻猪他是留着作拜拜，請胡登科幹事坐首席的，現在大約有八、九百臺斤了。因爲兩年來，農會技術員陳井田指導他用飼料餵猪，按時打防疫針，所以這隻猪長得好，十分健康，而且保了險，他才能安心養下來。張金河提議要舉行養猪比賽，他家裡一定養了大猪，而且他知道本村也有幾隻兩三年以上的大猪。

林乞食知道要比賽，這幾天他更小心飼養，阿昇、阿珠都在唸書，狗仔和林石頭專心田裡工作，養猪、照顧雞鴨這種副業就落在他們兩老身上了。

比賽的頭一天，林石頭、狗仔父子兩人，在鄉公所門前的空地上，臨時用相思樹幹圍了一個一坪見方的簡單猪圈，他的猪圈編號是第三號，張金河的是第五號。比賽當天清早，林乞食把猪餵好，洗刷乾淨，趕了出來，林石頭、狗仔父子兩人費了很大的勁，才把牠弄上三輪小貨車，拖到比賽會場。

參加比賽的猪有十幾條。

參加比賽的猪有十幾條，最小的大約也有五、六百臺斤。林石頭的白猪看來最大，究竟有多少重他也不知道。張金河的黑猪和他的差不多大小，張金河也不知道重量。

評判員是農會的技術員、推廣股長、總幹事和鄉長。上午九點鐘他們就開始評判，猪的品種、體態、年齡、重量，都打了分數。別的都好辦，最麻煩的是過秤，七手八脚才能把猪抬起來。張金河的猪有九百二十五臺斤，他高興得不得了，以爲可以得第一名，想不到林石頭的猪一過秤，竟有九百六十五臺斤，比他的重四十臺斤，奪了第一名。

「石頭，你的猪吃了食沒有?」張金河問他。

林石頭老實地點點頭，張金河故意叫了起來：

「那難怪，你的猪餵了食。」

「你的猪沒有餵?」林石頭奇怪地望着他：「比賽規定並沒有說不准餵食?」

「我只餵了一點乾飼料。」張金河不好意思完全扯謊，狡黠地一笑：「誰知道你餵什麼?」

「我也不是餵乾飼料?現在誰餵蕃薯藤葉，湯湯水水的?」林石頭說。

「你餵了多少乾飼料?」張金河不放心地問。

「嘿!」林石頭嘿嘿一笑，指着自己的猪說：「金河，你也是養猪的人，牠要是一頓能吃四十臺斤乾飼料，我的三七五不全被牠吃進去了?」

張金河笑了起來，隨後又問林石頭是什麼時候養的?林石頭和他一算日期，只比張金河早養了三天，但買回家時比張金河的豬輕四臺斤。

「奇怪，怎麼你的豬反而比我的長得快？我們的豬種是一樣的。」張金河抓抓後腦殼說。

林石頭問他什麼時候開始換養豬乾飼料？他們兩人一對照，張金河遲了一個多月。他這才找出了原因，完全心服。但他當衆宣佈：

「我再養牠一年，明年一定要得第一！」

「金河，你小心養成精。」林石頭提醒他說。

「牠是個太監，我還怕牠作怪？」張金河笑着回答。

大家都笑了起來。

這天下半夜，林石頭請屠夫把豬殺掉，把毛刮得乾乾淨淨，頭上披了紅，全豬供在祖宗神位面前。香爐裡點了三柱長香，還放了一長串鞭炮。

光復節上午化裝遊行，全鄉的高蹺隊、獅子、紮得紅紅綠綠的，三輪貨車都集在鄉公所門口廣場。阿珠放了假，她化粧成救苦救難的觀世音菩薩，端坐在車子中間的高台上。[redacted]開的少女。[redacted]

高蹺隊有的是古裝歷史人物，大部份是摹倣歌仔戲的，有的化裝成戴斗笠、扛鋤頭的農人，從三七五以前的襤褸衣服，直到現在的煥然一新，一個戴着斗笠、穿着新西裝、抽着雙喜烟的年輕人，和一個穿着花緞子旗袍新皮鞋的少女，手牽着手走在最後，他們扮演一對新婚的夫妻，胸口佩着紅花，喜氣洋溢。

此外還紮了一些鷄、鴨、鵝、猪、牛，由孩子們舉在手上。

鑼鼓、胡琴、笛子吹吹打打，陪着他們從這一村遊到那一村。遊到林石頭門口時，林乞食夫婦看見孫女兒阿珠[redacted]坐在三輪貨車上，笑得合不攏嘴。

「哇！我活了七十歲，從來沒有看見這麼熱鬧！」林乞食捋着三手鬚笑[redacted]地說。他越老精神越旺。

阿珠看見林乞食夫婦站在門口，高興地揚手叫他們：

「阿公、阿嬤！」

「[redacted]、阿珠，妳是觀音娘娘，不能講話，怎麼叫我們？」林老太太雙手合在胸前，向阿珠拜了兩拜。

阿珠這才不敢作聲，又端端正正地坐着。

化裝遊行到下午兩點才結束，各自回家。

阿珠一回家，就向林老太太撒嬌地說：

「阿婆、眞累死我了！坐在台上一動也不能動，像個木頭，下次我不來了！」

「阿珠、妳裝了一次[redacted]，抵得阿婆磕一百個響頭。我們現在有這樣的好日子過，妳裝一次[redacted]是千該萬該。要是現在還是日本時代[redacted]，妳早就送給人家作養女了，還能讓妳讀書？」老太太笑着摸摸她。

「阿婆、妳總是炒冷飯，唸苦經？」阿珠秀眉一皺，俊嘴一撇。

「阿珠、阿婆吃够了苦，忘不了肚餓。妳太年輕，阿婆怕妳上了樓上樓，忘記了我們在樓下搬磚頭。」老太太數落着：「妳和阿昇的運氣好，遲生幾年，現在都像富人子弟一樣，可別忘了我們原來是佃戶。」

「阿婆、好了、好了、別再唸苦經，我不愛聽。」阿珠笑着跑進廚房，向王足要東西吃。

王足在廚房裡忙得不可開交，鷄、鴨、魚肉…………大盤大盤弄了一大堆，正愁沒有地方放。阿珠笑着對她說：

「阿母、放在我肚子裡。」

「女孩子要懂規矩，今天請胡幹事吃拜拜，不能亂來，等會上桌再吃。」王足[redacted]眼。

「阿母、我遊了半天，[redacted]。」[redacted]

王足看看弄好了的菜，把鷄肫肝，蛋黃夾在盤裡，往她手上一塞，輕輕地說：

「快躲進房去吃，別等阿昇看見了，他越大越作怪，會說阿母偏心。」

阿珠不但沒有躲進房裡，她反而笑着叫了一聲「哥哥，」阿昇聽了連忙趕進廚房，她笑着把蛋黃往他嘴裡一塞，王足看了又好氣又好笑。

傍晚、林石頭提着幾瓶酒，一條烟，和胡登科一道回來，把胡登科招待在正屋左邊加蓋的兩間紅磚紅瓦的新房子裡，現在他的房屋由一字形建成了L形。

隨後狗仔又把農會技術員陳井田請來，林乞食父子兩把這兩位客人當恩人一般看待，招待得十分周到。他們兩位都是農校畢業的二十幾歲的年輕人，沒有架子，不拘形跡。林乞食把他們請在首席，他們反而不好意思。

「這是三七五以前我許的願，首席總不能空着？」林石頭笑着對胡登科說。

陳井田不知道那回事，經胡登科一解釋，粲然一笑：胡登科對陳井田說：

「林委員當時不信我的話，以為我騙他，現在統統兌現了，他還當了委員，比我們當小職員強一百倍，所以我才來叨擾他這一頓酒席。」

「你們兩位都是[redacted]財神的[redacted]，要不是你們，我林石頭那有今日？」林石頭[redacted]說。

「林委員，這我們可不敢當，是你們鴻運當頭，我們蝦兵蟹將不過是當了一次善差。」胡登科非常會講話，林乞食父子和陳井田都笑了。

「胡幹事，請你別再叫我委員、委員，我[redacted]。」[redacted]說。

「你的委員堂堂正正，又不是賄選來的。」[redacted]。

「[redacted]，我[redacted]連做夢都沒有想到會這樣一步登天！」[redacted]。

「[redacted]」

林乞食站起來[redacted]敬了他們兩人一杯酒，[redacted]。

桌上大盤裡堆得高高的紅燒豬肉、白斬雞、清燉全雞、紅燒蕃鴨、大黃魚、以及炒雜燴等等，滿滿的一桌。這是王足第一次弄這麼多的菜。

林乞食雖然上了年紀，很能喝酒，胃口也大，大塊大塊猪肉直往嘴裡塞。他笑着對陳井田說：

「陳先生，要不是你指教，我的猪得不到第一，今年的稻穀也不會收這麼多。」

「阿公、我相信以後你們會收得更多，明年我準備再替你們選種，告訴你們新法子。你要是打算多養猪，還可以向農會貸款，我一定幫忙。」陳井田說。

林乞食聽說可以貸款養猪，非常高興，連忙點頭：

「這樣最好，我們兩個老骨頭，耕田插秧還可，多養幾條猪倒行。陳先生，我們一言爲定，我當面拜[illegible]」

林乞食雙手抱拳，向陳井田揮了幾下，陳井田起身，向他點頭還禮。

[redacted]，狗仔替大家添上雪白的蓬萊米飯。胡登科和陳井田已經在打飽呃，飯一粒也吃不下去。

因爲鄉公所門口還有一台好歌仔戲，是從豐原請來的大班子，大家都想去趕熱鬧，恰巧陳添福踏着三輪貨車，帶着老婆孩子，從林石頭門口經過，停了一下，問他們有沒有人想去？林乞食趁着酒興，連忙說去，林老太太也想去，於是他們兩老一放下碗筷就帶着孫女阿珠爬上陳添福的三輪貨車。別的人裝不下，只好走路去。

他們到達時戲已經開鑼，一個戲子握着「天官賜福」的紅緞帶在台上跳加官。

林乞食兩夫婦很久沒有看過歌仔戲，也沒有看過這麼大的班子。日本人在臺灣時那些「皇民化劇團」

，如「新興」、「大都」「操勝社歌仔劇團」等，也曾來演過「挺身隊」「一死報國」之類的「愛國劇」，他們年長的人都不要看，可是有些年輕人屬的受騙，參加「皇軍」，林朝海從軍一方面是因爲家裡太窮，一方面也不能說沒有受這些「皇民化劇團」的影響。現在這個「泉州社」又是演的太平洋戰爭以前的[redacted]老戲，很合林乞食老夫婦的口味，[redacted]，看到苦齣時老太太也陪着掉眼淚。

直到夜靜更深，他們才又搭着陳添福的三輪貨車回家。老太太笑着對丈夫林乞食說：

「老頭子，今天我們好像年輕了三十歲。」

第二十一章 人肉販子心太黑　山東大漢打不平

一列北上的慢車剛剛停在龍井站，厠所窗口鑽出一位十六七歲的少女，悄悄地滑上月台，驚驚慌慌沿着田塍路往鄉下跑，跑幾步、跌一跤。突然車上躍下一個髮脚齊耳的二十多歲的男人，個子不大，但滿臉兒氣[redacted]，他飛快地向那個逃跑的少女追去。

小車站上下的客人不多，也沒有警察巡邏，只有少數小販叫賣，客人忙着提自已的東西，小販忙着賣便當，做生意，各人自掃門前雪，不管他人瓦上霜。只有一個賣饅頭、燒餅、鴨蛋的小販武大任一直注意這件事。他是個剛退役的軍人，三十上下的年紀，中等以上的身材，面方嘴闊，濃眉大眼，身體結實，只見左手食指中指斷了一大半。

那男的追了兩三百公尺，終於一把抓住那少女的頭髮，隨手一摔，把那少女摔倒在路上，踢了她幾脚，少女尖聲哭叫，他用手摀住她的嘴巴，打了兩拳，又把她提了起來，向車站這邊拖。

少女賴着不肯走，男的拖拖拉拉，不時打她兩下，車子終於開走了。男的氣得把她一摔，女的跌在稻田裡，大聲哭叫。

武大任兜着大托盤走了過去，那女的在田裡滾得像條大泥鰍，男的怕弄髒衣服，費了半天手腳才把她拖起來。武大任剛好走到。那女的看見他連忙哭叫：

「救命哪！救命哪！」

「什麼事？」武大任望望那男的再問她。

「他是壞人！他是壞人！」少女指着那男的說。

那男的給她劈面一個嘴巴，打得她身子一踉蹌，差點跌倒，鼻子嘴巴鮮血直流。

「你怎麼這樣野蠻？」武大任看了心裡非常不服氣，厲聲問他。

「你少管閒事！」那男的眼睛一橫，飛起一腳，把武大任的饅頭、燒餅、鴨蛋踢得滿天飛，落進稻田，托盤也翻了身。

武大任連忙放下托盤，準備還手。那男的却迅速地掏出一柄彈簧刀，威嚇武大任說：

「你少管閒事，別找死！」

「老子就是愛打抱不平，不在乎這條命！」武大任雙手掄起托盤，向那男的砍去，少女嚇得跳進稻田，睜大眼睛望着他們打鬥，不知道逃跑，也不知道幫助武大任。

武大任連忙取下托盤，準備還手。

那男的身手不錯，閃過了武大任一托盤，揮着尖刀向武大任刺過來，武大任用托盤一格，尖刀刺進托盤，一下沒有抽出來，武大任飛起一脚，踢在他的手上，刀子脫手飛進稻田，武大任掄起托盤左右開弓，着着實實砍了那男的幾下，最後一下把他打倒在田裡，武大任丟下托盤，騎在他的身上，雙手叉住他的頸子，往泥水裡按，直到他無力掙扎才鬆手起來，雙手叉腰地站在路上。

那男的慢慢爬起來，一臉的汚泥，只有兩隻眼睛在動。他舉起袖子擦了幾下，驚惶地望望武大任，不敢上來。

「滾上來！」武大任向他大聲一吼，他身子一退，武大任指着他說：「老實說出來，到底是怎麼回事？不然我要你的狗命！」

「她是我花了一萬塊錢買來的，」那男的指指站在對面田中的少女說：「她這一逃跑，我不是人財兩空？」

「你買她幹什麼？」武大任問。

那男的沒有作聲，少女卻從田裡走上來，向武大任哭訴：

「[redacted]他要把我賣到臺北做壞事，他是個人販子！」

「狗東西！你原來是個人肉販子！難怪你這麼狼心！」武大任指着那男的大罵。

「[redacted]，吃我們這行飯的也是將本求利。請你不要斷我的財路，我情願賠你的東西，再加倍給你的好處。」那男的說。

「放屁！你打破了老子的飯盌，」武大任拾起破了的托盤和散落在田裏的饅頭、燒餅、鴨蛋說：「老子也要你人財兩失。」

「[redacted]求你行個方便，讓我把她帶走。」那男的在褲子口袋摸出一捲鈔票，往武大任手上一塞。

武大任朝他臉上唾了一口：

「去你媽的！老子要你這幾個臭錢？」

他隨手一揚，鈔票像花蝴蝶一般飛舞，那男的連忙俯身收拾。

「妳家在什麼地方？，我送妳回去。」武大任問那少女。

少女驚喜地向前面一簇村莊一指：

「就在那邊！」

武大任看看不過兩三里路，爽快地說：

「[redacted]我送妳。」

他讓少女走在前面，自己在後面押陣。那男的收拾好了鈔票，連忙追上來：

「[redacted]我們河水不犯井水，你不能絕斷我的財路。」

「你[redacted]滾回去！不要討揍！」武大任轉身向他一吼。

那男的怔怔地站住，不知道如何是好？他身上再沒有刀子，自忖赤手空拳不是武大任的對手。[redacted]

[redacted]

那少女忽然想起什麼，指着那男的對武大任說：

「[redacted]我的身份證還在他身上。」

她這句話一下提醒了那男的，他認爲奇貨可居，反而鎭定起來。武大任向他要身份證，他不肯給，滿不在乎地說：

「你送她回去好了，辮子還抓在我的手裡。看她翻不翻得過我的手掌心。」

「他叫什麼名字？」武大任指指他問那少女。

「我養母叫他蛇仔，我不知道他叫什麼名字。」她搖搖頭。

「妳叫什麼名字？」武大任想起還不知道她的姓名，這才問她。

「我叫阿英。」少女回答。

「她現在是月紅，不是阿英。」蛇仔馬上接嘴。

「你黑良心，我死也不會跟你到臺北去！」少女憤怒地說。

「阿英[redacted]身份證[redacted]。」武大任看了蛇仔一眼，[redacted]

「只要她家裡肯拿錢贖她，我就不扣她的身份證。」蛇仔說。

「我[redacted]送[redacted]家[redacted]，再和你算帳。」武大任說。

「只要她家裡給我的錢，我就賠你的討飯棍。」蛇仔說。

阿英一身泥漿，臉上是紅一塊，白一塊、黑一塊。蛇仔和她一樣，只是鼻子嘴巴沒有出血。武大任的大腿以下全是泥漿，手上袖子也沾了不少。

阿英走到門口的曬場，怔了一下，她發現多了兩間新屋，牛欄豬圈也不再是破破爛爛。她不敢再向前走。狗仔看見三個泥泥漿漿的人，一個也不認識，瞪了幾眼，向屋裡[redacted]一聲，林石頭走了出來，阿英連忙跑上去，哭着叫了一聲「阿爸」。林石頭一怔，她又說了一聲：

「我是阿英！」

林石頭眼淚一滾，雙手一抱，把她摟進懷裡。

林乞食夫婦和王足都趕了出來，知道她是阿英，都抽抽噎噎地哭了起來。狗仔也站在旁邊擦眼淚。

武大任和蛇仔怔怔地站在一邊。

林家的人都奇怪地望着他們兩人。阿英哭着把經過的情形全部說了出來，林乞食夫婦和王足都指着蛇仔咒罵，狗仔跑回去找了一根扁擔出來，朝蛇仔劈頭就砍，蛇仔抱頭鼠竄，武大任把狗仔拉住：

「老弟，不要打出了人命，阿英的身份證還在他身上。」

蛇仔跑了幾十步看看狗仔沒有追他，就自動停了下來，站在路上朝這邊望着。

「你過來，有話我們當面講。」林石頭大聲對蛇仔說。

王足和老太太把阿英牽進老屋，其餘的人都走進新屋。蛇仔兩眼左顧右盼，走到門口就停了下來。

「你進來，我倆不打你。」林石頭對他說。

蛇仔望望武大任，武大任對他說：

「滾進來！要打你我早就送你見閻王了。」

蛇仔這才怯生生地走了進來。

狗仔指着他罵，又想打他，被林石頭喝住。

「你想怎樣？」林石頭問他。

「本來我要把阿英帶到臺北才能交差，現在算我倒霉，你有錢就贖回家好了。」蛇仔說。

「你花了多少錢買她？」林石頭問。

「一萬五千塊。」蛇仔作了一個手勢。

林石頭聽了嘴巴一張，新臺幣不是老臺幣，這是一個很大的數目。武大任忽然想起先前他講過一萬塊錢的話，氣得揍了他一拳：

「忘八蛋！你當面扯謊！敲詐，你對我講一萬，對他怎麼講一萬五千？」

林石頭他們也生氣，林乞食氣得面色鐵青，山羊鬍鬚翹了起來。

「一萬塊是血本，我來去車票開支也是錢。」蛇仔故意哭喪着臉說。

「叫阿英來對質，不能由他獅子大開口。」武大任向林石頭說。

林石頭要狗仔去叫阿英，過了一會，老太太、王足陪着阿英過來，阿英洗了臉，果然細皮白肉，眉清目秀，嘴角一顆黑痣，看來更美。她穿着她母親王足的衣服，雖然老氣一點，仍然掩蓋不住她的青春氣息和豐滿玲瓏的身段。武大任更沒有想到她是這麼漂亮的少女。

她走到新屋來，身子微微一躬，向武大任點點頭，又狠狠地瞪了蛇仔一眼。

「阿英，你養母拿了他多少錢？」林石頭問。

「我不知道。」阿英搖搖頭。

「妳自己的事妳怎麼不知道？」林石頭奇怪地問。

「養母瞞着我，」阿英艾怨地說：「她只說要我跟他到臺北去當下女，我問他要身份證他不肯給，我才起了疑心。以前養母逼我到那種壞地方去我不肯，後來聽說她要賣我，果然不久他就來了！……」

阿英低着頭落眼淚。

「妳怎麼不早點逃回來？」林乞食問。

「阿公、養母扣着我的身份證，我身上又沒有一個錢，我以爲家裏還和以前一樣窮。」阿英哭了起來。

老太太和王足也陪着落眼淚。

「這幾年妳養母把妳帶到那裡去了？」林石頭問。

「臺南。」阿英回答。

「難怪我找不到妳！」林石頭嘆了一口氣，又望望蛇仔說：「就算你出了一萬。我給你一萬好了。」

「不行、那有一萬塊錢給他！」王足馬上反對，又像那次不讓林石頭捉公雞送王仁貴一樣。

「不行？」蛇仔冷笑一聲：「一萬塊錢你還不答應，我來往的開支歸誰？我還要賠他的東西。」

蛇仔又指指武大任，狗子指着他罵：

「騙子！你那會出一萬塊錢？」

蛇仔冷笑一聲，指指阿英對狗仔說：

「你鄉下人懂得什麼行情？一萬塊錢算我撿了大便宜，憑她這副長相，我帶到臺北，起碼報兩萬。」

「不准你再放屁！」狗仔把桌子一搥。

「好、我不放屁。」蛇仔厚着臉皮望望林石頭說：「我問你要一萬五不算多，你不能少給我。俗語說靠山吃山、靠水吃水、我吃的是這盌飯，自然也要一點油水。」

「你不要臉！吃女人飯！」阿英咬着牙齒罵他。

蛇仔望望她，自嘲地一笑：

「算我陰溝裡翻船，第一次栽在妳的手裡。」

林石頭雖然答應他一萬，但是沒有一個現錢，王足他們又反對，蛇仔還不肯鬆口。經再三討價還價，才以一萬二千塊錢談妥。

「我答應你一萬二，你先把身份證給我。」林石頭對蛇仔說。

「不行，我要一手交錢，一手交貨。」蛇仔說。

「路轉山不轉，你還怕我跑了不成？」林石頭生氣地說。

「人心隔肚皮，我向來不放風箏，夜長夢多，也不願久等。」

林石頭只好要狗仔借車送稻穀到農會去，同時囑咐他；

「要是稻穀不夠，你請陳井田臨時作個保，周轉幾天，等阿叔寄錢來歸還。」

狗仔把倉裡的穀全部搬了出來，一車車送到農會，最後帶回來一張一萬塊錢的即期支票，兩千塊錢的現款。

蛇仔內行得很，看了支票一眼，就和現款一道塞進口袋，掏出阿英的身份證交給林石頭。林石頭什麼也沒有向他要，武大任提醒他；

「你應當向他要張字據，將來要是她養母反咬一口，你也好有個交代。」

林石頭這才如夢初醒，向他千恩萬謝。蛇仔却瞪了他一眼。

蛇仔寫了一張字據，蓋好章，交給林石頭，林石頭有一大半不認識，阿昇、阿珠又不在家，武大任接過來看了一遍，對蛇仔說：

「你的身份證拿出來我對對。」

蛇仔很不高興地把自己的身份證遞給他，他把住址字號抄在上面，才交還林石頭。

蛇仔揚長而去，武大任連忙趕了出來，阿英和林石頭他們統統趕到門口，林石頭大聲叫武大任：

「武先生，你不能走，我還沒有感謝你。」

「不要多禮，我還要和他算賬。」武大任一面說一面追上去。

「武先生，你住在那裡？」林石頭也在後面追趕。

「我天天在車站賣饅頭。」武大任揚揚手。

蛇仔走得很快，彷彿像要逃跑。武大任像影子一樣跟着他。

第二十二章　大水災一場噩夢
青山在還有柴燒

阿英回家以後，生活非常愉快。她做夢也沒有想到家境會變得這麼好？不愁吃，不愁穿，自己有田有地（幾分公地也領下了），阿叔還有自己的漁船。要是十年以前就是這樣，她決不會當養女，差點陷進了火坑。

林石頭爲了感謝武大任，曾經和阿英送過一千塊錢給他，他沒有接受，只留下吃的東西和日用品。以後每逢拜拜，都要阿英請他到家裡來作客，平時有什麼好吃的東西，阿英也會送些給他。他和林家的人相處得很好。林朝海當過軍人，對他更好，每次回家總要看看他，送點禮物給他，林朝海曾經邀他上船，他也婉謝了，因為他地方混熟了，生意作得也比較好，他提了一點退役金，在車站附近租了一間小舖面，賣饅頭賣麵，從老板到夥計一個人幹，生活倒也混得過去。他歡喜這小地方民風淳樸，人情味濃，很有大陸家鄉意味，所以不想到人吃人的大都市去討生活。

林家有了阿英這個好幫手，裡裡外外兩面光，林石頭再沒有什麼遺憾，心裡更快活。大兒子大女兒幫他種田做家事，讓小兒子小女兒一心一意讀書。他現在十分後悔自己讀書太少，決心培植小兒子小女兒到大學畢業。

阿英很聰明，因為沒有讀過書，妹妹阿珠一回家，就向她問字，她們兩姊妹長得一模一樣，感情很好，阿珠願意教她，她記性好，學得快，一二年級國語課本上的字，她一兩個禮拜就全認識了。一個暑假，三、四年級國語課本全會唸了。

「[redacted]姐，可惜你沒有機會讀書，不然妳的功課一定比我好，現在該是大學生了。」一天晚上阿珠教完了她的功課，上床睡覺時忽然這樣對阿英說：

「阿珠，[redacted]姐沒有妳的命好，我和哥哥一樣，早生了幾年，要是遲幾年出世，就和妳一樣交上好運了。」

「[redacted]姐，我和二哥真是瞎貓碰死鼠，恰好碰上三七五！我還記得小時候養鴨子，吃蕃薯葉子，穿破褲子，打赤腳，撿蝸牛，像個小叫化子，現在想起來那日子真苦！」阿珠皺眉搖頭說：

「要不是活不下去，阿爸也不忍心把我送給人家作養女。」阿英黯然地說。

「[redacted]姐，妳恨不恨阿爸？」阿珠天眞地問。

「小時候我不懂得恨，只是想家，想和你們玩。後來我懂事了，知道家裡太窮，像我這樣的養女，臺灣多的是，我怎麼能[redacted]恨阿爸，我還以爲我比在家裡好哩！誰知道你們早交了好運？」

「妳養母沒有告訴妳？」

「她什麼也不和我講。那年爸爸見我一面，還是偸偸摸摸的，後來她知道了馬上搬家，從此我更不知道家裡的情形，只好認命。」

「她心腸太黑，怎麼能賣妳去作那種事？」

「這就是臺灣養女的下場，十個有八個會走上這條路，我要不是事先心裡有數，臨時從廁所窗口爬出來，現在還不是掉進了火坑？」阿英心有餘悸地說。

「[redacted]姐，要不是武大任打抱不平，妳也逃不出那個[redacted]蛇仔的手掌心。」阿珠以前聽說過，現在特別提醒她一下。

「那當然，他是[redacted]姐的恩人。」

「[redacted]姐，說老實話，妳歡不歡喜他？」阿珠調皮地問。

「阿珠，我實在沒有看見過他這麼大胆的人，蛇仔那一刀要是刺在他的身上，那不送了命？」

「姐姐，妳怎麼那樣笨，不幫他一把？」

「我手腳發軟，人都快駭暈了。」阿英笑[redacted]說：「要是我抓一團爛泥往蛇仔眼睛上一扔，那不就幫了武大任一個大忙？」

[redacted]：

「[redacted]姐，妳眞是過河再看兩腿泥，當時怎麼沒有想到？」

「阿珠，我們女人就是這樣沒有用。」阿英也好笑：我們一個娘生的，妳要是遇到我這種事情，也會和我一樣。」

阿珠[redacted]，[redacted]：

「[redacted]姐，說眞話，妳到底喜不喜歡武大任？我看他除了少掉兩個手指，什麼都好，妳想想看，那有這樣捨己爲人的好人？」

「阿珠，我瞎子吃湯圓，心裡有數。[redacted]」

「要不要告訴武大任，托人來說媒？」

「[redacted]，妳好壞！」阿珠用食指在阿英腦殼上一點。「要不要我告訴武大任，要他託人來做媒？」

「妳別狗咬耗子，多管閒事。」[redacted]。

「[redacted]，我看妳是大姑娘上花轎，嘴裡哭，心裡笑。」[redacted]

阿英把她往床上一按，搔她胳窩，阿珠笑得在床上打滾，喘不過氣來。

快樂的時光像流水一般地過去，他們兄弟姊妹四人也一天天長大，，阿昇功課好，正在臺大醫學院唸書，阿珠越長越漂亮，快要高中畢業了，阿英和武大任的感情也在一天天增長，因爲狗仔還沒有結婚，所以她也閉口不談自己的事，她希望在家裡多做兩年女兒，多享受一點溫暖，補償過去的損失。

一天下午，天氣特別悶熱。這時正是大熱天，陰曆七月初，陽曆八月七號。

西方的天空突然湧起烏雲，雲層很低，從海面上向東滾滾而來，雲到處大雨傾盆而下，二期稻田裡正需要水。這一向天氣乾旱，插秧都成問題，有很多田裡還沒有插秧。林石頭也只插了一甲低田，看見這樣的大雨，他高興地自言自語：

「明後天可以插秧了，及時雨，第二期稻穀又會豐收。」

實行三七五以來，他連年豐收、增產，今年第一期稻穀一甲地已經到了七千公斤，這次亢旱第二期的秧雖然遲了十天半月，但是沒有大礙，他已經懂得密植，施肥、除蟲的訣竅，第二期稻穀他也有信心，一甲田達到七千公斤的收成。

他戴着斗笠穿着尼龍雨衣沿着田埂巡視了一遍，剛插下去的秧很快就被雨水浸了一大半，原先田裡還不到一寸深的水，頃刻間已經四五寸深了。他帶着滿面笑容回家，看看老水牛，牠看見欄外下着大雨，彷彿也很高興；三條四五十公斤重的黑豬，長得肥肥壯壯，他們買回來還不到三個月，用飼料飼養既乾淨，長得又快，五個月就可以長到上百公斤，他打算光復節時賣掉，又可以存進農會的信用部，他已經存了好幾筆款子。

豬看見他走近兩尺高的鏤空磚牆邊，以為是餵牠們，都走了過來，高興地抬着頭望着他搖着小尾巴。林石頭斗笠上的雨水滴在站在中間的一隻豬的頭上，牠瞪着眼睛一下不動，彷彿接受淋浴一般愜意。林石頭看了好笑，輕輕地拍拍牠的腦袋。

林日昇已經長得和狗仔一般高，看起來很像個大人，他[redacted]很英俊，文雅，很有大學生的派頭。這次回家過暑假，天天在外面釣魚，捉青蛙解剖，晒黑了一點。他和狗仔出進總是一對，他們兩兄弟的長相卻不一樣，狗仔圓頭大耳，身體結實，粗壯，他比較清瘦，眉清目秀，有點像阿英阿珠。狗仔因為自己[redacted]識字不[redacted]多[redacted]，對於這位大學生的弟弟特別友愛尊敬，捉青蛙時他總是自告奮勇，用棍子打，或是幫他釣。他不知道弟弟解剖青蛙有什麼意思？[redacted]。

青蛙見了雨水也特別高興，嘓嘓地叫起來，叫得十分熱鬧。他們兩兄弟戴着斗笠，穿起雨衣，拿着網撈，一同走出去。沒有好久，他們兩人卻撈了不少吳郭魚、草魚、鰱魚回來，[redacted]十分高興[redacted]，[redacted]阿英[redacted]笑[redacted]說；

「[redacted]」

「[redacted]田裡的水滿了，不知道誰家養的魚冲出來了？[redacted]明天我可以到大肚溪去游泳了。」

「阿昇，不要去大肚溪去玩水，」林乞食望望外面的大雨，對林日昇說：「大肚溪[redacted]天旱時一滴水也藏不住，盡是鵝卵石，一下大雨[redacted]泥泥水水冲下來。從前的塗葛掘、頭湖莊，全部被它冲走[redacted]。」

「阿公，我們怎麼不知道？」[redacted]

「[redacted]你們還沒有[redacted]。」林乞食捋捋山羊鬍鬚一笑。

「阿公，你又講古？」日昇[redacted]望望他一笑[redacted]

「阿公一肚子的神話。」阿珠摸摸他花白的山羊鬍鬚笑[redacted]地說。

林乞食捉住阿珠白嫩的手，在臉上擦擦，笑[redacted]地說：

「阿珠，妳現在是在天堂裡過日子，不知道天高地厚？阿公吃的苦頭，你們想也想不到，才以為阿公是在講神話。」

「阿公，你現在不是和我們一樣過好日子？」

「阿公嘴裡吃魚吃肉，心裡不忘喝糊喝粥。塗葛掘、頭湖莊的事我還記得很清楚，但願這是一場及時雨，大肚溪不要變成潑婦。」林乞食就心地望望外面的豪雨。

雨嘩嘩地直倒下來，不像颱風雨，歪斜地唰唰唰。沒有一點風，[redacted]，青蛙也不叫了，耳朵裡全是嘩嘩的雨聲，屋簷水像瀑布，急衝衝下，田裡一片汪洋，再也分不出界限了。防風林低頭彎腰，彷彿受不住雨的壓力，林脚已經被水淹了尺把深。

除了林乞食以外，誰也沒有見過大水，林老太太是別處人，那時還沒有嫁過來，沒有看見大肚溪變成潑婦。其他的人更不必談，阿珠她們兄弟姊妹四人只覺得好玩。

本來是亢旱的大熱天，下過一會豪雨就很涼爽，入夜更舒服。阿珠高興地對阿英說：

「[redacted]姐，這幾天熱夠了，今天晚上我們可以睡個好覺。」

「阿公的話妳全不放在心上？」阿英問她。

「[redacted]姐，不說不笑，就誤青春年少。阿公肚子裡有一本陳年爛帳，他會從高曾祖扯到泉州老家，妳聽他的？」

「阿珠，阿公過的橋比我們走的路還多，怎麼能不聽他的話？」阿英說。

「[redacted]姐，好話我也聽，我就是怕他唸苦經。[redacted]「他說的塗葛掘、頭湖村，我們都沒有見過，他說的泉州老家，我們也沒有去過，誰知道那是什麼樣子？大肚溪不是黃河長江，也不是密士失比河，一點點長，一點點寬，我們從小就在溪裡撿過鵝卵石子，它有什麼了不起？」

阿英從來沒有聽過黃河長江和密士失比河的名字，更不知道它們有多寬多長？，她奇怪地望着阿珠說：

「還有比大肚溪更大的河？」

阿珠笑了起來，拉着阿英的手說；

「[redacted]姐，它們比大肚溪大一百倍，一千倍！」

「妳怎麼知道？」

「教課書上講的。」

「那靠得住？」

「比阿公肚子裡的陳年爛帳可靠得多。」阿珠在阿英的耳邊[redacted]地說。

兩姊妹[redacted]在笑聲中和雨聲中漸漸入睡。

半夜，阿珠突然驚醒過來，她伸手在塌塌米上一摸，已經上了水。她大驚大叫，不但阿英驚醒過來，全家人都驚醒了。

雨仍然嘩嘩地下，伸手不見五指。水一寸一寸地上升，她們不敢離開塌塌米，很快[redacted]水淹上了膝蓋，阿珠駭得摟着阿英哭了起來。

阿英從小在苦難中長大，又大幾歲，比較沉着，她輕輕地拍拍阿珠說；

「別怕，快天亮了，天一亮我們總有辦法。」

「姐[redacted]，天亮以前雞一定會叫，怎麼沒有聽見雞叫？」[redacted]。

「雞都泡在水裡了，牠怎麼叫？」[redacted]。

「姐姐，我真怕！水淹上大腿了！說不定阿公的古話真會應驗，那我們要變成魚蝦了！」阿珠哭泣着

[redacted]阿英心裡也很害怕，但是嘴裡不敢說出來，還強自鎮定，安慰阿珠。

天濛濛亮時，水已經平胸，她們靠着板壁才能站住。幸好雨已經停止，她們聽得見父親哥哥說話的聲音，他們叫她們上屋。

日昇爬到新屋頂上，把瓦掀掉，把木條攀斷，露出一個大天窗，光亮射了進去。日昇伏在屋脊上，伸手先把阿珠吊上來，再吊阿英。

日昇要她們坐在屋脊上，又爬到老屋上去，狗仔已經把祖母吊上屋脊，扶着她坐住，日昇接着把林乞食吊了上來，再依次吊王足和林石頭。

林乞食老夫婦兩人看見一片汪洋，放聲大哭。

猪不見了，牛也不見了，水面漂着稻草堆、樹枝、木頭、桌椅、板櫈、猪和牛在水中浮沉，都向大海漂流。

分隔彰化縣與臺中縣的大肚溪不見了，大肚溪兩邊的許多村莊統統淹在水裡，淹過了大門，伸溪鄉的好多房屋只露出一線屋脊。只有大肚山和遠遠的八卦山露在水面，像兩座孤島。

水還在上漲，已經淹到了林乞食的屋簷，林老太太和王足雙手合在胸前，望天朝拜，嘴裡唸唸有聲。

東方一片紅霞，血紅的太陽照在渾黃的水面像一片血海。屋頂上，樹上都是人，這是他們唯一生存的

機會。但是他們呼天天不應，求地地無門，只好坐在屋脊上哭泣[redacted]，誰也不知道自己會不會被大水衝到海裡餵魚？

阿珠阿英白嫩的臉被大太陽晒得通紅，衣服也晒乾了，但隨後又被汗水浸濕。又飢、又渴、又怕，阿[redacted]又[redacted]哭。

中午水才開始下退。武大任撐着兩塊門板釘成的木筏，慢慢地向他這邊接近，他已經救了好幾個在水中掙扎的人[redacted]去大肚山。

林家的人發現是他都欣喜若狂，林乞食老夫婦喃喃地說：

「老天爺，救星到了！救星到了。」

武大任的門板還沒有撐到屋簷邊，就問他們：

「誰先上來？」

林石頭要父親母親先上，但門板上一次頂多只能再搭兩個人，他們年紀大，沒有人照顧不行。在屋脊上是狗仔扶着林乞食，日昇扶着林老太太，林石頭扶着王足。阿英、阿珠兩人在新屋頂上，無人照顧。林乞食望望她們兩姊妹，對武大任說：

「我們活了這麼一大把年紀，遲死早死沒有關係，請先把她們兩姊妹接走。」

武大任再問問林石頭怎麼辦？林石頭點點頭說：

「[redacted]煩你先把她們接走。」

「[redacted]」

阿英讓阿珠先上，阿珠有點害怕，阿英先滑下屋脊踩破了好幾塊紅瓦，又小心謹慎地攀着屋簷，溜上門板，門板向水裡微微一沉，阿英驚叫一聲。武大任叫她不要慌，又催促阿珠趕快上來，使兩頭平衡。門板打橫靠在屋簷下，水面離屋簷已經有一尺多，阿珠像狗一樣爬下來，又像蛤蟆一樣坐在門板的另一頭。

武大任讓阿英阿珠一前一後地坐穩，警告她們說：

「不管怎樣，妳們不許亂動。」

他的話像命令，[redacted]。

他熟練地使用長竹篙，把他們兩人一步步撐走，撐向大肚山去。

林乞食他們望着阿英阿珠兩姊妹盤坐在門板上，雙手撐着，在大水上漂浮，又高興又耽心。武大任竹篙撐進水裡有丈把深，他十分沉着鎮定。林乞食[redacted]對兒子說：

「武[redacted]他是我們的恩人，我們要是能逃過這個大難，一定要把阿英許配他。」

「阿爸，我也早有這個意思，因為狗仔還沒有結婚，武[redacted]又不提，所以我不好先開口。」林石頭說。

「不知道阿英的意思怎樣？」老太太說。

「我聽阿珠說過，阿英[redacted]意思。」王足說。

直升飛機出動，到處救人。

「既然阿英有意，那就更好辦了。」林乞食望望孫女兒阿英和武大任說。

武大任他們漸去漸遠，[redacted]漸漸接近大肚山。

水面上又出現了幾個[redacted]竹筏似的東西，向淹沒的村莊撐來。

林乞食他們焦急地渴望武大任再來，希望在天黑以前能把他們救到大肚山去。但是門板不比船，無篷無槳無舵，行動沒有他們想的那麼快，從大肚山打個來回，總得兩個鐘頭。

在他們焦急萬分時，突然聽到軋軋的直昇飛機聲，他們抬頭一望，有五架直昇飛機向淹水最深的村莊分頭飛去，其中一架向他們頭頂飛來，盤旋了一下就停在他們頭上不動，放下吊鉤，駕駛員示意要他們上去。林乞食他們又驚又喜，不知所措，還是林日昇見識廣，他把祖母腰身鉤好，直昇機馬上把她吊起，她懸在空中，底下是大水，駭得大叫。

「阿婆，不要怕，不要怕。」林日昇像哄小孩子一樣哄她。她雙手抓緊吊索，生怕像老鷹抓小雞一樣，突然從半空中掉下來。

林老太太上了直昇機，吊索又放下來，林日昇又把祖父的腰身鈎好，林乞食沒有大叫，只是雙手抓吊索，臉色慘白。

兩位老人上了飛機，飛機馬上飛走，向臺中市飛。

「謝天謝地！」林石頭望望迅速遠去的飛機，深深地吐了一口氣：「救了阿爸阿母一命，他們會到阿銀家去。」

不久又來了一架直昇機，林石頭要兩個兒子先上，狗仔和林日昇要他們先上，兩人不由分說把母親王足先鈎好，王足一吊上空中也失聲驚叫，但還是上了飛機。林石頭也上了飛機。隨後他們兩兄弟被另一架飛機救走，他們看見武大任正撐着門板向他們房屋那邊駛去。飛機聲音太大，飛得又快，他們沒有辦法通知他。

除了阿英阿珠以外，他們祖孫父子三代六個人，很快地在阿銀家裡會合。

林乞食自己安全了，又躭心孫女兒口渴肚餓，林日昇對他說：

「阿公，你不要躭心，剛才我看見飛機在大肚山投糧食，山上人多，她們不會挨餓。」

隨後他又告訴他說看見武大任再去救他們，老太太雙手合在胸前喃喃地說：

「媽祖保佑儂，媽祖保佑儂。」

林乞食[redacted]自思自嘆：

「我們眞是窮命！好不容易從糠籮裡跳進米籮裡，一次大水又沖光了。」

「阿爸，你不要愁，田地沖不走，留得青山在，不怕沒柴燒。」阿銀安慰他說：「何況阿海還有漁船。」

第二十三章　粥鍋跳進飯鍋裡　好心還得貴人來

兩天後大水才完全退清。

林石頭本來只打算帶王足和兩個兒子回家打掃清理，讓林乞食兩老在妹妹家住幾天，等一切有了頭緒以後再接他們回去。林乞食却堅持要一道回家，因此只留老太太在女兒家裡住。蕭金郎不在家，老太太也就安心和女兒多住幾天。

林石頭他們回到家裡，發現武大任正幫助兩個女兒在鏟門口的泥沙，大門還沒有打開，泥沙封住門有兩尺來深。水淹的地區到處是泥沙，田裡也蓋了一兩尺深，界限已經模糊不清。放眼望去，沒有一根青苗，全是泥沙。溪邊的田已經沖走不少，[redacted]

老屋的土牆已經融化，大部份塌下，不須開門就可以出進。

阿英阿珠看見祖父他們回來，不見祖母，啊約一聲哭了出來。林乞食他們不知道是怎麼回事？[redacted]

望望武大任，林石頭連忙問：

「妳們哭什麼?」

「阿爸，阿婆呢?」阿珠哭着問他。

[redacted]。林乞食拍拍她們兩人說：

「阿婆[redacted]，她在姑姑家裡[redacted]。」

[redacted]服。

林乞食走過去握着[redacted]武大任的手[redacted]說：

「你是大好人，是我們的恩人，我把阿英許給你，你的意思怎樣?」

武大任[redacted]他驚喜得有點發呆。當他發現阿英羞澀地低着頭，含情脈脈地站在對面，他突然清醒過來，激動地對林乞食說：

「阿公，我是個窮光蛋，外省人，怎麼敢當?」

林乞食拍拍他，安慰他說：

「我們本來也是窮人，我的老家在泉州，不過比你早來一兩百年，不要再分什麼彼此。」

武大任又就心地望望林石頭，林石頭問他：

「你在大陸成親沒有?」

武大任一笑，坦然地說：

「我離家時還沒有[redacted]步槍高，我是從學校裡跟着部隊逃出來的。」

「好，我們一言爲定，改天再替你們兩人成親。」林石頭愉快地說。

「我看你一個人孤孤單單，我家裡也需要人手，大家住在一起親熱些，你願不願意入贅？」林乞食好意地問武大任。

武大任面有難色，半天沒有作聲，過後搖搖頭，抱歉地一笑：

「阿公，我是獨子，我不能入贅。」

「好，我不勉强你。」林乞食笑着說：「我只希望你將來和我們住在一塊就行。」

武大任高興地點點頭。阿英又喜又羞，阿珠偷看她一眼，吃吃地笑了起來，阿英在她手背上打了一下。

武大任涮了一會泥沙，就向林乞食他們告辭：

「對不起，我要先走一步，我的東西還泡在泥裡。」

林乞食父子[redacted]送了他十幾步路，阿英反而不好意思送他，只默默地望着他離開[redacted]

第二天林朝海趕了回來，房子裡已經清理乾淨，只是老屋牆壁倒塌不少，需要修建，但是磚瓦陡漲，而且一時買不到。林石頭非常着急，林朝海安慰他說：

「阿兄，不要急，我看了今天的報紙，政府馬上要發救濟金，災區田賦全免，地價緩繳，農地重劃，房屋貸款重建，已經選定我們這裡作示範農村，還要修堤，計劃大得很。房屋暫時馬馬虎虎修理一下，我們可以貸款蓋甲種國民住宅，我想蓋兩層洋樓，一勞永逸。」

「阿海，你別說夢話，洋房子要多少錢？」林乞食說。

「阿爸，甲種房屋政府可以貸款五萬，分十年攤還。不够的我負責，我們自己有地，花不了很多錢。」，林朝海說。

「阿海，我們鄉下人，怎麼配住洋樓？」林乞食搖頭一笑。

「阿爸，鄉下人也是人。政府既然有這種計劃，我們自然水漲船高。」

「我還是歡喜我們的老式房屋。」

「阿爸，洋樓是鋼骨水泥的，」林朝海特別提醒父親：「不怕颱風，不怕地震，不怕水災，這還不好？」

林乞食這一輩子除了在窮苦中打滾之外，就是躭心颱風，地震和水災。颱風地震是常事，大水災他也遇過兩次，這都給他太深的痛苦，除非進了棺材，他決不會忘記。他聽兒子說洋房有這三大好處，馬上睜大眼睛望着林朝海：

「阿海，你不要騙我？」

「阿爸，我怎麼會騙你？」林朝海望着父親一笑，[redacted]」

「本來窮不改墳，富不改屋，既然洋房子有這麼多好處，那就依你吧。」林乞食終於點頭。

林朝海特別提了一筆錢帶回家，全部交給林石頭，作爲建屋和緊急支用。

大水之後，土地普遍升高，原來的屋基顯得特別低，他們選擇了老屋右邊的一塊作菜園的高地，作爲新屋基。原來的房屋林乞食要保留作爲紀念，林石頭也想利用它來種洋菇，這兩年農會正在推廣種植洋菇，他因爲人手不够，又要添蓋茅屋，所以沒有開始這個新副業。既然阿英已經許配了武大任，又要另蓋新屋，人力、房屋都不成問題，所以他馬上想到這件事上來。

林朝海在家裡住了兩天，商量好了重建家園的大計之後，又匆匆趕回南方澳。臨行時他特別要阿英陪他順便看看武大任。

武大任的小舖子已經整理好，只是衣物用具統統漂走，還沒有開張，鐵皮小邊屋也歪歪倒倒，顯得十分淒涼。林朝海看了這種景象，爽直地對他說：

「我家裡很需要你幫忙，我看你早點搬過去好了。」

「這樣不大好，遲點過去名正言順，大家面子上好看些。」武大任[illegible]。

「也好，」林朝海[illegible]馬上點頭：「新屋一蓋好你們就結婚，我一定趕回來吃喜酒，以後不[illegible]分[illegible]彼此了。」

武大任謝謝他的好意，林朝海拍拍他的肩說：

「我是特別來謝你的，如果我沒有當過軍人，去過大陸，我不會這樣瞭解你。」

「阿叔，要是你到過我家裡，你就知道我不會是現在這個樣子。」武大任感慨地說，第一次叫林朝海阿叔。

「這我想得到。」林朝海點頭微笑。「你要是十多年前到我們家裡，我們也不是現在這個樣子。」

「阿叔，你們由粥鍋裡跳進飯鍋裡，我由樓上樓跳進了陰溝。」

「好男不靠爺田地，好女不着嫁時衣。不要老想過去，你好好地幹，一定[redacted]

武大任[redacted]把林朝海送上車，林朝海從車廂伸出頭來對他說：

「你們結婚時一定要先寫封信告訴我，我要趕回來。」

第二十四章　窮人世界成樂土　災區重建似天堂

災區重建工作，迅速展開。

大肚溪兩岸每天都集結着螞蟻般的人羣，在興建堤壩，無數的阿兵哥負擔起了這個艱巨的工作。他們

大肚溪兩岸，正在興建堤塡。

從溪床裡用手搬運着一個個的大鵝卵石，裝上卡車，裝進鐵絲籠，築成又高又寬的堤壩。

築堤的阿兵哥有些是和武大任共過生死的伙伴，他每天大清早就挑着一擔熱饅頭和開水到工地去，饅頭賣給他們吃，開水奉送。因爲生意太好，他一個人忙不過來，請了一個退役的老鄉在小舖子裡蒸做，阿英每天也抽空幫忙他送一兩次饅頭開水。

林乞食家離工地不遠，他每天總邀幾個同村的老年人，送開水去給築堤的阿兵哥喝。天氣熱，做工的阿兵哥揮汗如雨，他們流的汗比他送的開水還多，他兩桶開水一挑到，不到半點鐘就喝完了。他的水桶總是擺在武大任的饅頭擔子旁邊，使武大任的生意更好，喝了水的阿兵哥，多半會買一兩個饅頭當點心吃，武大任的開水實在不够供應。

林乞食看見堤築得那麼高，那麼堅固，一天天完成，他總忍不住對孫女兒阿英和武大任說：

「阿兵哥眞好！我們再也不怕大水，不怕大肚溪這個潑婦。」的確，八七水災這樣的大水，再也無法衝過這座堅固高大的堤防。

堤壩完工的那天，各村的人都趕來看熱鬧，林家除了林老太太一雙三寸金蓮，不能趕來參與這個盛會之外，連王足也來了。他們從來沒有看見這麼高大的石砌堤壩，這麼整齊壯觀。老年人和林乞食聚在一起，他們感慨地說：

「要是五六十年前有這樣的大堤，塗葛堀和頭湖莊就不會沖走。」

「前人栽樹，後人乘蔭，以後我們的子子孫孫，都可以享福了。」林乞食捋着山羊鬍說。

堤上集了好幾萬人，省主席和縣長議員們在堤上巡視一遍，鞭炮嗶嗶啪啪地響著，比大拜拜過年還熱鬧，每個人的臉上都是笑容滿面。林石頭高興地對林乞食說：

「阿爸，這次大水，我們眞是因禍得福。」

林乞食望望堤內一大片田地，又望望在堤上跑來跑去的孩子們說：

「這些小傢伙眞好福氣！」

大肚溪堤完工之後，兩岸千千萬萬受過八七水災的農民，心裡放下了一塊大石頭，安心睡大覺。

可是農地重劃，卻沒有大肚溪築堤工程這麼順利，因爲這牽涉到私人利益。

原來的水田坵塊小，凌亂複雜，排水不好，交通不便。重劃要建田間道路，小排水溝，大排水溝，和村莊大道，大家都怕損失了土地，又怕好田變成了壞田。

在重劃計劃和圖樣公佈之前，張金河曾經私自找林石頭商量[redacted]：

「石頭，聽說重劃要開很多水溝和大路，我們的田來得不容易，我們租佃委員是不是聯名請求不要重劃？」

「公家決定的事，我們怎麼好阻止？」林石頭[redacted]地說。

「如果公家要把你的田收回去，你也不作聲？」張金河望著林石頭說。

「公家怎麼會做那種事？」

「這次重劃我眞有點耽心，說不定有什麼鬼胎？」

「築堤你怎麼不躭心?」

「築堤對我有好處，我躭什麼心?」

「你不能完全爲自己打算。」林石頭搖搖頭。

「人不爲己，天誅地滅。」張金河坦然一笑。

「聽說重劃對我們有很多好處。」

「什麼好處?」

「一是小田變大田，耕種方便。二是路近，節省人力時間。三是排水好，田裡不會積水，也不會缺水。四是交通方便。……」

「你怎麼知道有這麼多好處?」張金河打斷林石頭的話。

「胡登科告訴我的。」

「他吃公家的飯，有奶就是娘，自然一面倒。你信他的?」張金河揚聲說。

「那次實行三七五也是他告訴我的，起初我也不相信，後來不是完全兌現了?」

張金河望望林石頭，還是不敢相信，他向林石頭一笑：

「石頭，你是老實人，我怕你上當。」

「上當也不止我一個人。」

「要是我們先表示不願意重劃，說不定公家全打退堂鼓?」

「這又不是小孩子辦家家酒，怎麼會這樣兒戲？公家又不是王仁貴，我們兩個租佃委員算老幾？」林石頭有點好笑。

「公家怕議員，我們可以託議員講話。」

「你倒有一肚子的鬼主意，可惜你沒有讀書。」林石頭望望張金河。

「我看你是樹葉兒掉下來都怕打破頭，我去找別人商量好了。」張金河很快地離開。

不久，鄉公所組織了農地重劃協進會，林石頭當選了本村的代表，張金河在他那一村沒有當選。有關規劃、施工、分配、補償、協議等重劃事情，林石頭都很清楚。

重劃計劃圖樣公佈的那天，鄉公所門口圍了很多人。林石頭也匆匆地趕了過去。張金河先到，看了半天還是弄不清楚，因為他一個大字不識。

他發現林石頭站在他的後面，回過頭來問林石頭。圖樣上的簡單的字林石頭大都認識，他又參加過幾次會議，他知道那裡是道路，那裡是水溝，那整齊的長方塊是田，重劃後和現在的田地圖樣比較，那是好看多了。張金河也覺得自己以前的猜想不對，耕地面積不但沒有減少，由於小坵塊合併成大坵塊，水田面積反而增加。而林石頭上次說的那許多好處，圖樣上也表明出來。他完全明白之後，把林石頭拉在一邊，輕輕地對林石頭說：

「現在我完全放心了。上次我對你講的話你只當放屁，千萬不要傳出去，免得王仁貴說我忘恩負義。」

農地重劃工作開始。

林石頭聽了好笑，拍拍他的肩說：

「放心，我不是三姑六婆。」

大家看過圖樣之後，贊成重劃。因爲他們的田地排水一向不好，土壤平時不利蓄水，三月到五月雨量多的日子和颱風季節大雨的時候，田裡積水往往十天八天排不出去，減少收成一成以上。

重劃工作一開始，村子裡比過年還熱鬧，排水、灌溉工程和幹線農路，又請了很多阿兵哥來做。林石頭祖孫父子三代都參加工作。大家日夜趕工，都希望快點完成，以免影響春耕。

林石頭的田劃在房屋附近，他補償了原主一千公斤稻穀。現在比從前方便得多，從前兩甲田東一塊，西一塊，七零八落，有的遠在六七里路以外。現在都集中在一處，變成東西長一百米，南北短二十米的長方形大坵塊，整整齊齊，看起來非常舒服。他的旱地比較遠，劃給附近的農戶，他也領了一大筆補償費。

由於阿兵哥的協助，大家同心合力，全部灌溉道路工程和重劃工作，兩個月以內統統完工。正好趕上第一期耕種。

大水使林石頭喪失了水牛，他本來想再買一條，農會技術員陳井田勸他改買耕耘機，他相信陳井田的話，貸款買了一架。

他發現一架耕耘機抵得上兩條水牛，耕地也要深一寸多，時間節省了一半，而且碎土，耙土的效率也比牛高，他喜出望外，一回家就把這個事實告訴林乞食，林乞食有點不相信，要親自下田試試。

「阿爸，不用試了，我耕了一甲田，決不會錯。」

「耕田不用牛，這眞是奇事？」林乞食摸摸山羊鬚笑，大惑不解。「以後牛幹什麼？」

「阿公，機器耕田牛享福。」阿英笑着接嘴。

「那我們人呢？」林乞食笑問阿英。

「阿爸，以後你更用不着下田了。」林石頭說。

「我能吃白食？」林乞食望望兒孫。

「阿公，你眞該享福了。」阿英說。

林乞食捋捋山羊鬚一笑，瞇着老眼望着阿英說：

「阿英，我眞沒有想到還能享點老福？難道眞是甘蔗老來甜？」

「阿公，我們是老鼠掉進糖罐裡，躺來的福氣。」

林乞食望着阿英，一手撮着山羊鬚，心裡有說不出的高興。

林石頭心裡尤其高興，他覺得父親吃了一輩子的苦，現在能吃點甜的，他也心安些。阿英五、六歲被送給人家作養女，當時雖然心痛如刀割，但是不能不送，現在她在家裡過着女兒的日子，又有了合適的歸宿，他心裡再沒有虧欠，看見她們兩姊妹長得一模一樣，一般高矮，更感到做父親的喜悅，活得更有意思。

他把兩甲水田統統用耕耘機耕好，又要狗仔特別多施基肥，改良大水後的土壤。

這次他首先採用新品種臺南一號，這是剛剛試驗成功的品種。

他對「密植法」已經很有心得，這次插秧又插得更密，每坪插了一五九株，比三七五以前幾乎多了一倍。插秧後十天又開始施肥，一二兩次每分田施尿素十五公斤，第三次施硫銨二十五公斤。他希望這次有更好的收成，以彌補水災那一期的稻穀損失。

重劃以後的水田，顯得格外好看，深綠的禾苗生長在整齊劃一的長方形的田裡，比圖案還要美麗。大排水溝，灌溉水渠，悠悠綠水，在陽光下一閃一閃如春蠶背脊的透明的絲路。

一個禮拜六的黃昏，林乞食由孫女兒阿英、阿珠陪伴在田間路上散步，他望着一片整齊美麗的稻穀，笑着對她們說：

「我們鄉下不再是窮人的世界，現在簡直像個天堂了。」

第二十五章　男婚女嫁終身事　舊屋新房各有天

林石頭領到了五萬塊錢的甲種示範國民住宅貸款，和一張兩層洋樓的建築圖樣，貸款分十年攤還，圖樣是免費設計的。

林石頭馬上大興土木，阿英還把武大任找來幫忙。

新洋房完全照着圖樣動工。另外還將老屋旁邊的牛欄折除，與原來的豬舍合併擴建成新式豬舍，準備大批養豬，豬舍後面做了一個新式糞窖，利用豬糞產生沼氣，作爲煮飯的燃料。這是農會陳井田替他設計的。

所有的建築工程，一個多月就大功告成。

新洋房有一個十個塌塌米的大客廳，裡面的大小擺設，都是按照原來的設計購買的，一套[redacted]沙發，一架高架立地電扇，一架電唱收音機，一個報架，一個衣帽架，一個雕着圖案花紋漆成絳色的五尺高的長木台，上面擺一個[redacted]的祖宗神龕，一對蓮花形狀的電燈，此外是金魚缸、紅珊瑚、花瓶、大龍蝦殼等等小玩藝，非常雅緻。

新屋落成之後第一件事是替狗仔阿英結婚，狗仔不久前和麗水村陳家姑娘訂了婚，這次和阿英合併舉行婚禮，一舉兩便，雙喜臨門。

武大任在林乞食的要求下，結束了他的小麵食店，他積存了一點現款，同時在銀行裡提出了退役金，總共也有三萬多塊錢。他替阿英做了幾件新衣，買了一對戒指，還送了林石頭一千個禮餅。本來林石頭不要他的聘金，也不要他這麼多禮餅，只要他準備兩百個禮餅意思一下就行。他爲了自己的面子，自動加了四倍，連自己的一套新西裝，一共花了上萬塊錢。

林石頭陪給阿英的嫁粧，是原來的那兩間老式新屋送給他們住，老屋讓武大任培養洋菇，豬舍可養幾十頭豬，他們合資經營，這樣武大任就可以安定下來，不必再作小生意了。

林朝海早兩天就趕了回來，他坐着公路局的汽車在門口下車，他門口就是一條柏油路，設了一個停車站，一個公告牌。他看見家裡氣象一新，非常高興。

他替侄兒侄女帶回來一大皮箱禮物，送了武大任一套西裝，一雙皮鞋，一隻手錶，武大任的身材和他差不多，他早就留意。武大任受了他這樣的重禮，心裡過意不去，非常抱歉地說：

「阿叔，你送我這麼重的禮，我怎麼敢當？」

「不要見外，我老實告訴你，我送你們幾個人的東西，合起來還不到一條旗魚。」林朝海爽朗地說：

「要是十多年前，我連一雙皮鞋也送不起，我想打腫了臉充胖子也辦不到。」

林石頭問他打漁的情形怎樣？他說很好，下半年預備買一對巾着網的新漁船。

「那要多少錢？」林石頭關心地問。

「連設備一起要上百萬。」林朝海回答。

大家聽了都張着嘴啊了一聲。林乞食笑着對他說：

「阿海，你好大的心！，你眞的發了洋財？怎麼拿得出這麼多的錢？」

「阿爸，我手上有一條漁船！」林朝海笑着回答：「漁會還有存款，即使相差十萬八萬，也可以貸，要是運氣好，一網兩網就可以拉上來。」

「嚯！那眞是金子網！」林乞食笑哈哈地說。

「阿爸，有巾着網漁船的人，這兩年都發了大財，陳添財已經有十條巾着網的漁船，我是矮子爬樓梯，步步高，沒有他快。」

「阿海，財發十年無囤處，你這樣下去我們窮漢也可以掛千頃牌了？」林乞食說。

「阿爸，大家掛千頃牌，千頃牌也就不稀奇了。」林朝海笑着說：「我看我們村子裡有我們這種洋房子的人已經有十多家啦。」

「以前那次大水，二十年也沒有復原，這次眞是火燒船廠，越燒越旺。」林乞食說。

「阿海，我們村子的確已經變了樣，我帶你出去看看。」林石頭說：

林朝海高興地跟着哥哥走，同時把武大任一拖，他們三人一道出來。

林石頭先帶弟弟看新建的猪舍，告訴他準備先養二十條小猪，讓武大任專心照顧，一隻猪養五個月就可以賣掉，每隻猪可以賺三、四百塊錢，二十隻可以賺七、八千塊。小猪飼料都由農會供給，他們不要花一個本錢，只出人工，他已經和農會接洽好，擔任養猪示範戶。要是成績好，第二批再多養。

老屋現在是空着的，只放些雜物和農具，他準備十月開始培養洋菇，洋菇從十月養到第二年三月，一坪每月可以賺一百多塊，老屋可以重重疊疊養上百坪，地方小，利息大得很。而且由農會代銷，出路不成問題。林朝海覺得這副業很好，他非常贊成。

隨後林石頭又帶他去看重劃後的田。所有的田都已經變了樣子，原來的界限完全不見，現在大小都差不多，他根本不知道那是自己的田？林石頭指給他看，他簡直不敢相信。他看禾苗長得沒有別人的高，他有點奇怪，禁不住問林石頭：

「阿兄，今年的禾苗怎麼比別人的矮，看樣子又像害了赤枯病？」

「這是臺南一號新種」，林石頭指指深綠的禾苗說：「它長得很好，牠的好處就是矮，但是分蘗多，產量多，說不定今年更會豐收。」

武大任聽他這樣說，突然插嘴：

「要是我家裡知道改進生產，那眞是遍地黃金。」

「你家裡有多少地？」林石頭問他。

「五十頃。」武大任輕鬆地回答。

「嚯！」林石頭驚叫起來：「那不是有七百畝？」

「五千畝。」武大任說：「我們家鄉一頃是一百畝。三兩甲地在我們家鄉是最起碼的農家。」

「那你是大頭家啦！」林石頭說：「臺灣倒很少哩！」

「可是現在什麼都沒有。」武大任黯然地說：「我父親鬥爭死了，母親被掃地出門，只剩下我這麼一條根。」

「不要思古債！」林朝海拍拍他的肩，安慰他說：「你和阿英兩人從頭幹起，保證會發財。我回家時才算是個窮光蛋。」

武大任聽林朝海這樣說，心裡非常安慰，也增加了幾分自信。

武大任結婚的頭天傍晚，林日昇和阿珠兩兄妹也趕了回來，他們看見新房子幾乎不敢進來。林日昇一走進客廳就驚喜地說：

「喲！這比臺北的花園洋房還好！在臺北最少值三十萬。」

隨後他們兩兄妹東看看，西看看，發現底下一層有三間正房，一個客廳，一個洗澡間，還有抽水馬桶，後面有一個大飯廳兼廚房，樓上也有三房一廳，洗澡間，還有洋台，林日昇笑着對阿珠說：

「阿珠，剛才我說少了，這房子在臺北不止三十萬。」

林乞食老夫婦住在樓上，狗仔的新房也設在樓上。他們看見小孫兒孫女，十分高興。阿珠笑着對他們說：

「阿公，阿婆，要是再有八七水災，你們可以放心睡覺，不必上屋頂，坐飛機了。」

「阿珠，別瞎扯，我受苦受難夠了，再也不能有八七水災。」林老太太笑着白孫女兒一眼。

「妳放心！」林乞食笑着揷嘴：「就算再有那麼大的水，也冲不過大肚溪堤。」

「阿婆，惟願你活一百歲，好好地享幾年福。」阿珠笑着說。

「阿婆那有那麼長的壽？那不變成了老妖精？」林老太太嘴裡這麼說，心裡却十分高興。

「阿婆！人照理可以活一百五十歲！」林日昇接嘴：「妳活一百歲不成問題，妳還健康得很。」

「阿昇！你別說夢話，人怎麼能活一百五十歲？」林老太太笑着搖頭：「人又不是老烏龜。」

「阿婆，現在醫藥發達，現在的人比五十年前的人已經多活了二十多歲。」林日昇說。

「阿婆，哥哥是學醫的，他的話不是狗屎。」阿珠笑着牽祖母下樓。

林老太太還硬朗得很，上下樓用不着人牽，阿珠看她那雙三寸金蓮，不大放心，才自動牽她。

下樓後阿珠把電扇打開，站在旁邊吹了一會，日昇把電唱收音機打開，想放一張他從臺北帶回來的Patti Page的唱片，老太太看他打開電唱機，連忙對他說：

「阿昇，我要聽歌仔戲，你找找看，在那一格？」

林日昇望着妹妹阿珠一笑，選了一張歌仔戲的唱片放上唱盤，咿咿呀呀的聲音一出，老太太的嘴巴馬上咧開，林乞食也露出了那顆缺牙。

狗仔、阿英結婚這天，新房子張燈結彩，大門口貼着「簫能引鳳，門可乘龍」八個大字的紅紙對聯，是林石頭請農省總幹事寫的，總幹事是縣議員，讀書人，林石頭最近又當選了農會理事，面子又大了一點。這次他先問了林朝海和武大任，上下聯沒有貼錯。老屋也貼了紅紙對聯，武大任、阿英的新房門口貼着「五世其昌，白頭偕老」，門楣上還貼了「天作之合」橫條。

傍晚時分，新房子裡面和院子中擺了一二十桌酒席，都是鄰舍，親戚和鄉公所農會職員理監事。大家喝酒、猜拳，熱鬧非常。

阿英穿上旗袍，高跟鞋，燙髮，再加上一番化粧，人顯得更加漂亮，使她的新嫂子黯然失色。狗仔穿着新西裝、皮鞋，有點不習慣，顯得笨手笨脚。武大任當久了軍人，穿起西裝來仍然挺胸邁步，他們兩人都沒有林日昇那麼自然瀟洒。

林乞食、林石頭、林朝海父子三人都喝了不少酒，臉孔紅得像關公。林乞食說話有點結結巴巴，但他的話特別多，逢人就說就笑，不肯住嘴。

筵席散後，阿珠拉着林朝海，悄悄地問他：

「阿叔，你什麼時候娶嬸嬸？」

「很快！」林朝海高興地回答：「這次一定搶在妳的前面。」

阿珠撒嬌地捶了他一下，隨後又關心地問：

「阿叔，未來的嬸嬸是怎樣的人？」

「她是蘇澳漁會的出納小姐，商職畢業生，自然

大家喝酒、猜拳，熱鬧非常。

比不上妳。」

「多大年紀？」

「大妳幾歲。」

「阿叔，你怎麼討這樣年輕的嬸嬸？」阿珠叫了起來。

林朝海連忙蒙住她的嘴巴，對她睞睞眼睛說：

「別大驚小怪，現在的小姐歡喜中年人。」

「鬼話，我才不歡喜！」阿珠把腰一扭。

「妳太年輕，我不必對牛彈琴。」林朝海笑着拍拍她。

阿珠奇怪地望望他，隨後又問：

「阿叔，你回不回家結婚？」

「她家在蘇澳，我只好在蘇澳結婚。」

阿珠馬上撇開他，大叫大笑地把這個秘密掀出來，林乞食老夫婦和林石頭高興得不得了，林老太太嗔怪地說：

「阿海，你不老實，你也自由戀愛！讓我乾着急！我還以為你想當和尚呢？」

兒子孫兒孫女都大笑起來，阿珠伏在她肩上笑彎了腰，笑得喘不過氣來。

第二十六章 點石成金似夢幻 赤手空拳總星真

在第一期稻穀收穫之前，農會又推廣種植甜瓜，四十天就可以收穫，利息大，而且不影響第二期稻穀插秧。林石頭在陳井田的指導之下，在稻田裡實行間作，試種了一分地。

第一期稻穀由於正條密植，排水良好，和施肥、除草、殺蟲得當，林石頭每甲田平均收了九千公斤，打破了以往的紀錄，獲得全鄉稻穀增產冠軍。

甜瓜生長得很快，稻穀割後大太陽一晒，更是日長夜大。可是也最費人工，需要小心照顧。林石頭第一次種甜瓜，沒有經驗，生怕收成不好。從開始牽藤、開花、結成小碗豆那麼大的瓜，他幾乎每天都親自下田照顧，有時還要武大任一道去，因爲武大任的家鄉出產這種瓜，他們叫冰糖瓜。

瓜由小碗豆一般大，很快地變成荸薺一般大，再變成蕃茄一般大。到了蕃茄一般大，林石頭就稍微放心，他看見田地結滿了纍纍的瓜，臉上自然浮起滿臉笑意。只要十天八天內不風風雨雨，就可以豐收了。

這正是大熱天，每天都是大太陽，一個小颱風從呂宋北部過去，對臺灣毫無影響。太陽大，瓜長得更足更甜。

四十天轉眼過去，武大任一望，就知道瓜已成熟。林石頭不大放心，他摘下十幾個先給大家嚐嚐，吃在嘴裡的確又脆又甜。林乞食老夫婦第一次吃這種瓜，更讚不絕口。林石頭決定全部摘下，除了老太太是小脚，不讓下田之外，林石頭夫婦，狗仔夫婦，武大任阿英夫婦，和林乞食統統提着籮筐下田摘瓜。

人手多，一分地半天工夫就摘完了。為了搶價錢，林石頭父子兩人立刻送到農會去，那邊有青菓商人的大卡車在等。

他們到達農會時，供銷部已經有好幾個賣瓜的農人在結賬。他們滿臉笑容，有的說一分地賺了五千多塊，有的說賺了六千多，還有一個說賺了一萬多，一個最倒運的人一分地也賺了四千多。因爲這是第一期稻穀剛剛收穫之後，大家都不需要這筆外塊，很少人提現款，多半轉存到信用部。

林石頭在家裡沒有過秤，不知道自己究竟能賺多少？在供銷部過磅之後，才知道一分地出產了四千一百多公斤，家裡留下的一籮瓜還不在內。第一批的瓜價特別好，批發兩塊錢一公斤，除了開支，他一分地賺了將近八千塊錢。這不過是兩次稻穀之間的四十天時間！連冬天的小麥和蕃薯計算，他現在是一年收四次了。

當林石頭回來把賣瓜的情形告訴林乞食，林乞食簡直不相信。他拉着山羊鬚望着林石頭說：

「一分地，四十天，賺七、八千塊，那有這樣的好事？」

「阿公，阿爸還會騙你？」狗仔看他那副樣子有點好笑。

「那我們明年栽兩甲地好了。」林乞食突然大聲地說。

「阿爸，種瓜不比種稻穀，很費人工，」林石頭笑着回答：「我看我們頂多只能種四、五分地。」

「我還能動，我可以幫忙。」林乞食精神抖擻地說。「再加上阿英夫妻兩人，人手不是很多。」

「阿爸，你說了財發十年無廻處。」林石頭伸手在籮裡拿起一個甜瓜咬了一口說：「財神爺既然上了門，還怕他跑掉？何必這麼急？你還是多享點清福吧。」

林乞食望望兒孫，都是大人，又有這麼好的房屋，他笑着往沙發背上一靠，隨手扭開收音機，收聽咿咿呀呀的歌仔戲。

林石頭收完了甜瓜，又忙着耕田、插秧，第二期稻穀他希望能趕上第一期的收成。在插秧期間，阿英和武大任也下田幫忙，林石頭指導他們密植。武大任從來沒有看見過秧插得這麼密，比他家鄉的要密一倍多。

「我家的田要是插得這麼密，那就等於多出五、六十頃土地，要是一年也收四季，那就等於兩百多頃土地了。」武大任忍不住說。

「臺灣土地少，幸虧能想出許多新法子。要是像你們家裡一樣，我種這點水田，還不够吃用，那有這種好日子？」林石頭得意地說：「十年前我還不會種小麥，更別說甜瓜了。再遲一點，我們又要開始種洋菇啦。」

武大任聽他這樣說也很高興。他已經養了二十條小豬，再種洋菇，他的生活就完全轉變了。從前他父親希望他讀書、留洋，再回來做大官，想不到剛上高中，就遇到~~[illegible]~~戰爭，眞像做了一場噩夢，現在又倒回頭來做農人，眞是一部二十四史，不知道從那兒說起？

第二期稻的初步工作一忙完，林石頭又和武大任忙着釘洋菇床架。材料全用竹子，每層一公尺寬，兩公尺長，上下相隔大約一尺四、五寸，一個床架最少五、六層，完全看老屋房間的高度而定。

第二步工作是秤稻草，按照每坪一百公斤的份量計算，再把稻草切成三、四節，浸水堆積五、六尺高，五、六尺寬，一丈多長，用力踏緊；四、五天後翻堆，混合尿素、硫酸錏；再過四、五天第二次翻堆，調節水份；第三次翻堆混合炭酸石灰，第四次翻堆混合過磷酸石灰。肥料配合按每坪尿素一公斤，硫酸錏兩公斤，炭酸石灰兩公斤，過磷酸石灰三公斤計算。第五次翻堆以後就上架了，上架前一星期已經燃燒硫磺粉末，用烟燻方法把房屋和床架消毒。

床架上的堆肥厚五、六寸，輕輕壓平，這時已是九月中旬。下種時氣溫剛好是攝氏二十六度左右。種子是農會配銷的厚生白雪種—SW—34，每隔八、九寸下一根菌絲。七、八天以後上面覆蓋四、五分厚的乾淨砂質碎土。初步工作到此完成。以後只要洒水，保持百分之六、七十的濕度。

老房子的光線本來不好，有很多地方又用稻草圍住，好在養姑只要通風換氣，不需要光亮。武大任在菇房裡裝了一盞二十支光的紅色小燈泡，進去時才扭開看看。

一天早晨，武大任走進菇房，扭開小電燈，他突然發現菇床上生出雪白的小菇子，東一團，西一點，他連忙叫阿英進來看，阿英看了也非常高興，讚賞地說：

「你養豬養得好，種洋菇也成功了。」

「這是托妳的福，看樣子我也要生根了。」武大任高興地說。

「我是絆脚石，你不生根也得生。」阿英笑着說。隨即把出菇子的事過去告訴父親。

林乞食、林石頭他們統統趕過來看，林石頭對養菇副業的成功，比武大任還高興，他對林乞食說：

「阿爸，我們又多了一個發財的路道，你更可以享福了。」

「石頭，這眞是奇事，說不定將來眞的可以點石成金？」林乞食摸摸山羊鬍鬚笑着說。

「阿爸，事在人爲。阿海赤手空拳，賺了上百萬。農會又想出許多生產的辦法，現在我們眞是一年四季都可以賺錢了。養洋菇風不吹，雨不打，天天都有生產，這個沒有用的老屋，一個月可以賺上萬塊，以前眞是做夢也想不到。」

「我看再過四、五天就可以採了。」武大任指指第一批突出土面的菇子說。

林石頭點點頭，望望他和阿英說：

「你們小心照顧，現在菇價每公斤十三塊五，我做父親的決不會虧待你們。」

第二十七章　打漁郎人財兩旺　蘇澳港旗幟飄揚

林朝海終於在蘇澳和比他小十幾歲的蘇麗文小姐結婚。

林石頭親自送父親母親來蘇澳主持婚禮，他妹妹阿銀也一道來，一則是向弟弟道賀，二則看看丈夫蕭金郎。

結婚的場面不小，漁會的理監事、職員、各冰廠、各加工廠的老闆，和大部份的漁船船主、船長，以及平日和林朝海要好的漁民都到了，比狗仔、阿英結婚還要熱鬧，禮也送得重，證婚人陳添財除了喜幛之外還送了一千塊現金。

林乞食老夫婦對這位年輕的商職畢業的媳婦非常滿意。十幾年前，他們實在躭心林朝海討不到老婆，因爲他們付不起禮餅聘金。現在兒子討了一個這麼年輕還比他多讀了六年書的太太，他們眞是做夢也沒有想到。

「阿海，你這次花了多少聘金？」老太太悄悄地問小兒子。

「阿母，我一文錢的聘金也沒有花？」林朝海回答。

「白手成家，那有這樣的好事？」老太太有點不相信。

「她家裡有錢，不在乎聘金。」

「怎麼？現在養女兒連本錢也收不回來？」老太太感歎地說：「你送了多少禮餅？」

「四千個。」

「怎麼送這樣多？」老太太又有點捨不得。

「阿母，她家裡愛面子，我只當少拉兩網魚。」

「你送了她多少首飾？」老太太又關心地問。

「一條五兩重的金項鍊，兩隻三錢重的戒指，其餘的是春夏秋冬的衣服。」林朝海向母親報賬。

「這一共花了多少錢？」

「兩萬多塊。」

「阿海，賺錢可艱苦，你怎麼花這麼多。」老太太嘮嘮叨叨起來。

「妳心痛什麼?」林乞食望着老伴兒一笑：「女大外向，阿海是左手出，右手進，她還不是都帶到我們家來?」

林石頭、林朝海、阿銀和蕭金郎都笑了起來。老太太失笑地說：

「我眞老糊塗了，算出不算進，我們還白賺了一個人!」

兒子女兒又笑了起來，蕭金郎對老太太說：

「阿母，新娘可能幹，最會管錢打算盤，阿海眞要發大財!」

老太太聽了哈哈笑，望望丈夫林乞食說：

「老頭子，說不定眞的財趕大伴?」

「阿母，魚不會蹦吊，一來就是一羣，你們現在眞是人財兩旺。」蕭金郎奉承老岳母。

「你狗嘴裡也吐出了象牙。」阿銀笑駡丈夫。

蕭金郎望望阿銀，陰陽怪氣地說：

「可惜我當初走錯了一步棋，不然我不是和阿海一樣了」

「鬼要你!」阿銀白了他一眼，他哈哈地笑起來。

第二天，林朝海夫婦陪父母哥哥姊姊到南方澳看他新買的兩條巾着網漁船。

港裡停了兩三百條漁船，都裝了馬達，巾着網的漁船最大，林朝海的新船停在港邊，十分搶眼，船屁股後面漆着海盛一號、海盛二號紅字。

林乞食他們沒有到過南方澳，從來沒有看見過這麼多新式的機動漁船，嘴裡嘖嘖叫。

林朝海把他們帶到自己的船邊，蕭金郎跳上海盛二號的船頭，笑着對大家說：

「我是海盛二號船長，歡迎上來參觀。」

老太太是小脚，幾個人把她扶上船頭。林乞食不用人扶，他自己跨了上去。船上的裝備用具他們不熟悉，問東問西，蕭金郎和林朝海替他們一一解釋。

老太太望望中艙，看到裡面有睡覺的地方，她問兒子女婿：

「你們都在這裡睡？」

「阿母，阿海在街上租了新房，現在只有我一個人睡了。」蕭金郎望望林朝海夫婦，又望望阿銀，笑着對老太太說。

老太太沒有作聲，阿銀白了丈夫一眼，對老太太說：

「阿母，你信他的鬼話？還有饞嘴的貓兒不吃魚腥？天曉得他睡在那裡？」

蕭金郎把頭轉到一邊暗笑，不看阿銀。老太太對女兒說：

「我看妳就搬到南方澳來住算了，免得心掛兩頭。」

阿銀有點遲疑不決，蕭金郎另懷鬼胎，他也不作聲。

林朝海夫婦又帶他們去參觀漁會和魚市場。漁會的新房子很漂亮，底下的魚市場更大，他們到的時候水泥地上已經擺滿了各色各樣的魚。林老太太從來沒有見過漂亮的紅魽，和最難看的魔鬼魚，以及不值錢的豆腐鯊，和最貴的針形長嘴的旗魚。

他們在魚市場留戀着不想離去。後來蕭金郎催他們去看新房，他們才走。

南方澳都是舊式的房屋，沒有林乞食那種漂亮的新洋房，林朝海租的是最好的一家，一間六蓆臥室，一間八蓆客廳，全部裱糊過，有一番喜氣，但光線空氣派頭遠不如他們的新洋房。老太太想要新媳婦回家去住，但她新婚，又在漁會做事，不好開口。

林朝海請了一個十四五歲的下女，但是新娘子蘇麗文還是親自招待翁姑和林石頭阿銀他們。她不是那種令人一見傾心的女人，但是大方，能幹，細心。她招待他們非常周到，這使林乞食夫婦更加開心。阿銀更喜歡她，姑嫂兩人很談得來，她對阿銀這位沒有受過教育的姑姑，毫無輕視的意味。蕭金郎和她很熟，他們兩人更是有說有笑。

林乞食夫婦很少出門，加之又和女兒阿銀一道，因此在南方澳住了一夜。第二天林朝海夫婦和女婿蕭金郎把他們送到蘇澳，送上火車。林朝海還特別拿出一筆路費交給林石頭說：

「阿兄，回去不要再坐慢車，到臺北以後搭觀光號，讓阿爸阿媽舒服一下。」

「阿海，慢車已經很舒服啦，比騎牛快。」林乞食笑着對兒子說，又望望媳婦：「媳婦，妳把他的荷包看緊一點，用錢容易賺錢難。」

「阿爸，你放心，」媳婦也笑着回答：「我保險明年再買一對巾着網漁船。」

「對，妳不說我差點兒忘記問妳，聽說一網可以拉起十萬八萬塊，倒底有沒有這回事？」林乞食問媳婦。

「阿爸，要是運氣好，一網還不止十萬八萬哩！」媳婦馬上回答。

「喔！那眞是金子網呀！」林乞食笑得露出了缺牙，又望望林朝海：「好，阿海，我就坐一次觀光號，開開洋葷。」

兒子媳婦都笑了起來，阿銀忽然問丈夫：

「阿海有了金子網，你怎麼還是個光人？」

「妳不要急，明年我一定和阿海合夥買一對巾着網，他一隻，我一隻，我們就變成了兩對，包妳稱心滿意。」蕭金郎輕鬆地回答，又望望新娘子：「麗文，妳贊不贊成我這個主意？」

蘇麗文還沒有來得及回答，阿銀就搶着對她說：

「弟媳，妳姐夫歡喜賭，歡喜喝馬尿，又是個饞嘴的貓，以後妳叫阿海不要再分錢給他，妳代我保管好了，明年我再來看金子網。」

蕭金郎愁眉苦臉直抓後腦殼，林乞食老夫婦和兒子媳婦都哈哈笑。隨後老太太又教訓女婿幾句，才上車去。

林朝海新婚期中休息了三天，第四天早晨又出海作業。這兩艘巾着網漁船剛買不久，只出海幾次，收穫不十分理想，他希望一個鯖魚季就把本錢撈回，因此不願多休息，要親自出馬，使用巾着網最要緊的是要能看出魚羣多寡，把握潮流，風向，和魚羣迴游方向，然後投網，判斷正確與否，關係很大。加之巾着網漁船分成標準和鏢旗魚，鯖魚一隻釣，又不相同。扣除成本後，船員三成，漁船三成，巾着網四成，漁船和網都是他的，因此他一個人可以得七成，巾着網漁船的收入多，利益大，所以船主更容易發財。

蕭金郎沒想到第四天天還未大亮他就上船，打趣地問他：

「阿海，海水那有熱被臥舒服？你怎麼捨得離開新娘子？」

「姐夫，不要說酒話，我們一道出海。」林朝海一面回答他，一面指揮開船。

蕭金郎也只好指揮海盛二號開船。

巾着網漁船比其他的漁船大，兩條船一前一後出港，樣子十分神氣。

海上沒有霧，天氣晴朗，一眼可以望見很遠。風力不過二級，浪也很小。

船一駛到漁場，船員們就將兩條船頭用鋼索連繫起來，一面在船尾將魚取部與袖網端縫合，將締括鋼同時捆緊在吊網桿上，然後以同等航速尋找魚羣。

浮游在海面的是鯖魚，鰹魚，皮刀魚，鯧魚，海鰺，烏魚。他們尋找了好半天，才發現一處海面有一團黑暈，林朝海判斷那是鯖魚羣，他看準了潮流，風向和魚羣迴游方向才吩咐將兩條船頭的綱纜解開，將船尾的漁取部放下，兩條船以最大的速度包圍魚羣，再以網連繫投下重錘，以捲揚機揚起括網，依揚網順序，將網操上，網一出水，鯖魚都滾落網底，數不清有多少條？只覺得比前幾次重很多。

這天就只發現這一個魚羣，沒有再下第二網。回港以後，在魚市場一過磅，才知道有四千五百多公斤，每公斤十元，這一網就撈了四萬五千多塊，除去魚市場管理費等開支，林朝海一個人分了將近三萬塊。

幾天後，烏魚汎至，南方澳所有巾着網的漁船，統統開到高雄海面去捕烏魚。一百多條船，在海上組成了非常壯觀的船隊，陳添財一個人有十條，他的船和林朝海的兩條船走在一道，連夜兼程並進。

一到岡山海面，只見一片烏黑。這些從長江出海游到高雄附近海面產卵的烏魚眞怪，每年冬至前後準時到達，沒有一次誤卯。

船員們望見這麼多烏魚羣，一片歡呼，漁船一對對地各自選擇目標下網。

林朝海第一網拉起四五千條。兩條船上的船員都歡呼起來，彷彿撈起一個個活元寶。以後每次下網，最少也有兩三千條。

第一天他們開到高雄市魚市場去賣，魚市場幾乎全是烏魚。林朝海兩條船撈了三萬六千多條。烏魚論條不論斤，公母平均每條六塊多臺幣，第一天總值就超過二十萬。

以後又接連撈了四天，每天都在兩萬條以上，四天以後就沒有烏魚羣來。

林朝海和漁會結賬，他一共捕了十二萬多條，總值七十多萬，除掉分成和開支，他獲利將近五十萬。他這一組巾着網漁船是從南方澳來的漁船當中捕獲量最多的一組。陳添財這個把禮拜工夫，也實賺了兩百萬。

「阿海，巾着網眞是財神爺，明年我眞要想辦法買一條。」回到南方澳，郎舅兩人一上岸，蕭金郎就這樣對林朝海說。

「我勸你不要賭，不要亂來，你不聽我的話，不然弄一條鏢魚船絕對沒有問題。」

「阿海，這就叫做江山易改，本性難移。我和吳長發一樣，就吃了這個虧！」蕭金郎第一次認錯。

「從現在起，我聽阿銀的話，開始積錢。」

「喝點酒倒沒有關係，你吃喝鏢賭樣樣來，那怎麼成？」林朝海望望蕭金郎說。

「阿海，你不要再說，我一定戒，一定戒！」

「每次你都說戒，戒了這麼多年，還是老樣子。」

「阿海，這次我是眞戒！」蕭金郎幾乎發誓：「說良心話，你一下撈了四五十萬，我也有點眼紅。我先沒有想到巾原着網有這麼大的好處，一年只要打幾天烏魚就吃不了，用不完，我何必再去塞狗洞？」

「浪子回頭金不換，」林朝海望着蕭金郎說：「姐夫，你要眞能夠歸正，明年我一定湊幾個錢，讓你買條漁船。」

「好！」蕭金郎在林朝海肩上一拍：「阿海，我們一言爲定！」

林朝海把他帶回家。蘇麗文看他們回來，非常高興，她婚假還沒有滿，沒有上班，她不先問丈夫賺了多少錢，連忙叫下女出去買酒買菜。蕭金郎却自動地向她報告。

「麗文，阿海這次賺了四五十萬，他結了婚，財喜更好，妳眞是走的幫夫運！」

「姐夫，你別給我戴高帽子。」蘇麗文笑着回答：「一來是他一個釘子一個眼，二來是巾着網的功勞，我坐在家裡幫了他什麼忙？」

「好！」蕭金郎雙手一拍：「你們眞是龍配龍，鳳配鳳。我這個跳蚤配了臭蟲，難怪發不了財。」

「姐夫，你別屁股不正怪板櫈歪。」林朝海笑着揷嘴。

蘇麗文吃吃地笑，蕭金郎向他們兩人一揖：

「得罪，得罪！」

林朝海看下女買了兩瓶五加皮，一大包滷菜進來，又笑着對蕭金郎說：

「你現在儘量喝吧！喝醉了我送你上船去睡。」

蕭金郎毫不客氣地大吃大喝起來，比以前在小攤子上吃喝要愜意得多。他終於喝得大醉。

第二天是海員節，所有的漁船都沒有出海，爲了慶祝這次烏魚大豐收，船上掛滿了旗幟，放了許多鞭炮，港內五彩繽紛，岸上有高蹺隊遊行，化裝成「八仙過海」，還有許多人手上舉着紙紮的旗魚、鯊魚、鰆魚、馬頭魚、鯖魚、鰹魚、飛魚、紅鮒等等，整個南方澳一片歡欣。

蕭金郎被鞭炮鑼鼓聲吵醒，迷迷糊糊地自言自語：

「又是誰結婚？這麼開心！」

第二十八章　少年不識愁滋味
出國留洋學長生

林日昇因爲學業成績優異，考取了留美，還請到了獎學金，一服完兵役，他就出國。

出國以前，他在家裡住了幾天，林石頭替他籌了一筆路費。

他走的頭一天晚上，林乞食還對他說：

林日昇說：「我想出國多學點新的東西。」

「阿昇，你大學畢業了還留什麼洋？我一個大字不識，你阿爸西瓜大的字也認不滿一籮筐，你讀了一肚子書，還留什麼洋？在家裡當個醫生不好？」

「阿公，醫學一天天進步，我想出國多學點新的東西。」林日昇說。

「阿昇，你這一出去不知道是三年還是五載？我那有那麼長的眉毛等你回來？」林老太太說。

「阿婆，妳還够活。說不定我在美國能發明長生藥，妳還可以再活七八十歲。」

「阿昇，我倒不想變成老烏龜。」老太太笑着說：「我只希望能看到你回來。」

「阿昇，你可不能當美國人，一去不回來，枉費了我們一片心？」林乞食說。

「阿公，你放心。」林日昇一笑：「我不會忘本。」

「阿昇，你還沒有定親，你可不能討個洋婆子？

」林老太太說。「我看你最好是定了親再出洋。」

「阿婆，定親不是定貨，三天兩天怎麽行？」林日昇笑着回答。

「龍泉村王家上次托人來提過親，人家姑娘也是中學畢業的，你要是願意，一句話就成。」老太太說

「阿婆，婚姻的事不是這麽簡單。」

「我嫁你阿公以前，連面都沒有見過。你阿爸阿母也沒有談過什麽戀愛，不都是好好的？」老太太理直氣壯地說：「你們年輕人才興這一套，今年結婚，明年離婚的也是你們這些人。」

阿珠和日昇都笑了起來，老太太指着他們兄妹兩人說：

「你們不要笑，我知道你們的毛病多得很。阿珠更是人小鬼大。」

他們兩兄妹笑得更厲害。阿珠笑過之後又問她：

「阿婆，我最老實，妳怎麽冤枉我？」

「妳老實？妳比阿英鬼怪多了。」老太太笑着說：「女孩子還是不讀書好。」

「阿婆，現在的女孩子不讀書嫁不出去啦！」林日昇說。

「胡說，一家養女百家求，現在臺灣女人更吃香，怎麽會嫁不出去？」老太太白了孫兒一眼。

「阿婆，妳的彎彎枴杖也有點兒彎彎理，我們不和妳辯。」阿珠笑着打退堂鼓。

老太太也高興地收兵。

第二天林日昇和阿珠一道離家，阿珠在師大讀教育行政，學校也開學了。

全家人連同阿英、武大任都送他們，老太太三寸金蓮，走起路來風擺柳，她走到院子門口，林日昇、阿珠兩兄妹就不讓她送，她再三叮囑林日昇：

「阿昇，你不要有奶就是娘，樹長天高，葉落歸根，讀完了書早點回來，我等着吃你的喜酒。」

公路局的大巴士嗞的一聲停住，下來了三個人，林日昇阿珠兩兄妹連忙上車，車子開動以後，他們從窗子裡伸出手來左右揮動，像鳥兒振翅高飛。

「哥哥，你還記不記得我們小時候的事？」阿珠望望整齊美麗的稻田，新的示範國民住宅——一半西式洋樓，窗明几淨，一半中式有樑子的房屋，古色古香—突然問林日昇。

「記得！」林日昇笑着點頭。「那時的田東一坵，西一坵，亂七八糟；房屋破破爛爛，又髒又暗……

……」

「過年我們吃蕃薯，打赤脚，穿破褲子……」阿珠搶着說。

林日昇用手肘碰碰她，她哦的一聲馬上住嘴，隨後又一笑，輕輕地對他說：

「大年初一，媽爲了一隻土公鷄和爸吵吵鬧鬧，現在我們家裡養了那麼多蘆花，紐咸西，公鷄都是六七斤重，她吃也不想吃，又吵着要送給姑姑，你說好笑不好笑？」

「人往高處走，水往低處流。妳現在穿高跟鞋，尼龍裙子，你還嫌料子不好啦！」林日昇望着妹妹笑。

「我是老么，運氣好，該我享福。」阿珠笑着回答。

「眞是有幸有不幸！」林日昇感慨地說：「哥哥只大我四五歲，他連國民學校都沒有畢業，我現在飄洋過海，去讀碩士博士學位，這眞是從那裡說起？」

「英姐更慘，要不是遇到武大任，我們現在都跟着丟人。」阿珠說。

「唉，可惜我走早了一步，不然可以吃到她的紅蛋。」林日昇說。

「哥哥，阿婆等着吃你的喜酒，你到底有沒有對象？」

林日昇搖搖頭。阿珠奇怪地說：

「你怎麼搞的，唸了幾年大學，連一個女朋友也沒有？」

「我的功課重，系裡幾個女同學，又都是醜八怪……」

「哼！」阿珠馬上鼻子一聳，嘴角一撇，望了他一眼：「你看你多帥？你們男人都 Smart ，我們女人都 Ugly ！」

林日昇噗哧一笑，望望妹妹：

「阿珠，妳是醋罎子。我又沒有說妳，妳吃什麼飛醋？」

「你損了我們女人，我自然要給你一點顏色。」阿珠笑着回答。

「你這樣自尊自大，小心交不到男朋友？」

「哼，我現在就有一個！」阿珠衝口而出。隨後又臉一紅，有點後悔失言。

林日昇望望她一笑，自嘲自解地說：

「一般女孩子吃香！」

「你在國內都找不到女朋友，出國準當和尚！」阿珠笑嘻嘻說：「教育部又不輸出新娘。」

「阿珠，我現在就拜託妳，留意留意有沒有合適的女同學？」

「有也是空的，你隔得那麼遠，別人近水樓臺，還不捷足先登？」

「她們也可以出國。」

「我們師範生，沒有你這麼簡單。女孩子大學畢了業，還不忙着出嫁？」

「照妳這麼說，我不慘兮兮？」林日昇望望妹妹一笑。

阿珠望望他，看他那副惶急的樣子，也笑了起來。

到臺北以後，林日昇買好了船票，阿珠也註了册，林日昇要等船期，在臺北住了幾天。這幾天當中，阿珠總是陪他玩，有時也拉一兩位女同學一道，故意給林日昇製造機會。她說這是給他「惡性補習。」可是林日昇一個也不中意，他笑着對阿珠說：

「阿珠，妳這個補習班沒有人才，盡是破銅爛鐵。」

阿珠氣得捶了他一拳，笑着駡他：

「你真是狗咬呂洞賓，不識好人心！我費了多少心機，你還挑精揀肥？」

「阿珠，說真的，王小姐太胖，中年以後更會變成一個啤酒桶，患高血壓；李小姐是ＴＢ型，性格憂鬱，不患肺病也會得癌症。」

「哥哥，你別胡說八道！」阿珠瞪他一眼。

「我完全是根據生理學心理學分析，非常科學，怎麼會胡說八道？」林日昇輕鬆地回答。我們家人都會長壽，我怎麼能討一個短命鬼？」

「哥哥你狗不吃屎，打單身活該！」阿珠笑着罵他。

「洋人的狗吃牛肉，我們家的狗也吃白米飯，水漲船高，現在那有吃屎的狗？」林日昇笑嘻嘻地說

兄妹兩人又大笑起來。

林日昇帶妹妹郊遊，看電影，上館子，用錢不少，滿不在乎。阿珠怕他錢用多了到了美國受苦，禁不住說：

「哥哥，美國人生地不熟，你把錢在臺灣花光了，難道去給人家當 Boy ，洗碟子？」

「妳放心。」林日昇拍拍她的肩膀一笑：「我服役時叔叔寄了一筆錢給我作路費，爸爸不知道，現在都換了美鈔。臺幣不在臺灣用，還能帶到美國去？」

「好！你藏私！」阿珠白他一眼：「回去時我一定告訴爸爸。」

林日昇摸出四五百塊錢的木鈔，往她的皮包裡一塞：

「好，我送妳一個紅包，妳別打小報告。」

阿珠嘻嘻地笑了起來：

「這才叫做瞞上不瞞下。我也沾了一點兒光。」

「妳將來結婚，叔叔一定會賠一大筆嫁粧。」

「哥哥，你又胡說八道？」阿珠撒嬌地白了他一眼。

「妳看妳又猴兒戴禮帽，假正經？」林日昇指着妹妹的鼻尖一笑。

阿珠忍不住噗哧一聲。

[illegible]林日昇突然想起應該向叔叔辭行，他便拉着阿珠一道來南方澳。

他們兩人都沒有來過南方澳，而且沒有見過年輕的嬸嬸。當他們找到時，林朝海不在家，蘇麗文聽說是侄兒侄女，非常高興，親自帶他們到魚市場去找林朝海。

林朝海看見他們，意外的驚喜。他正在賣魚，連忙把賣魚的事交給蕭金郎，來陪他們。

「阿昇，阿珠，什麽風把你們吹來的？」

「阿叔，哥哥明天要出國，特別來看你。」

「阿昇，你倒有良心！」林朝海高興地拍拍侄兒的肩：「臨走時還想起我。」

「阿叔，我這一去要好幾年，自然應該來看看你和阿嬸。」林日昇回答。

「阿昇，你得了博士學位一定要回來，我出錢你開醫院好了。」林朝海說。

「阿叔，我一定要報答你，決不開小差。」林日昇笑着回答。

林朝海高興地笑，把他們兩人帶到南方澳一家最好的館子吃飯，還一再囑咐林日昇：

「你在美國安心讀書好了，錢不够寫信來，我會接濟你。」

「阿叔，謝謝你，這倒不必。」林日昇說。

「你可千萬不能給洋人洗盌掃地？」林朝海說。

「阿叔，你放心，學我們這一行的在學校裡就可以找到好差事。說不定可以寄點美金回來？」

「家裡不缺錢用，你自己賺自己花好了。」林朝海說：「你要是能發明長生藥，讓阿公阿婆多活幾十年，那就更好。她們吃苦太多，應該讓他們多享點福。」

林日昇笑着點頭。飯後他們立刻告辭，林朝海夫婦把他們送到蘇澳。

上火車之前林朝海又送錢給侄兒，林日昇不好意思再要。他送了一千塊錢給阿珠零用，他一向疼愛阿珠，阿珠也老實不客氣地接受了。

車子開出蘇澳站之後，阿珠突然笑起來。林日昇奇怪地望望她：

「阿珠，你發神經病？」

「哥哥，我陪你來一趟南方澳，賺了一千塊，抵得我當兩個月的家敎！叔叔眞好！」阿珠笑着說。

「阿珠，我眞要發明長生藥才好。」林日昇也笑着說。

「為什麼？」

「嬸嬸太年輕。」林日昇輕輕地說。「叔叔應該比她多活十幾歲。」

兩兄妹又笑了起來。

第二天，阿珠送哥哥到基隆上船。他們一直說說笑笑，直到船開頭時，阿珠突然眼圈一紅，有點想哭。忽然她想起一件事，連忙揚揚手絹，高聲地對林日昇說：

「哥哥，我想起來了，英語中心有位女同學，不胖不瘦，不高不矮…………」

她沒頭沒腦的話使林日昇微微一楞，隨後會意，不禁失聲笑了起來。

阿珠也噗哧一笑，連忙用手絹揉揉眼睛。

第二十九章　乞食夫婦都高壽　朝海烏魚大豐收

林乞食老夫婦八十雙慶。

林朝海夫婦頭兩天清早就搭車到臺北，特別跑到師大去找阿珠。阿珠已經四年級，恰巧她沒有課，正和一位男同學並肩坐在圖書館裡看書，他們兩夫婦在別的同學指引下，找到了阿珠。

阿珠看見他們又驚又喜，連忙問什麼事？林朝海拍拍她的肩說：

「阿珠，後天是阿公、阿婆八十整壽，我們應該回去拜壽。」

阿珠哦了一聲，她沒有想到後天是祖父母的生日。她連忙答應，同時介紹那位男同學和他們認識。那男的戴了一副眼鏡，樣子很文雅老誠，年齡和阿珠不相上下。林朝海高興地和他握握手，談了幾句話，知道他是江蘇人。

阿珠連忙寫了一張假條，往那男的手上一塞：

「麻煩你代我送上去，我回家去替祖父母拜壽。他們八十歲，我不能不去。」

那男的羨慕地點點頭。阿珠便和林朝海夫婦走出來，在路邊叫住一輛紅色計程車，直開火車站。

「阿珠，妳和那位男同學很要好是不是？」林朝海問她，[redacted]。

阿珠點點頭，隨後又問他：

「阿叔，你看他人品怎樣？」

「很好，很好。」林朝海連連點頭：「他家鄉我到過。」

「那地方怎樣？」阿珠問。

「魚米之鄉，山清水秀，比我們鄉下還好。」

「阿叔，要是我嫁給他，你同不同意？」

「我怎麼會不同意？」林朝海向侄女兒一笑。

「他是外省人嘛！」阿珠撒嬌地說。

「武大任還不是外省人？妳姐姐還不是嫁給他了？」

「他是姐姐的恩人，對我們家裡有好處。徐延齡不過是我的同學，又沒有救過我，我怕阿婆不肯？」

「放心，我會幫你的腔。」林朝海拍拍侄女兒。

「阿叔，還有一件事我要告訴你。」

「什麼事？」林朝海連忙問。

「他家裡沒有錢。」阿珠低沉地說。

「只要妳願意，沒有錢有什麼關係？我多賠點嫁粧好了。」

阿珠感動地往林朝海身上一撲，喃喃地說：

「阿叔，你太好了！」

「阿珠，阿叔是窮過來的。」林朝海扶起她，望着她說：「我知道窮人的苦處。說不定徐延齡以前比我們強一百倍，他們逃到臺灣來，又不能帶着地皮頂着房子走，何況他馬上就要大學畢業，窮也不久。」

「阿叔，我們本省人有多少像你這樣開通？」

「要是阿叔沒有去過大陸，阿叔也會反對。」林朝海坦白地說。

車子從郵政總局門口經過，林朝海突然想起一件事，要司機停車，他單獨下去，要太太和阿珠坐到車站。

他用阿珠的名字、地址，匯了一千塊錢給劉阿土的太太，快過年了，他想他家裡一定需要錢用。這些年來，他逢年過節總要寄點錢去，每次都沒有退回，有時還接到一封感謝的信，稱他為恩人。但劉阿土的太太始終不知道他是什麼人？他幾乎每次都用不同的名義，不同的地址寄錢。他一想起劉阿土，心裡就有點難過，不然他現在也應該過好日子。

他走到火車站時，她們兩人正着急地等待他。阿珠連忙問他：

「阿叔，你偷偷摸摸地跑到郵政局幹什麼？」

「我寄點錢給阿昇用。」他撒了一個謊。

「你又不會寫英文，怎麽寄法？」阿珠說。

「妳嬸嬸依樣畫葫蘆，畫了好多個放在我皮包裡。」他拍拍他的大皮包。

阿珠望望嬸嬸，嬸嬸點點頭，他這才深信不疑，不過他又對林朝海說：

「阿叔，哥哥很會花錢，你寄得多，他花得多，以後不要再寄了。」

「我瞭解阿昇，他不是亂花錢的人。」林朝海一本正經地說：「其實我很少寄錢給他，因爲手續太麻煩，以後我乾脆讓妳來辦。說不定他在美國交了洋朋友，更需要錢用。」

「阿婆不准他討外國女人。」阿珠說：「阿婆是老祖宗，哥哥不敢不依。」

林朝海夫婦都笑了起來。

林朝海買了三張觀光號的車票，不慌不忙地上車。

林朝海只坐過柴油快，沒有坐過觀光號，蘇麗文和阿珠更沒有坐過。今天因爲高興，這一向打漁又賺了不少錢，加之蘇麗文有孕，所以選了觀光號。

觀光號比柴油快更好，女服務生一個個身長玉立，貌美如花，服務也特別週到。林朝海想起自己戰後回臺灣和去南方澳打漁時坐的那種慢車，眞是恍如隔世，他無異從地獄跳進了天堂。

「阿叔，我們土包子變成觀光客了。」阿珠輕輕地對林朝海說。

「阿珠，妳的運氣眞好，吃魚吃肉的事妳都趕上了。」林朝海笑着回答。

「阿叔，大樹底下好遮蔭，我還不是托你的福？」阿珠乖巧地說。

林朝海開心地笑了，蘇麗文也望望她讚賞地一笑。

到寮中下車，他們又一道去阿銀家裡。阿銀已經搬了家，買了三間瓦屋，有一個小院子，比從前好多了。

「你們是不是回來給阿爸、阿母祝壽？」阿銀一看見他們就高興地問。

「[redacted]姐，妳眞是個靈姑，一猜就對。」林朝海笑着回答。

「小弟，總算你有良心，沒有忘記阿爸、阿母的生日。」阿銀誇奬弟弟，隨後又問：「金郎怎麼沒有回來？」

「姐夫帶船到高雄打烏魚去了，我們兩個人總要有一個人在船上。」

「要不是遇上烏魚汛，他應該回來拜壽才對。」阿銀說。

「[redacted]姐，心到神知，妳帶外甥去也是一樣。」林朝海說。

阿銀的兒子也唸高三了，她只有這麼一個獨子，她不肯到南方澳去就是爲了要照顧兒子讀書，他把兒子看得比丈夫重要。他聽林朝海這樣說，高興地一笑：

「我自然少不得要帶他去向外公、外婆磕個頭，沾點光。」

「[redacted]姐，外甥放了學我們就一道走。」

「我明天去行不行？」

「家裡又不是沒有地方住，我們一道去好了。」

阿銀連忙收檢一下，把她早就給母親做好的兩雙綉花緞面小鞋拿出來，阿珠看了那尖尖的小鞋，不禁好笑。

「阿姑，這麼小的鞋，虧妳做得出來？」

「阿母的鞋買不到，我不做誰做？」阿銀笑着回答：「我看妳連針線都不會拿？」

阿珠嘻嘻的笑，阿銀又說：

「阿珠，小脚一雙，眼淚一缸。還是妳們好，和男人一樣，大脚板，現成的鞋，連針線都不要拿。」

阿珠把綉花鞋放在自己脚上比比，只有一半長，她又笑了起來，蘇麗文也好笑。

阿銀接過去，和別的禮物包在一起。

阿銀的兒子揹着大書包回來，他沒有見過蘇麗文，瞪着眼睛望着她，阿銀連忙對他說：

「還不快叫舅母？」

他頭一低，羞澀地叫了一聲。隨後又叫舅舅和表姐。

林朝海催他們動身，阿銀告訴兒子說要到外婆家去，他說沒有請假，又要準備考試，後天自己再去，阿銀只好同意，林朝海要他一道去館子裡吃飯。

飯後阿銀給了兒子五十塊錢，要他在外面吃飯坐車。她便和林朝海他們坐計程車去娘家。

計程車在柏油馬路上飛馳，車子快到他家時，他望見了遍地韮菜般的小麥，他彷彿置身在長江一帶，心裡有無限的歡欣，無限的感慨。時間一晃就快二十年，這二十年的變動實在太大，他暗自慶幸，臺灣一天天繁榮，自己也矮子爬樓梯，步步高，家裡人財興旺，父母多福多壽，這是當年他回家時沒有想到的。

計程車嗞的一聲，在他門口停住，他揉揉眼睛，鑽了出來。

林乞食老夫婦看見兒子，女兒、媳婦、孫女兒都回來了，都張着嘴笑。媳婦是第一次回家，看她大着肚子，更加高興。

蘇麗文沒有想到鄉下會有這樣漂亮的洋房？她十分驚訝。林朝海笑着對她說：

「要是十年前，我眞不敢帶妳回來，現在是兩個世界了。」

隨後林朝海又介紹她和嫂嫂王足，狗仔夫婦，阿英夫婦認識，狗仔、阿英早就生了兒子，現在又快生第二個了，她還是剛剛見喜，比他們遲了很多。

房子裡電燈通明，和城裡完全一樣，林石頭夫婦安排了弟弟，弟婦和妹妹女兒的房間之後，又帶他們去參觀洋菇和猪，他在這方面的成績很好，賺了大錢，抵得種一兩甲田。猪已經發展到五十條，武大任自己會打防疫針，用不着再要農會指導了。

阿英這邊完全利用猪糞窖裡發出的沼氣燒菜煮飯，蘇麗文從來沒有見過，覺得十分新奇。

最後林石頭又帶弟媳婦去新房子後面參觀他養的洋鷄，鷄舍在葡萄架下，靠着院牆，鷄不多，只有十幾隻海蘭種的蛋鷄，二十幾隻蘆花和紐咸西，以及她們的混血種。這種鷄殺一隻就够全家大小吃一頓，這次林乞食夫婦生日，更不愁沒有鷄吃了。

林乞食夫婦生日這天，林朝海一起來，就在客廳看報，他忽然看到高雄烏魚大豊收的消息，海盛一二三四號兩組漁船打破歷年紀錄，四天工夫，每組都撈了十三萬多條，他高興得叫了起來，連忙告訴林乞食夫婦：

「阿爸，阿母，今年烏魚大豐收，我們賺了上百萬了。」

林老太太高興得張着嘴哇哇叫，林乞食喃喃地說：

「我們是眞的發財了！我們是眞的發財了！」

「阿爸，阿母，這都是托你們的福。」兒子媳婦都這樣說。

烏魚大豐收的消息，更增加了生日的喜氣，上午縣長又派專人送了一塊「多福多壽」的大鏡框來，不到中午，鄉長，農會理事長，總幹事，和鄉公所農會重要職員都帶了禮物來道賀。

中午十二點正，一輛黑色的小轎車，嗞的一聲停在林乞食的院子門口，大家伸頭一望，王仁貴從轎車裡鑽了出來，大家連忙趕出去迎接。王仁貴笑着和大家打招呼，又打量新房子一眼，笑着對林石頭兩兄弟說：

「我說了你們會興旺的，現在果然應驗了。」

「托阿叔的洪福。」林石頭兩兄弟謙遜地說。林朝海現在自己發了財，也沒有那股窮氣了。

王仁貴已經六十多，但他把仁丹鬍鬚刮掉了，人反而顯得更加年輕，他的司機跟在他的後面，托着一個精緻的長方硬紙盒，裡面放着兩件上好的尼龍衣料，他看見林乞食夫婦，抱拳向壽星一揖，隨手接過紙盒，親手遞給林乞食：

「這是我自己廠裡的出品，送給兩位壽星做套衣服換換新，不成敬意。」

林乞食兩夫婦受寵若驚，林乞食端着紙盒的雙手有點發抖，嘴裡結結巴巴地說不出話來。

林朝海連忙包了一個紅包送給司機，司機說了好幾聲多謝。

客廳掛了好幾副壽屛，當中掛了一個大紅壽字，和縣長送的大鏡框。林石頭看看客人已經到齊，馬上點燃一對大紅臘燭，把林乞食夫婦請在上面的雙人沙發上坐下，林乞食手中抱着曾孫，林老太太手中抱着曾外孫，林石頭領先跪下向他們磕頭，依次一個個跪拜。阿珠的輩份小，又不慣於下跪，她拉着姐姐阿英一道拜了三拜，連忙爬起來。

客人們也向壽星鞠了躬，王仁貴鞠躬時林乞食連忙站了起來，大聲說「不敢當啦，不敢當啦。」

「今天壽星爲大，你們又長我許多，應當受我一

林乞食夫婦生日，客人們紛紛前來拜壽。

禮。」王仁貴笑着說，隨即遞給林乞食一根雪茄。林乞食沒有見過這種烟，又是受寵若驚，王仁貴教他吸着，他恭恭敬敬地說了一聲「多謝頭家。」

「嘿！」王仁貴嘿嘿一笑：「現在我們一般高，你怎麼還來這個老套？」

酒菜擺了上來，一共三桌，林石頭連忙招呼大家入座。吃到一半，酒酣耳熱時，郵差送了一封航空信來。阿珠接着一看，忙說：

「哥哥來的，哥哥來的！」

林石頭要她拆開看，她迅速地看了一遍，高興地說：

「哥哥向阿公阿婆祝壽，他已經得了碩士學位，而且和一位華僑小姐訂了婚。他說一得到博士學位就結婚，和新嫂嫂一道回國開醫院……」。

「拿我看，拿我看！」林朝海不等阿珠說完就伸手來拿信。

阿珠一面把信交給他一面說：

「他還說美國現在發明了一種新藥，比維他命E好得多，吃了更可以延年益壽，長生不老。」

「嚯！有這樣的好藥我真不想上西天，情願一直享你們的福。那天還想回泉州老家去看看。」林乞食興奮地說。

「阿爸，泉州老家還有什麼親人？」林石頭懷疑地問。

「石頭，千朵桃花一樹生。」林乞食指指祖宗牌位說：「我們是從高曾祖到臺灣來的，我只要提起高祖宗的名字，族譜上一定可以查出來。」

「一旦[illegible]回大陸，我一定要到處遊歷一番。」王仁貴馬上接嘴：「我的塑膠生意更可以發大財。」

林乞食笑着拉起老伴兒，擧起酒盃敬客人的酒，撫着花白的山羊鬍說：

「希望大家都活一百歲，好日子還在後頭。」

兒孫們看見他這樣快活，都站起來敬他的酒，圍着兩老一片嘻嘻哈哈的笑聲。他們兩人看看小媳婦，孫媳婦和孫女兒阿英，都挺着肚子，站在面前，更是滿面春風，彷彿年輕了二十歲，林乞食喝了不少酒，心裡更加快樂，他把阿珠往身邊一拉，輕輕地問她：

「寶，妳什麼時候結婚？」

田玄人註：此為早年長篇小說之一（原名為合家歡，共二六七頁），亦為有趣、最有價值者之一。
二00七年四月九日晚九時三十分重校、文林云
二0一0年一月五日三校，正名為大風大浪之書

墨人博士著作書目（校正版）

書目	類別	出版者	出版時間
一、自由的火焰 ⎫ 與《山之禮讚》合併	詩集	自印（左營）	民國三十九年（一九五〇）
二、哀祖國 ⎭ 易名《墨人新詩集》	詩集	大江出版社（臺北）	民國四十一年（一九五二）
三、最後的選擇	短篇小說	百成書店（高雄）	民國四十二年（一九五三）
四、閃爍的星辰	長篇小說	大業書店（高雄）	民國四十二年（一九五三）
五、黑森林	長篇小說	香港亞洲社	民國四十四年（一九五五）
六、魔障	長篇小說	暢流半月刊（臺北）	民國四十七年（一九五八）
七、孤島長虹（全集中易名爲雷國島）	長篇小說	文壇社（臺北）	民國四十八年（一九五九）
八、古樹春藤	中篇小說	九龍東方社	民國五十一年（一九六二）
九、花嫁	短篇小說	九龍東方社	民國五十三年（一九六四）
一〇、水仙花	短篇小說	長城出版社（高雄）	民國五十三年（一九六四）
一一、白夢蘭	短篇小說	長城出版社（高雄）	民國五十三年（一九六四）
一二、颱風之夜	短篇小說	長城出版社（高雄）	民國五十三年（一九六四）

一三、白雪青山	長篇小說	長城出版社（高雄）	民國五十四年（一九六五）
一四、春梅小史	長篇小說	長城出版社（高雄）	民國五十四年（一九六五）
一五、洛陽花似錦	長篇小說	長城出版社（高雄）	民國五十四年（一九六五）
一六、東風無力百花殘	長篇小說	長城出版社（高雄）	民國五十四年（一九六五）
一七、合家歡	長篇小說	臺灣省新聞處（臺中）	民國五十四年（一九六五）
一八、紅樓夢的寫作技巧	文學理論	臺灣商務印書館（臺北）	民國五十五年（一九六六）
一九、塞外	短篇小說	臺灣商務印書館（臺北）	民國五十五年（一九六六）
二〇、碎心記	長篇小說	小說創作社（臺北）	民國五十六年（一九六七）
二一、蠶姑	長篇小說	小說創作社（臺北）	民國五十七年（一九六八）
二二、鱗爪集	散文	水牛出版社（臺北）	民國五十七年（一九六八）
二三、青雲路	短篇小說	臺灣商務印書館（臺北）	民國五十八年（一九六九）
二四、變性記	短篇小說	臺灣商務印書館（臺北）	民國五十八年（一九六九）
二五、龍鳳傳	長篇小說	幼獅書店（臺北）	民國五十九年（一九七〇）
二六、火樹銀花	長篇小說	立志出版社（臺北）	民國五十九年（一九七〇）
二七、浮生集	散文	聞道出版社（臺南）	民國六十一年（一九七二）
二八、墨人詩選	詩集	臺灣中華書局（臺北）	民國六十一年（一九七二）
二九、鳳凰谷	長篇小說	臺灣中華書局（臺北）	民國六十一年（一九七二）

三〇、墨人短篇小說選	短篇小說	臺灣中華書局（臺北）	民國六十一年（一九七二）
三一、斷腸人	短篇小說	臺灣學生書局（臺北）	民國六十一年（一九七二）
三二、詩人革命家胡漢民傳	傳記小說	近代中國社（臺北）	民國六十七年（一九七八）
三三、心猿	長篇小說	學人文化公司（臺北）	民國六十八年（一九七九）
三四、山之禮讚	詩集	秋水詩刊（臺北）	民國六十九年（一九八〇）
三五、心在山林	散文	中華日報社（臺北）	民國六十九年（一九八〇）
三六、墨人散文集	散文	學人文化公司（臺中）	民國六十九年（一九八〇）
三七、山中人語	散文	臺灣商務印書館（臺北）	民國七十二年（一九八三）
三八、花市	散文	江山出版社（臺北）	民國七十四年（一九八五）
三九、三更燈火五更雞	散文	江山出版社（臺北）	民國七十四年（一九八五）
四〇、墨人絕律詩集	詩集	臺灣商務印書館（臺北）	民國七十六年（一九八七）
四一、全唐詩尋幽探微	文學理論	臺灣商務印書館（臺北）	民國七十六年（一九八七）
四二、第二春	短篇小說	采風出版社（臺北）	民國七十七年（一九八八）
四三、全唐宋詞尋幽探微	文學理論	臺灣商務印書館（臺北）	民國七十八年（一九八九）
四四、小園昨夜又東風	散文	黎明文化公司（臺北）	民國八　十年（一九九一）
四五、紅塵（上、中、下三卷）	長篇小說	臺灣新生報社（臺北）	民國八　十年（一九九一）
四六、大陸文學之旅	散文	文史哲出版社（臺北）	民國八十一年（一九九二）

四七、紅塵續集	長篇小說	臺灣新生報社（臺北）	民國八十二年（一九九三）
四八、墨人半世紀詩選	詩　選	文史哲出版社（臺北）	民國八十四年（一九九五）
四九、張本紅樓夢（上下兩巨冊）	修訂批註	湖南出版社（長沙）	民國八十五年（一九九六）
五〇、紅塵心語	散　文	圓明出版社（臺北）	民國八十五年（一九九六）
五一、年年作客伴寒窗	散　文	中天出版社（臺北）	民國八十六年（一九九七）
五二、全宋詩導幽探微	文學理論	文史哲出版社（臺北）	民國八十九年（二〇〇〇）
五三、墨人詩詞詩話	詩詞・理論	詩藝文出版社（臺北）	民國八十九年（二〇〇〇）
五四、娑婆世界（定本）	長篇小說	昭明出版社（臺北）	民國八十八年（一九九九）
五五、白雪青山（定本）	長篇小說	昭明出版社（臺北）	民國八十九年（二〇〇〇）
五六、滾滾長江（定本）	長篇小說	昭明出版社（臺北）	民國八十九年（二〇〇〇）
五七、春梅小史（定本）	長篇小說	昭明出版社（臺北）	民國八十九年（二〇〇〇）
五八、紫燕（定本）	長篇小說	昭明出版社（臺北）	民國九　十年（二〇〇一）
五九、紅樓夢的寫作技巧（定本）	文學理論	昭明出版社（臺北）	民國九　十年（二〇〇一）
六〇、紅塵六卷（定本）	長篇小說	昭明出版社（臺北）	民國九　十年（二〇〇一）
六一、紅塵法文本	巴黎友豐（you fong）書局出版		二〇〇四年初版

附註：

▲北京中國文聯出版社二〇〇三年出版　大陸教授羅龍炎・王雅清合著《紅塵》論專書

▲臺北市昭明出版社出版墨人一系列代表作，長篇小說《娑婆世界》、一百九十多萬字的空前大長篇《紅塵》（中法文本共出五版）暨《白雪青山》（兩岸共出六版）、《滾滾長紅》、《春梅小史》、《紫燕》，短篇小說集、文學理論《紅樓夢的寫作技巧》（兩岸共出十四版）等書。臺灣中華書局出版的《墨人自選集》共五大冊，收入長篇小說《白雪青山》、《靈姑》、《鳳凰谷》、《江水悠悠》（爲《東風無力百花殘》易名）、《短篇小說・詩選》合集。《哀祖國》及《合家歡》皆由高雄大業書店再版。臺北詩藝文出版社出版的《墨人詩詞詩話》創作理論兼備，爲「五四」以來詩人、作家所未有者。

▲臺灣商務印書館於民國七十三年七月出版先留英後留美哲學博士程石泉、宋瑞等數十人的評論專集《論墨人及其作品》上、下兩冊。

▲《白雪青山》於民國七十八年（一九八九）由臺北大地出版社第三版。

▲臺北中國詩歌藝術學會於一九九五年五月出版《十三家論文》論《墨人半世紀詩選》。

▲《紅塵》於民國七十九年（一九九〇）五月由大陸黃河文化出版社出版前五十四章（香港登記、深圳市印行）。大陸因未有書號未公開發行僅供墨人「大陸文學之旅」時與會作家座談時參考。

▲北京中國文聯出版公司於一九九二年十二月出版長篇小說《春梅小史》（易名《也無風雨也無晴》）；一九九三年四月出版《紅樓夢的寫作技巧》。

▲北京中國社會科學出版社於一九九四年出版散文集《浮生小趣》。

▲北京群眾出版社於一九九五年一月出版散文集《小園昨夜又東風》；一九九五年十月京華出版社出

版長篇小說《白雪青山》大陸版，第一版三千冊，一九九七年八月再版一萬冊。

▲長沙湖南出版社於一九九六年一月初出版墨人費時十多年精心修訂批註的《張本紅樓夢》，分上下兩大冊精裝一萬一千套。立即銷完，因未經墨人親校，難免疏失，墨人未同意再版。

Mo Jen's Works

1950　*The Flames of Freedom*（poems）《自由的火焰》

1952　*Lament for My Mother Country*（poems）《哀祖國》

1953　*Glittering Stars*（novel）《閃爍的星辰》

The Last Choice（short stories）《最後的選擇》

1955　*Black Forest*（novel）《黑森林》

The Hindrance（novel）《魔障》

The Rainbow and An Isolated Island（novel）《孤島長虹》（全集中易名為富國島）

1963　*The spring Ivy and Old Tree*（novelette）《古樹春藤》

1964　*Narcissus*（novelette）《水仙花》

A Typhonic Night（novelette）《颱風之夜》

Ms.Pei Mong-lan（novelette）《白夢蘭》
The Joy of the Whole Family（novel）《合家歡》
Flower Marriage（novelette）《花嫁》
1965 *White Snow and Green Mountain*（novel）《白雪青山》
The Short Story of Miss Chung Mei（novel）《春梅小史》
The Powerless Spring Breeze and Faded Flowers（novel）《東風無力百花殘》(《江水悠悠》)
Flower Blossom in Loyang（novel）《洛陽花似錦》
1966 *The Writing Technique of the Dream of Red Chamber*（literature theory）《紅樓夢的寫作技巧》
Out of The Wild Frontier（novelette）《塞外》
1967 *A Heart-broken Story*（novel）《碎心記》
1968 *Miss Clever*（novel）《靈姑》
Trifle（prose）《鱗爪集》
1969 *The Road to Promotion*（novelette）《青雲路》
1970 *A Sex-change Story*（novelette）《變性記》
The Biography of the Dragon and the Phoenix（novel）《龍鳳傳》
1971 *A Brilliantly lighted Garden*（novel）《火樹銀花》
1972 *My Floating Life*（prose）《浮生記》

Selection of *Mo Jen's Poems*《墨人詩選》
A Heart-broken Woman（novelette）《斷腸人》
Phoènix Valley（novel）《鳳凰谷》
Mo Jen's Works（five volumes）《墨人自選集》
Selection of Mo Jen's short stores《墨人短篇小說選》
1978 *Hu Han-ming, the Poet and Revolutionist*（novel）《詩人革命家胡漢民》
1979 *The Mokey in the Heart*（i.e. The Purple Swallow renamed）《心猿》
1980 *The Hermit*（prose）《心在山林》
A Collection of Mo Jen's Prose（prose）《墨人散文集》
A Praise to Mountains（poems）《山之禮讚》
1983 *Mountaineer's Remarks*（prose）《山中人語》
1985 *My Candle Burns at Both Ends*（prose）《三更燈火五更雞》
Flower Market（prose）《花市》
1986 *A Mundane World*（novel, four volumes, over 1.9 million words）《紅塵》
1987 *Remarks on All Poems of the Tang Dynasty*（theory）《全唐詩尋幽探微》
1988 *Remarks On All Tsyr*（prose poem）*of the Tang and Sung Dynasties*（theory）《全唐宋詞尋幽探微》
1991 *The Breeze That Came From The East Last Night in My Little garden Again*（prose）《小園昨夜又東風》

1992 *Travel for Literature in Mainland China*（prose）《大陸文學之旅》

1995 *Selection of Mo Jen's Poems, 1992-1994*《墨人半世紀詩選》

1996 *I'll look upon the World*《紅塵心語》

Chang Edition of the Dream of Red Chamber《張本紅樓夢》（修訂批註）

1997 *Cherish thy guests and the Muses*《年年作伴寒窗》

1999 *Saha Shih Gai*《娑婆世界》

1999 *Remarks on All Poems of the sung Dynasties*《全宋詩尋幽探尋》

1999 *Mo Jen's Classical Poems and Prose Poems*《墨人詩詞詩話》

2004 *Poussiere Rouge*《紅塵》法文譯本

墨人博士創作年表（二〇〇五年增訂）

年度	年齡	發表出版作品及重要文學紀錄摘要
民國二十八年己卯（一九三九）	十九歲	在東南戰區《前線日報》發表〈臨川新貌〉。淪陷區著名的上海《大美晚報》隨即轉載。
民國二十九年庚辰（一九四〇）	二十歲	在《前線日報》發表〈希望〉、〈路〉等新詩作品。
民國三十年辛巳（一九四一）	二十一歲	在《前線日報》發表〈評夏伯陽〉書評等文。
民國三十一年壬午（一九四二）	二十二歲	在各大報發表〈苦難的行列〉、〈贛州禮讚〉〈長詩〉、〈老船夫〉、〈盲歌者〉、〈自己的輓歌〉、〈抹去那怯弱的眼淚吧〉、〈生命之歌〉、〈快活鳥〉、〈鷂鷹與雲雀〉等詩及散文多篇。
民國三十二年癸未（一九四三）	二十三歲	在各大報發表長詩〈鋤奸隊長〉、〈搜索連長〉、〈遙寄〉、〈寫在第七個七七〉、〈父親〉、〈受難的女神〉、〈城市的夜〉及〈火把〉、〈擊柝者〉、〈橋〉、〈古鐘〉、〈汽笛〉、〈山居〉、〈沙灘〉、〈夜行者〉、〈孤芳〉、〈蚊蟲〉、〈蒼蠅〉、〈躑躅〉、〈陽光〉、〈深秋〉、〈贈某詩人兼寫自己〉、〈哀亡命詩人〉、〈自供〉、〈自墨詩抄〉、〈哀歌〉、〈生活〉、〈給偶像崇拜者〉、〈戰書〉、〈燈下獨白〉、〈夜歸〉、〈失眠之夜〉、〈悼〉、〈殘英〉、〈黃昏曲〉、〈補綴〉、〈復活的季節〉、〈擬戀歌〉、〈晨雀〉、〈春耕〉、〈天空的搏鬥〉等長短抒情詩。另發表散文及短篇小說多篇。

民國三十三年甲申（一九四四）	二十四歲	發表〈山城草〉五首及〈沒有褲子穿的女人〉、〈襤褸的孩子〉、〈駝鈴〉、〈無聲的哭泣〉、〈長夜草〉、〈春夜〉、〈擬某女演員〉、〈蛙聲〉、〈麥笛〉等詩及散文多篇。
民國三十四年乙酉（一九四五）	二十五歲	發表〈最後的勝利〉及〈煉獄裏的聲音〉、〈神女〉、〈悶〉等長詩與散文多篇。
民國三十五年丙戌（一九四六）	二十六歲	發表〈夢〉、〈春天不在這裡〉等詩及散文多篇。
民國三十六年丁亥（一九四七）	二十七歲	發表〈冬天的歌〉、〈流浪者之歌〉、〈手杖、煙斗〉及長詩〈上海抒情〉等與散文多篇。
民國三十七年戊子（一九四八）	二十八歲	主編軍中雜誌、撰寫時論，均不署名。
民國三十八年己丑（一九四九）	二十九歲	七月渡海抵臺、發表〈呈獻〉、〈滿妹〉、及長詩〈自由的火燄〉、〈人類的童話〉等及散文多篇。
民國三十九年庚寅（一九五〇）	三十歲	發表〈站起來、捏死他！〉、〈滾出去、馬立克！〉、〈英國人〉、〈海洋頌〉等詩。出版《自由的火燄》詩集。
民國四十年辛卯（一九五一）	三十一歲	發表〈春晨獨步〉、〈炫與殉〉、〈悼三閭大夫屈原〉、〈詩聯隊〉、〈心獄之歌〉、〈子夜獨唱〉、〈真理、愛情〉、〈友情的花朵、〈啊、西風啊！〉、〈歲暮吟〉、〈師生〉、〈往事〉、〈天書〉、〈歷程〉、〈雨天〉、〈火車飛馳在海岸線上〉、〈帶路者〉、〈送第一艦隊出征〉等詩、及〈哀祖國〉長詩。
民國四十一年壬辰（一九五二）	三十二歲	發表〈未完成的想像〉、〈郵上吟〉、〈窗下吟〉、〈白髮吟〉、〈秋夜輕吟〉、〈秋訊〉、〈渴念、追求〉、〈寂寞、孤獨〉、〈冬眠〉、〈我想把你忘記〉、〈想念〉、〈成人的悲歌〉、〈訴〉、〈詩人〉、〈詩〉、〈貝絲〉、「春天的懷念」五首、〈利風〉、〈夜雨〉、〈臺灣海峽的霧〉等及散文、短篇小說多篇。出版《哀祖國》詩集。

民國四十二年癸巳（一九五三）	三十三歲	發表〈寄台北詩人〉等詩及散文短篇小說多篇。高雄百成書店出版短篇小說集《最後的選擇》，收入〈華玲〉、〈生死戀〉、〈梅蘭馨〉、〈敵人的故事〉、〈最後的選擇〉、〈蔣復成〉、〈姚醫生〉等七篇。大業書店出版長篇小說《閃爍的星晨》一、二兩冊。
民國四十三年甲午（一九五四）	三十四歲	發表〈野菜〉、〈海鷗〉、〈鳳凰木〉、〈流螢〉、〈鵝鑾鼻〉、〈海邊的城〉、〈長夏小唱〉及散文、短篇小說多篇。
民國四十四年乙未（一九五五）	三十五歲	發表〈雲〉、〈F-86〉、〈顯GK〉等詩及散文、短篇小說多篇。香港亞洲出版社出版長篇小說《黑森林》、並獲中華文獎會國父誕辰長篇小說第二獎（第一獎從缺）。
民國四十五年丙申（一九五六）	三十六歲	發表〈四月〉等詩及散文、短篇小說多篇。
民國四十六年丁酉（一九五七）	三十七歲	發表〈月亮〉、〈九月之旅〉、〈雨利花〉等詩及長篇小說《魔障》。
民國四十七年戊戌（一九五八）	三十八歲	暢流半月刊雜誌社出版長篇連載小說《魔障》。
民國四十八年己亥（一九五九）	三十九歲	發表短篇小說、散文多篇。文壇雜誌社出版長篇小說《孤島長虹》（全集中易名為《寶島》）。
民國四十九年庚子（一九六〇）	四十歲	發表〈橫貫小唱〉等詩及散文、短篇小說多篇。
民國五十年辛丑（一九六一）	四十一歲	發表〈熱帶魚〉、〈豎琴〉、〈水仙〉等詩及短篇小說甚多。奧國維也納納當出版公司編選的《世界最佳小說選》選入短篇說〈馬腳〉，同時入選者有諾貝爾文學獎得主威廉福克納、拉苯克菲斯特等世界各國名作家作品。

民國五十一年壬寅（一九六二）	四十二歲	發表〈青鳥〉、〈兩腳獸〉、〈晚會〉、〈祈禱〉等詩及短篇小說甚多。 奧國維也納高出版公司又將短篇小說《小黃》（以江州司馬筆名撰寫者）選入《世界最佳小說選》，同時入選者有諾貝爾獎得主蕭洛霍夫、郭沫若及世界各國名作家作品。
民國五十二年癸卯（一九六三）	四十三歲	香港九龍東方文學社出版社出版中篇小說《古樹春藤》。發表短篇小說、散文甚多。
民國五十三年甲辰（一九六四）	四十四歲	香港九龍東方文學社出版短篇小說集《花嫁》，收入〈教師節〉、〈劉二爹〉、〈二嫣〉、〈異鄉人〉、〈花嫁〉、〈扶桑花〉、〈南海屠鮫〉、〈高山曲〉、〈古寺心聲〉、〈誘惑〉、〈隱情〉、〈美珠〉、〈新苗〉、〈心聲淚影〉等十四篇。 高雄長城出版社出版中短篇小說集《水仙花》，收入〈水仙花〉、〈銀杏表嫂〉、〈圓房記〉、〈江湖兒女〉、〈天鵝〉、〈賭徒〉、〈搶親〉、〈黃能〉、〈風雪歸人〉、〈花子老爺〉、〈豐豐寺的居士〉、〈人與樹〉、〈過客〉、〈阿婆〉、〈馬腳〉、〈小黃〉等十六篇。 高雄長城出版社出版中短篇小說集《白夢蘭》，收入〈情敵〉、〈空手〉、〈師生〉、〈斷夢〉、〈黃昏曲〉、〈白夢蘭〉、〈平安夜〉、〈凱塞琳・萊蒙托夫與我〉、〈陽春白雪〉、〈亂世佳人〉、〈傷心之旅〉、〈白衣清淚〉、〈護士與病人〉、〈如夢記〉、〈除夕〉等十五篇。　高雄長城出版社出版《中華日報》連載的二十五萬字長篇小說《白雪青山》。　發表短篇小說、散文甚多。
民國五十四年乙巳（一九六五）	四十五歲	高雄長城出版社出版連載長篇小說《洛陽花似錦》、《春梅小史》、《東風無力百花殘》三部。　發表短篇小說、散文甚多。 省政府新聞處出版長篇小說《合家歡》。
民國五十五年丙午（一九六六）	四十六歲	是年五月赴馬尼拉華僑文教講習會講授「紅樓夢的寫作技巧」及新詩課程一個月。 商務印書館出版文學理論專著《紅樓夢的寫作技巧》，全書共十五萬字。 商務印書館出版中短篇小說集《塞外》。收入〈塞外〉、〈騙子〉、〈百合花〉、〈天山風雲〉、〈白金龍〉、〈白狼〉、〈秋爾紫鵑〉、〈齊萬秋的衣缽〉、〈半路夫妻〉、〈百鳥聲喧〉、〈風竹與野馬〉、〈美人計〉、〈夜襲〉、〈花燭劫〉等十四篇。

民國五十六年丁未（一九六七）	四十七歲	發表短篇小說、散文甚多。小說創作社出版連載長篇小說《碎心記》。
民國五十七年戊申（一九六八）	四十八歲	小說創作社出版《中華日報》連載長篇小說《蘿姑》。水牛出版社出版散文集《鱗爪集》，收入〈家鄉的魚〉、〈家鄉的鳥〉、〈雪天的懷念〉、〈秋山紅葉〉、〈學問與創作之間〉等散文七十六篇、舊詩三首。
民國五十八年己酉（一九六九）	四十九歲	商務印書館出版中短篇小說集《青雲路》。收入〈世家子弟〉、〈青雲路〉、〈空棺記〉、〈久香〉等四篇。
民國五十九年庚戌（一九七〇）	五十歲	商務印書館出版中短篇小說集《變性記》。收入〈變性記〉、〈嬌客〉、〈歲寒圖〉、〈泥龍〉、〈祖孫父子〉、〈秋風落葉〉、〈老夫老妻〉、〈恩愛夫妻〉、〈布販與偷雞賊〉、〈芳鄰〉、〈沙漠王子〉、〈沙漠之狼〉、〈世界通先生〉、〈寶珠的祕密〉、〈奇緣〉等十五篇。幼獅文化事業公司出版長篇小說《龍鳳傳》。臺北立志出版社出版長篇《火樹銀花》出版全集時易名《同是天涯淪落人》。
民國六十年辛亥（一九七一）	五十一歲	立志出版社出版長篇小說《火樹銀花》。發表散文多篇及在高雄《新聞報》連載長篇小說《紫燕》。
民國六十一年壬子（一九七二）	五十二歲	闢道出版社出版散文集《浮生集》。收入〈文藝的危機〉、〈貝克特高風〉、〈五十年華〉等散文十三篇、舊詩六首。學生書局出版短篇小說散文合集《斷腸人》。收入短篇小說〈斷腸人〉、〈薇薇〉、〈相見歡〉、〈滄桑記〉、〈恩怨〉、〈夜宴〉等七篇及散文〈文學系與文學創作〉、〈大學國文教學我見〉、〈作家之死〉等十五篇。　中華書局出版《墨人自選集》五大冊。包括長篇小說《白雪青山》、《蘿姑》、《鳳凰谷》、《江水悠悠》（《東風無力百花殘》易名）及《短篇小說、詩選》（精選短篇小說二十八篇、抒情詩一〇六首）、共一百五十萬字。
民國六十二年癸丑（一九七三）	五十三歲	發表散文多篇。列入英國劍橋國際傳記中心（International Biographical Centre Cambridge England）出版的《國際詩人名錄》（*International Who's Who in Poetry. 1973*）。

民國六十三年甲寅（一九七四）	五十四歲	出席第二屆世界詩人大會。發表散文多篇。
民國六十四年乙卯（一九七五）	五十五歲	列入正中書局出版的《中華民國文藝史》（1975）。發表〈臺北的黃昏〉新詩一首及散文多篇。
民國六十五年丙辰（一九七六）	五十六歲	列入英國劍橋國際傳記中心出版的 *Men of Achievement 1976* 發表〈歷史的會晤〉新詩及散文、短篇小說多篇。
民國六十六年丁巳（一九七七）	五十七歲	應 I.B.C 邀請於三月間赴義大利翡冷翠出席國際文藝交流大會（The 3rd I.B.C. International Congress on Arts and Communications）。會後環遊世界。發表〈羅馬之雲〉、〈羅馬之松〉、〈翡冷翠的女郎〉、〈翡冷翠之柳〉、〈塞納河〉等詩及〈羅馬掠影〉、〈羅城記〉、〈威尼斯之旅〉、〈藝術之都翡冷翠〉、〈西雅奈與比薩斜塔〉、〈美國行〉、〈江戶、皇宮、御苑〉、〈環球心影〉等遊記。在《中國時報》發表有關中國文化論文〈中國文化的三條根〉、在《新生報》發表〈文藝界的『洋』瘋癲〉等多篇。
民國六十七年戊午（一九七八）	五十八歲	近代中國社出版長篇傳記小說《詩人革命胡漢民傳》。列入英國劍橋國際傳記中心出版的《國際名人辭典》（*Dictionary of International Biography 1978*）、《國際知識分子名錄》（*International Who's Who of Intellectual 1978*）、《國際人名剪影》（*International Register of Profiles*）、《國際社會名人錄》（*International Who's Who in Community Service*）、發表〈六月之荷〉詩一首。在各報發表〈中國文化的宇宙觀〉、〈中國文化的真面目〉、〈文化、社會形態與當代文學創作（為亞洲文學會議而作）〉、〈人與宇宙自然法則〉等。出席亞洲文學會議。列入中華書局出版的《中華民國當代名人錄》（*Who's Who of R.O.C. 1978*）列入行政院新聞局編印的一九七八年英文《中華民國年鑑名人錄》（*China Yearbook Who's Who*）。

民國六十八年己未（一九七九）	五十九歲	墨人文化事業有限公司出版長篇小說《心猿》（《紫燕》易名）。發表短篇小說〈春〉、〈杏林之春〉、長詩〈夏吉米・卡特〉及〈山之禮讚〉五首。短篇〈客從故鄉來〉、〈人瑞〉。理論〈中國古典小說戲劇〉、〈抗戰文學的整理與再創作〉（《中央日報》）等多篇。
民國六十九年庚申（一九八〇）	六十歲	秋水詩刊社出版詩集《山之禮讚》，收集六十四年以後新詩四十四首及七言絕律詩十首。　中華日報社出版散文集《心在山林》，收集〈花甲夢中過〉、〈老當益壯〉，及抒情寫景散文數十篇。 墨中學人文化事業出版有限公司出版《墨人散文集》收集〈文化、社會形態與當代文學創作〉、〈人與宇宙自然法則〉、〈中國文化的三條根〉、〈宇宙爲心人爲本〉、〈文藝界的『洋』瘋癲〉等理論性散文數十篇。 在《中央日報・副刊》發表〈紅樓夢研究的正確方向〉，《中華日報・副刊》發表〈人生六十樹常青〉，《青年戰士報・新文藝副刊》發表〈山中人語〉專欄文章〈山水之間〉、〈生命長短價值觀〉、〈寶刀未老〉、〈七進七出鬼門關〉、〈報人甘苦〉、〈杏壇生涯〉等。 接受《大華晚報》採訪組副主任程榕寧兩次訪問，一爲談胡漢民生平，一爲談《易經》、《道德經》、命學，並發表〈醫學命學與人生〉專文。
民國七十年辛酉（一九八一）	六十一歲	繼續撰寫《山中人語》專欄。 應臺中市《自由日報》特約撰寫《浮生小記》專欄。 應行政院新聞局邀請參觀本省農漁畜牧事業單位，並在《中央日報》發表〈人在福中〉散文。 接受臺灣廣播公司《成功之路》節目訪問，於四月廿七日晚八時半播出。 在高雄《新聞報》發表〈撥亂反正說紅樓〉（六月十七、十八日）論文。
民國七十一年壬戌（一九八二）	六十二歲	九月赴漢城出席第二屆中韓作家會議，並在東京參加中日作家會議，曾暢遊南韓、北海道、大阪至東京名勝地區，歸後撰寫〈韓國掠影〉、〈秋遊北海道〉，發表於《中央日報》。 列入中華民國名人傳記中心出版的《中華民國現代名人錄》。

		列入英國劍橋國際傳記中心出版的《傑出男女傳記》（*Men and Women of Distinction*）並附照片。列入美國 MarQuis 公司出版的《世界名人錄》（*Who's Who in the World*）第六版。接受義大利藝術大學授予的文學功績證書。
民國七十二年癸亥（一九八三）	六十三歲	商務印書館出版散文集《山中人語》，收集散文七十篇。
民國七十三年甲子（一九八四）	六十四歲	商務印書館出版《論釋人及其作品》上、下兩冊，包括評論文章六十餘篇。列入義大利 Accademia Itlia 出版英、法、德、義四種文字的《國際文學史》（*The History of International Literature*）及《百科全書：當代人物（*The Encyclopadeia: Contemporary Personalities*）》。端午節（六月四日）開筆撰寫已構思準備十餘年的一百餘萬字的大長篇小說《紅塵》，年底完成初稿四十餘萬字。十月在韓國漢城舉行的第四屆中韓作家會議，事忙未能出席，但提出一萬餘字的論文（古典與現代）一篇。
民國七十四年乙丑（一九八五）	六十五歲	由江山出版社出版《三更燈火五更雞》、《花雨》散文集等兩本，前者收入散文、理論二十四篇，後者收入散文遊記二十七篇。八月一日退休，專心寫作《紅塵》，於十二月底完成九十二章，告一段落，共一百二十萬字，超出《紅樓夢》十餘萬字，內有絕律詩（聯）三十二首。
民國七十五年丙寅（一九八六）	六十六歲	年初開始研讀《全唐詩》，撰寫《全唐詩尋幽探微》，十一月完成，共十二萬餘字，一面在《新聞報•西子灣》發表，並連同歷年所作絕律詩三十七首，定名為《釋人絕律詩集》，一併交與臺灣商務印書館簽約出版。列入美國 A.B.I. 出版的 5000 Personalities of the World；英國 I.B.C. 出版的 *The International Authors and Writers Who's Who.*

民國七十六年丁卯（一九八七）	六十七歲	訪問考察東南亞地區、國家馬來西亞、新加坡、泰國、菲律賓、香港十七天、並出席多次座談會。 商務印書館出版《全唐詩尋幽探微》（附《羈人絕律詩集》）。 《紅塵》長篇小說於三月五日開始在（臺灣新生報）連載。 七月四、五日出席在臺北市召開的抗戰文學研討會。 八月一日出席在高雄市召開的第七屆中韓作家會議。
民國七十七年戊辰（一九八八）	六十八歲	元月二日完成《全唐宋詞尋幽探微》（附《羈人詩餘》）全書十六萬字。設於美國深受世界尊重的「國際大學基金會」（The Marguis Giuseppe Sciciuna 1855-1907 International University Foundation）（Founded 1973）授予榮譽文學博士學位。
民國七十八年己巳（一九八九）	六十九歲	臺灣商務印書館出版《全唐宋詞尋幽探微》。 臺北大地出版社三版長篇小說《白雲青山》。 世界大學（World University）授予榮譽文學博士學位。
民國七十九年庚午（一九九〇）	七十歲	五月應大陸黃河文化實業公司邀請，作四十天文學之旅，與北京、上海、杭州、九江、武漢、西安、蘭州等地作家座談中華文化、文學創作，坦誠交換意見，獲得一致共識，真摯友情與尊敬，廣州電視臺並全程錄影，製作專輯播出，六月底返臺後即撰寫《大陸文學之旅》專著。 艾因斯坦國際學院基金會（Albert Einstein 1879-1955 International Academy Foundation）授予榮譽人文學博士學位。 榮列英國劍橋國際傳記中心出版的 IBC Book of Dedications. 占全書篇幅五頁，刊登照片五張，介紹五十年創作生涯，十分翔實，篇幅之大，為全書冠，並禮聘為 IBC 副總裁。
民國八十年辛未（一九九一）	七十一歲	二月底新生報出版《紅塵》，二十五開本，上、中、下三鉅冊。黎明文化事業公司出版《小園昨夜又東風》散文集。 應香港廣大學院禮聘為中國文學研究所客座指導教授。 《紅塵》榮獲新聞局著作金鼎獎及嘉新優良著作獎。

民國八十一年壬申（一九九二）	七十二歲	文史哲出版社出版《大陸文學之旅》。 應聘香港廣大學院中研所客座指導教授。 一月五日開筆寫《紅塵續集》，自九十三章起至一百二十章止，共四十萬字，六月十日完稿，《紅塵》全書共一百九十萬字。續集自十二月一日開始在《臺灣新生報・副刊》連載近年，雙破長篇鉅著及連載紀錄。中國廣播公司《中廣小說選播》節目，亦於十二月一日十四時三十分，在AM657千赫第一廣播網開始播出長篇鉅著《紅塵》上、中、下三冊，由戴愛華小姐導播，集該公司播音精英，通力合作，龍老夫人一角由播音元老白銀飾演，其餘人物均為一時之選，效果奇佳，前所未有。　北京「中國文聯出版公司」出版《也無風雨也無晴》。 墨人故鄉九江《師專學報》，於本年起開闢《墨人研究》專欄，與《陶淵明研究》、《黃山谷研究》、並稱三大專欄，甚受教育、學術界重視。
民國八十二年癸酉（一九九三）	七十三歲	十月下旬，偕《秋水》詩刊同仁涂靜怡、雪柔、麥穗、汪洋萍、鳳信子、林蔚穎等為慶祝《秋水》創刊二十周年，訪問哈爾濱、北京、西安三大都市，與當地詩人座談交流，水乳交融，兩岸詩人因而建立深厚友誼。十一月初，隻身訪問昆明、探親，昆明作協主席曉雪，八十多歲老作家李喬、小說家張昆華、《春城晚報》副總編輯熊延武，副刊主編原因，理論家教授余斌，作家湯世傑，李錦華等集會歡迎，其中多為白族、彝族等少數民族作家，乃以雲南少數民族文化資源努力創作相勉，深獲共鳴。資深作家彭荊風，晚間並來下榻處暢談。 繼續應聘香港廣大學院中研所客座指導教授三年。 十二月新生報社出版《紅塵續集》，全書共四大冊，其實前後一貫，為一整體，該報為方便，乃以《續集》名之。一生心願心血得以完成，在輕、薄、短、小及商品文學獨占市場情況下，亦一大異數。北京「中國文聯出版公司」出版《紅樓夢的寫作技巧》。

民國八十三年甲戌（一九九四）	七十四歲	一月開始研讀自北京購回的《全宋詩》，擬續寫《全宋詩尋幽探微》。 四月十一日接受臺北復興廣播電臺《名人專訪》節目主持人裴雯小姐訪問；談一生寫作歷程及大長篇《紅塵》寫作經過。 臺北《世界論壇報》副社長兼副刊主編詩人評論家周伯乃先生，特自五月三十一日起一連三天出版特刊，慶祝七十曾五誕辰暨創作五十五周年，除刊出〈小傳〉、〈七五人生一首詩〉、〈中國新詩與傳統詩詞的整合〉、〈叩開生命之門〉三篇新作外，並刊出蒙古族女詩人作家薩仁圖婭的〈墨人：屈原風骨中華魂〉，及馬來西亞霹靂州立女子中學校長、詩詞家、散文作家彭士麟女士論《紅塵》與大陸作家作品比較的書信、墨人著作校長、詩詞家、散文作家彭士麟女士論《紅塵》與大陸作家作品比較的書信、墨人著作目錄、美國兩個榮譽文學博士、一個人文學博士照片三張、《紅塵》獲獎照片一張、及周伯乃〈無限的祝禱〉文等。 八月七日，中國時報系的《工商日報‧讀書版‧大書坊》刊出裔齡的《紅塵》墨人專訪文章，並配合攝影記者何日昌拍攝的墨人及《紅塵》四冊照片。 大陸廣州暨南大學中文系教授兼臺港暨海外華文文學研究中心主任、評論家潘亞暾，費時月餘撰寫《紅塵續集》論文逾一萬餘字的〈偉大史詩的歸結〉，於九月二十一至二十五日在臺北市《世界論壇報‧副刊》全文刊出，見解不凡，對《續集》的成功更使他大吃一驚，因此，更肯定《紅塵》的史詩價值、地位。 八月二十八日第十五屆世界詩人大會在臺北召開，僅提出〈中國新詩與傳統詩詞的整合〉論文一篇，並未出席，論文則由《中國詩刊》主編會美霞女士代讀。
民國八十四年乙亥（一九九五）	七十五歲	一月，臺北文史哲出版社出版《墨人半世紀詩選》（一九四二—一九九四）。 一月十日應臺北廣播電臺《藝文夜話》主持人宋英小姐訪問，許導播秀玲決定十日開播《紅塵》全書四冊，每日廣播兩次。 中國詩歌藝術學會主辦、中國文藝協會協辦，於五月二十二日在臺北市中國文藝協會舉行《墨人世半紀詩選》學術研討會，與會詩人、評論家六十餘人，討論情況熱烈，並印發海峽兩岸評論家王常新、古繼堂、古遠清、李春生、楊允達、周伯乃等十三家論文專集。各家均推崇，肯定新舊詩兩方面的成就與半個多世紀的貢獻。

		英國劍橋國際傳記中心頒贈二十世紀文學傑出成就獎。榮列一九九五年英國劍橋國際傳記中心出版的 The Definitive Book of the Deputy Directors General of the IBC，佔全書篇幅五頁，刊登照片五張，爲全書之冠。
民國八十五年丙子（一九九六）	七十六歲	臺北圓明出版社出版涵蓋儒、釋、道三家思想的散文集《紅塵心語》。卷首有珍貴的文學照片十餘張。臺北中國詩歌藝術學會出版《十三家論文》論《墨人半世紀詩選》。
民國八十六年丁丑（一九九七）	七十七歲	臺北中天出版社出版與《紅塵心語》爲姊妹集的散文集《年年作客伴寒窗》，各篇亦均以五、七言詩作題，內中作者詩詞亦多，並附錄珍貴文學資料訪問記、特寫、著作目錄等十餘篇。出任「乾坤」詩刊顧問，並主編該刊古典詩詞。完成《墨人詩詞詩話》、《全宋詩尋幽探微》兩書全文。
民國八十七年戊寅（一九九八）	七十八歲	構思六年的以佛學精義結合修行心得化爲文學創作的長篇小說《娑婆世界》，於三月二十八日開筆，十二月脫稿。共三十八章，五十多萬字。英國劍橋國際傳記中心（IBC）出版《二十世紀傑出人物》以照片配合文字將墨人傳記刊卷首重要位置，並頒發獎狀。大陸中國國際經濟文化交流促進會、燕京國際文化藝術研究會等七大單位編纂出版的《世界華人文學藝術界名人錄》，中國國際交流出版社出版的《世界名人錄》，均爲十六開巨型中文本。
民國八十八年己卯（一九九九）	七十九歲	本年爲來臺五十周年，創作六十周年，中國習俗八十歲，昭明出版社出版長篇小說《娑婆世界》。美國傳記學會（ABI）出版二十世紀《五百位有影響力的領袖》，以照片配合文字將墨人傳記刊於卷首重要位置並頒發獎狀。照片及詩詞五首編入中國《當代吟壇》巨著。　美國「世界智庫」與艾因斯坦國際學會基金會」聯合頒贈墨人傑出成就榮譽獎，以紀念千禧年，並榮列中國出版的《中華精英大全》。美國傳記學會頒贈墨人「二十世紀成就獎」。

民國八十九年庚辰（二○○○）	八十歲	臺北昭明出版社陸續出版定本長篇小說《白雪青山》、《滾滾長江》、《春梅小史》；文學理論《紅樓夢的寫作技巧》、連同民國八十八年出版的長篇小說《婆娑世界》，並列為墨人一系列代表作品，以慶祝墨人八十整壽。臺北詩藝文出版社出版《墨人詩詞詩話》。臺北文史哲出版社出版《全宋詩尋幽探微》。
民國九十年辛巳（二○○一）	八十一歲	臺北昭明出版社出版長篇小說定本《紅塵》全書六冊及長篇小說《紫燕》定本。
民國九十一年壬午（二○○二）	八十二歲	五月三日偕長子邇翰赴上海訪友小住。英國劍橋國際傳記中心授予「終身成就獎」。
民國九十二年癸未（二○○三）	八十三歲	八月底偕夫人及在臺子女四人經上海轉往故鄉九江市掃墓探親並遊廬山。
民國九十三年甲申（二○○四）	八十四歲	準備出版全集（經臺北榮民總醫院檢查無任何疾病。）巴黎 you-Feng 書局出版臺灣典雅法文本《紅塵》。
民國九十四年乙酉（二○○五）	八十五歲	此後五年不遠行，以防交通意外，準備資料。計劃百歲前開筆撰寫新長篇小說。北京「中央出版社」出版《強國丰碑》，以著名文學家張萬熙為題刊出墨人傳略，為臺灣及海外華人作家唯一入選者。並先後接到北京電話、書函邀請寄送資料編入《一代名家》、《中華文化藝術名家名作世界傳播錄》。
民國九十五年丙戌（二○○六）至民國一百年（二○一一）——	八十六歲至九十二歲——	重讀重校全集，已與臺北市文史哲出版社簽訂出版《墨人博士作品全集》合約、民國一百年年內可以出版。此為「五四」以來中國大陸與臺灣所未有者。